DE LA SOLIDARITÉ

D'APRÈS LE DROIT ROMAIN ET LE CODE CIVIL.

THÈSE POUR LE DOCTORAT

SOUTENUE

Le Vendredi 11 Août 1865, à 2 heures,

En présence de M. l'Inspecteur général Ch. GIRAUD,

PAR

Raymond-Camille LANUSSE,

AVOCAT A LA COUR IMPÉRIALE DE PARIS.

Président : M. VALETTE, Professeur.

Suffragants :
- MM. Ortolan,
- Demangeat,
- Demante,
- Bufnoir,

Professeurs.

Agrégé.

VERSAILLES

BEAU Jⁿᵉ, IMPRIMEUR-ÉDITEUR

RUE DE L'ORANGERIE, 38.

1865

A MON PÈRE.

———

A MA MÈRE.

DROIT ROMAIN.

CHAPITRE I.

Section Ire. — Généralités.

Une obligation suppose essentiellement deux personnes entre lesquelles existe le rapport qu'elle crée. Elle présente nécessairement un sujet actif et un sujet passif, un créancier et un débiteur; mais l'obligation ne se conçoit pas nécessairement en théorie et ne se rencontre pas toujours en pratique avec un créancier et un débiteur unique. Il peut y avoir plusieurs créanciers, plusieurs débiteurs, et, cette situation étant donnée, il y a à se demander quelle part prennent, quel rôle jouent dans l'obligation chacun des sujets qui y figurent.

La règle générale sur ce point est que lorsqu'une obligation naît au profit ou à la charge de plusieurs, elle se fractionne en autant d'obligations distinctes qu'il y a de créanciers ou de débiteurs (L. 2, C., *si plures*, t. LV. L. 5, C., *si certum*, 4, 2). Ainsi, quand une personne promet 100 à deux créanciers, chacun d'eux n'acquiert qu'une créance de 50 ; et réciproquement, quand deux personnes promettent ensemble 100, chacune d'elles n'est chargée que d'une dette de 50. Cette division de la créance ou de la dette forme le droit commun; mais il peut se faire (nous verrons dans quels cas et comment) que cette division n'ait point lieu, et que chacun des créanciers ait droit au montant intégral de la créance; que chacun des débiteurs soit obligé à la totalité de la dette, de telle sorte cependant que l'objet de la créance ou de la dette ne doive être payé qu'une fois, un payement unique éteignant l'obligation à l'égard de tous les créanciers et de tous les débiteurs. C'est de cette situation exceptionnelle que nous avons à nous occuper. Nous aurons à rechercher comment elle se produit, et quelles sont les conséquences qui en résultent.

Le caractère fondamental du rapport de droit que nous allons étudier, c'est qu'il suppose une obligation existant au profit ou à la charge de plusieurs, de telle sorte que chacun des créanciers peut agir pour le tout; que chacun des débiteurs peut être poursuivi pour le tout, et que le payement fait à l'un des créanciers ou par l'un des débiteurs éteint la dette à l'égard de tous.

Pour désigner la situation que nous venons d'exposer, nous trouvons souvent dans les textes l'expression *duo rei* appliquée, soit aux créanciers, soit aux débiteurs qui y figurent. Les créanciers sont appelés *duo rei stipulandi* ou *duo rei credendi*, et les débiteurs *duo rei promittendi* ou *duo rei debendi*. Ces expressions désignent donc deux créanciers ou deux débiteurs, dont chacun peut agir pour le tout ou peut être poursuivi pour le tout, un seul payement reçu par l'un des créanciers ou effectué par l'un des débiteurs éteignant l'obligation à l'égard de tous. L'expression *reus* est une expression antique d'une signification très-générale et qui servait à désigner particulièrement le défendeur en matière de procès et le débiteur en matière d'obligations. Dans son acception la plus large, elle désignait toute personne intéressée, soit dans un procès, soit dans une obligation, et, par conséquent, le demandeur aussi bien que le défendeur, le créancier aussi bien que le débiteur. En vertu de leur sens général, ces mots, *duo rei*, semblent ne devoir désigner que deux créanciers ou deux débiteurs quelconques; mais l'usage leur avait attaché la signification toute spéciale que nous avons exposée. Une autre expression nous est présentée dans un texte avec une signification semblable : c'est le mot *correus* dont Ulpien se sert dans la loi 3, § 3, *de liberatione legata*. Cette dernière dénomination s'adapte mieux que la précédente à l'hypothèse où il s'agit de plus de deux créanciers ou de deux débiteurs ; aussi les interprètes du droit romain ont fait un grand usage de cette expression, et ils en ont tiré le terme obligation *corréale, corréalité*, par lequel ils ont désigné cette modalité des obligations dont nous nous occupons.

Nous trouvons encore dans les textes, pour désigner le rapport de droit dont nous nous occupons, les expressions *in solidum obligari, in solidum debere*. Ainsi Justinien nous dit : « Ex hujus- » modi obligationibus et stipulantibus solidum singulis debetur » et promittentes singuli in solidum tenentur » (Inst., *de duobus reis*, § 1). De même Savolenus : « Singulis in solidum debetur et » singuli debent » (L. 2, *de duobus reis*).

Du reste, cette expression d'*obligatio in solidum* n'est point une expression technique réservée à la situation dont nous nous occupons en ce moment, c'est-à-dire à la situation dans laquelle plusieurs personnes sont créancières ou débitrices de la totalité d'un certain objet qui ne doit être, en définitive, payé qu'une fois. On dit, en bien d'autres cas, qu'il y a obligation *in solidum*. On dit souvent qu'une personne est obligée *in solidum* pour exclure l'idée d'une certaine restriction que l'on veut faire sentir être inapplicable à cette obligation. Ainsi, un fils de famille est obligé *ex contractu* ou *quasi ex contractu*. Le père de famille ne peut être poursuivi pour cette dette que jusqu'à concurrence du montant du pécule qui peut appartenir à son fils ; il est tenu *duntaxat de peculio*. Quant au fils, il est obligé sans cette restriction ; il est obligé *in solidum* (L. 44, *de peculio*, 15, 1.). dit-on. pour exprimer cette idée. L'héritier d'une personne qui m'a porté préjudice par son dol, et qui est morte avant que je l'ai actionnée. ne peut être poursuivi par moi que *duntaxat de eo quod ad eum pervenit* (L. 17, § 1, et L. 26, *de dolo malo*). Mais si l'auteur du dol s'en est rendu coupable dans l'exécution d'une obligation dont il était tenu envers moi, de telle sorte que je puisse poursuivre la réparation du dommage qui m'a été causé par une action *ex contractu* ; dans ce cas, l'héritier de l'auteur du dol, comme cet auteur lui-même, sera tenu *in solidum*, c'est-à-dire il ne sera pas tenu comme dans le cas précédent seulement, *in id quod pervenit* (L. 157, § 2, *de regulis juris*, 50, 17). Le maître contre lequel est intentée une action pénale naissant du délit commis par son esclave peut se dispenser de payer la peine en abandonnant l'esclave auteur du délit ; mais il n'a plus cette faculté si le délit a été commis par l'esclave, *sciente domino*. Dans ce dernier cas, le maître est obligé *in solidum*, c'est-à-dire que son obligation n'est plus limitée par la faculté de l'abandon noxal (L. 2, pr., *de noxal. act.*, 9, 4).

On voit que ces expressions : être obligé *in solidum*, n'ont pas, en droit romain, une valeur technique bien déterminée ; elles sont en général employées, comme nous l'avons vu, pour exclure, dans le cas particulier auquel on les applique, l'idée de quel-qu'une des restrictions et limitations dont les obligations sont susceptibles. Et spécialement, dans la situation qui va faire l'objet de cette étude, ces expressions n'ont guère d'autre portée, d'autre effet bien arrêté que d'exclure l'application de la règle qui, dans le cas d'une obligation existant au profit ou à la charge de plusieurs, limite à sa part, divise la dette de chaque débiteur et le droit de chaque créancier. Dire de plusieurs débiteurs qu'ils sont tenus *in solidum* d'une même dette, c'est donc, en droit ro-main, dire que cette dette ne se divise point entre eux, et que chacun d'eux pourra être contraint au payement du tout ; mais ce n'est point désigner par une expression technique un ensem-ble de règles qui régiraient cette situation quant à ses autres effets.

Quoique, comme nous venons de le voir, elles se rapprochent sous certains rapports, ces expressions, obligations *corréales*, obligations *in solidum*, ne doivent pas être regardées comme sy-nonymes. Dans la terminologie des interprètes que nous adop-terons, ces mots, obligation *corréale*, désignent une certaine classe d'obligations régie par des règles spéciales parfaitement déterminées; tandis que ces mots obligation *in solidum* sont une expression générique servant à désigner, dans la matière qui nous occupe, des obligations qui, sans être soumises à toutes les règles des obligations corréales, ont ceci de commun avec elles, que chacun des débiteurs peut être poursuivi pour le tout, et que le payement fait par l'un d'eux libère tous les autres. A côté de ce caractère commun, les obligations corréales et les simples obligations *in solidum* présentent des différences nombreuses que nous exposerons de manière à faire ressortir les caractères propres de l'obligation corréale qui forme l'objet principal de cette étude. Du reste, il pourra nous arriver, dans le cours de ce travail, de comprendre sous ce nom générique d'obligation solidaire, obligation *in solidum*, même les obligations corréales; ce sera quand nous ne considérerons en celles-ci que le caractère qui leur est commun avec les premières, c'est-à-dire quand nous nous bornerons à les regarder comme des obligations existant au profit ou à la charge de plusieurs, donnant à chaque créancier le droit d'agir pour le tout, soumettant chaque débiteur à une poursuite intégrale et devant s'éteindre par le payement fait à l'un des créanciers ou par l'un des débiteurs. Mais nous aurons soin d'employer l'expression d'obligation corréale quand nous aurons en vue les effets de cette espèce d'obligation qui lui sont propres et qui la distinguent des simples obligations *in solidum*. Nous nous bornons, pour le moment, à cet énoncé de la distinction qu'il faut établir entre les obligations corréales et les simples obligations *in solidum*. Nous ne pourrons développer cette distinction, en exposant les différences par lesquelles elle se traduit, que quand nous traiterons des effets de ces obligations.

Pour achever de bien déterminer le rapport de droit qui va nous occuper, il faut le distinguer de certaines situations qui ont avec lui quelques analogies.

Il n'est pas besoin d'insister sur la différence qui existe entre notre situation et celle dans laquelle l'obligation se divise entre les divers intéressés. Ces deux situations sont entre elles dans le rapport de règle à exception. La règle est, en cas de pluralité de créanciers ou de débiteurs, qu'il y a autant d'obligations distinctes qu'il y a de sujets actifs ou passifs. La solidarité est une exception. Papinien fait l'application de cette idée à une question de preuve. Un écrit porte que deux personnes ont stipulé 100 ou qu'elles ont promis 100; l'écrit ne dit pas que chacun ait stipulé ou qu'il ait promis le tout. Du moment que l'écrit ne s'exprime pas sur ce point, il faut décider que l'obligation se divise, que chacun n'a droit qu'à 50 et que chacun n'est obligé qu'à 50 (L. 11, §§ 1 et 2, *de duobus reis*).

Une autre situation, qui se sépare non moins nettement du rapport de droit que nous étudions, c'est celle dans laquelle une obligation résultant d'un même fait, à la charge de plusieurs personnes, se multiplie en autant d'obligations distinctes qu'il y a d'obligés. Ainsi, quand plusieurs personnes ont commis un vol en commun, chacune d'elle doit payer intégralement, comme si elle était seule, le montant de la *pœna* qui peut être exigée par l'action *furti*, et le payement fait par l'une d'elles ne libère point les autres, de sorte qu'en définitive la *pœna* sera payée autant de fois qu'il y a de débiteurs, qu'il y a de personnes tenues de l'action *furti*. « In furibus ejusdem rei pluribus non est propterea » cæteris pœnæ deprecatio quod ab uno jam exacta est » (L. 55, § 1, *de admin. et periculo tutor.* L. 1, § 19, *si is qui testamento*). Des textes nous disent que, dans ce cas, les voleurs sont tenus *in solidum* de l'action *furti*. «Dicendum est omnes eos furti in solidum » tenere »(Ulpien, L. 21, § 9, *de furtis*, et L. 1, C., *de condict. furtivis*, 4, 8). Mais il est facile de voir la différence qui existe entre ce cas et les obligations *in solidum* telles que nous les considérons dans cette étude. Entre les deux situations il y a, sans doute, cette ressemblance que chacun des obligés peut être poursuivi pour le tout; mais il y a cette différence considérable que, dans les obligations *in solidum* dont nous nous occupons, le payement fait par l'un des débiteurs libère tous les autres, tandis que le montant intégral de la *pœna*, payé par l'un des voleurs, ne décharge en rien les autres.

Il ne faut point confondre avec l'obligation solidaire ou corréale l'obligation indivisible. Entre ces deux espèces d'obligations, il y a ceci de commun que chacun des créanciers peut poursuivre le débiteur *in solidum*, et que chacun des débiteurs peut être poursuivi *in solidum* par le créancier (1). De plus, dans l'obligation indivisible comme dans l'obligation solidaire quoiqu'il y ait plusieurs sujets actifs ou passifs de l'obligation pouvant poursuivre ou être poursuivis chacun pour la totalité de l'objet, cet objet en définitive ne doit être payé qu'une fois. Mais ces points de ressemblance n'empêchent point qu'il n'existe entre l'obligation solidaire et l'obligation indivisible des différences caractéristiques. Une différence théorique capitale, c'est que la solidarité résulte de la volonté des parties, soit expresse, soit sous-entendue par la loi, tandis que l'indivisibilité dérive uniquement de la nature de l'objet dû. Elle est créée par la nécessité des choses qui s'impose à la volonté des parties et même aux règles de la loi; une impossibilité naturelle s'opposant à la division de l'obligation, c'est en vain que la loi prononcerait cette division : Comme nous le dit Paul, à propos de la créance résultant d'une stipulation qui a pour objet une servitude prédiale : « Talis stipu-» latio per legem duodecim tabularum non dividitur quia nec » potest » (L. 25, § 9, *familiæ erciscundæ*, 10,2).

L'indivisibilité étant attachée à l'objet de l'obligation, il en ré-

---

(1) Nous ne parlons en effet que des obligations indivisibles *quoad obligationem et quoad solutionem*, comme l'obligation de *dare viam* ou de *facere opus*. Paul, à ce point de vue de la divisibilité ou de l'indivisibilité des obligations, les divise en quatre classes « nam interdùm est aliquid quod a singulis heredibus divisum con-» sequi possumus; aliud quod totum peti necesse est nec divisum præstari potest : » aliud quod pro parte petitur sed solvi nisi totum non potest; aliud quod solidum » petendum est licet in solutionem admittat sectionem. »

sulle que cette modalité persiste tant que cet objet continue à être dû. Et de là une différence pratique notable entre la solidarité et l'indivisibilité. L'un des débiteurs solidaires étant mort, la dette se divise entre ses héritiers qui, dans leurs rapports respectifs, ne sont plus par conséquent débiteurs solidaires. Au contraire, quand il s'agit de l'indivisibilité, le nombre des débiteurs peut se multiplier; du moment que l'objet dû reste le même, chacun de ces débiteurs pourra être poursuivi pour le tout.

Un des créanciers solidaires a, comme nous le savons, le droit de poursuivre le débiteur pour le tout et d'obtenir contre lui une condamnation *in solidum*. Il a ce droit, nous le verrons, alors même que, par suite des relations existant entre lui et ses cocréanciers, il doit les faire participer au produit de la créance, et qu'ainsi il ne peut pas retenir pour lui seul le montant intégral de la condamnation qu'il a fait prononcer. Il en est autrement quant aux créanciers d'une chose indivisible. Ainsi, un homme qui a stipulé la dation d'une servitude prédiale ou la confection d'un *opus* meurt laissant plusieurs héritiers; chacun de ces héritiers peut agir *in solidum* contre le débiteur; mais il n'obtiendra pas condamnation pour la totalité. Le défendeur ne sera condamné qu'à une partie du tout correspondante à la portion héréditaire du demandeur: et si *non præstetur via pro parte hereditariâ condemnationem fieri opportet* (L. 25, § 9, *familiæ erciscundæ*), ainsi l'*intentio* de la formule portera sur la totalité de l'objet dû, et cela est nécessaire, car si le demandeur faisait porter sa prétention sur une partie de l'objet (*viam dari opportere pro parte dimidiâ ou tertiâ*), cette prétention aboutirait à une impossibilité, puisque l'objet n'est pas susceptible de prestation partielle. Mais si la nature même des choses exige que l'*intentio* comprenne la totalité de l'objet dû, la condamnation se réfère à l'intérêt du demandeur et se restreint dans ses limites.

Les Instituts nous indiquent en ces termes les caractères des

obligations qui font l'objet de notre étude : « Ex hujusmodi obli-
» gationibus et stipulantibus solidum singulis debetur et pro-
» mittentes singuli in solidum tenentur in utraque tamen obli-
» gatione *una res vertitur* et vel alter debitum accipiendo vel
» alter solvendo, omnium perimit obligationem et omnes liberat.
» (Instituts, ad tit. *de duobus reis*, § 1.) » De même Javolenus nous
dit : « Cum duo eamdem pecuniam aut promiserunt aut stipu-
» lati sunt, ipso jure et singulis in solidum debetur et singuli
» debent. » (L. 2 de notre titre.) De ces textes et de plusieurs
autres il ressort qu'un caractère essentiel de la solidarité, c'est
l'unité, l'identité d'objet du *una res vertitur*. C'est en se plaçant à
ce point de vue que les jurisconsultes nous disent, pour le cas
de corréalité proprement dite, que l'obligation est *una* malgré
la pluralité des créanciers ou des débiteurs : « Utique enim cum
» una sit obligatio una et summa est. » Il ne faut pas exagérer
ce principe de l'unité d'obligation. Les jurisconsultes romains,
en le suivant dans ses conséquences avec leur logique habituelle, lui avaient fait produire des résultats fort rigoureux ; cependant ils ne l'appliquaient pas à tous les points de vue et le
restreignaient dans certaines limites.

Une condition essentielle pour qu'une obligation solidaire se
forme soit activement, soit passivement, c'est donc l'identité
d'objet. Il faut que chaque débiteur soit obligé et que chaque
créancier ait droit à la même prestation.

Papinien, dans la loi 9, § 1er de notre titre, fait l'application de
ce principe, qu'il n'y a pas solidarité quand les débiteurs sont
tenus de prestations différentes. Dans l'espèce de ce texte, une
chose a été confiée à deux dépositaires. L'un d'eux s'est engagé
envers le déposant à répondre même de sa faute, se soumettant
ainsi à une responsabilité plus rigoureuse que la responsabilité
ordinaire du dépositaire, qui est limitée au dol. C'est de cette
responsabilité de droit commun que l'autre dépositaire reste
simplement tenu. Cela étant, le jurisconsulte nous dit : *Verius est*

non esse duos reos, à quibus impar suscepta est obligatio. Ainsi c'est la circonstance que l'objet de l'obligation de chacun des dépositaires n'est pas le même qui détermine le jurisconsulte à dire qu'il n'y a point solidarité entre eux. Au reste, il nous avertit que sa solution ne serait pas la même si la différence de la responsabilité dont sont tenus les deux dépositaires, au lieu d'être établie *ab initio*, était établie par un pacte *ex intervallo*. Ainsi, si les deux dépositaires, par un pacte fait *in continenti*, s'étaient obligés l'un et l'autre à répondre même de la simple faute, et si l'un d'eux avait été soustrait par un pacte *ex intervallo* à cette responsabilité exceptionnelle, ce pacte intervenu après coup ne pourrait point détruire la solidarité qui existait entre eux, « quia posterior con-» ventio quæ in alterius personâ intercessit statum et naturam » obligationis quæ duos initio reos fecit, mutare non potest. » Ainsi les deux dépositaires resteront tenus solidairement. Sans doute, celui d'entre eux avec qui le pacte a été fait, s'il est poursuivi pour une faute commise par lui ou commune aux deux dépositaires, pourra repousser l'action du déposant en alléguant le pacte. Mais la solidarité subsistant, il pourra être condamné *in solidum* en cas de dol commun aux deux dépositaires. Papinien n'énonce pas cette conséquence de la persistance de la solidarité malgré le pacte qui est intervenu. Mais il en indique une autre. S'il y a société entre les deux dépositaires, le pacte qui dégage l'un d'eux de la responsabilité exceptionnelle établie par le contrat, pourra être, en cas de faute commune aux deux dépositaires, invoqué même par celui d'entre eux avec lequel le pacte n'a point été conclu.

On pourrait dire de la loi dont nous venons d'exposer les décisions que, pouvant être considérée comme une simple interprétation de la volonté des parties, elle n'a pas grande autorité pour établir la règle que l'identité d'objet est nécessaire pour la formation d'une obligation solidaire. Mais cette règle nous est confirmée par d'autres textes, en particulier par là l. 18

de notre titre. Gaius nous dit, dans cette loi, que deux personnes ne peuvent être dans la position de deux *rei stipulandi*, si ce qu'elles stipulent *in singulis personis proprium intelligitur*. Et il donne pour exemples le cas où deux personnes ont stipulé un usufruit ou une somme à titre de dot, et le cas où elles ont stipulé sous une alternative : 10 ou l'esclave Stichus qui appartient déjà à l'un des stipulants. Il nous paraît certain que ces trois exemples cités par le jurisconsulte sont des applications de la règle que nous avons énoncée, et que si, dans chacun de ces cas, l'obligation solidaire manque de se former, c'est que l'objet n'est pas le même pour chacun des stipulants. Ceci est évident d'abord dans le troisième cas, celui où l'une des choses stipulées, l'esclave Stichus appartenait déjà à l'un des stipulants. Une personne ne pouvant pas stipuler sa propre chose (*Inst.*, § 2, *de inutil. stipulat.* Gaius, L. 1, § 10, *de obligat. et actionibus*, 447), le promettant doit 10 seulement à celui des stipulants auquel l'esclave Stichus appartient tandis qu'il doit à l'autre 10 ou Stichus. C'est cette différence de l'objet de l'obligation quant à chacun des stipulants, qui empêche qu'ils soient *duo rei stipulandi,* comme nous le dit fort explicitement le jurisconsulte : « Non » videri eos duos reos stipulandi cùm Titio decem tantùm, Seio » decem aut Stichus debeantur. » Les deux autres cas cités par Gaius rentrent aussi certainement, quoique avec un peu plus de difficulté, dans l'application de notre règle. Quand deux personnes stipulent *usumfructum dari*, l'obligation qui naît au profit de l'une n'a pas le même objet que celle qu'acquiert l'autre. Dans la valeur d'un usufruit en effet entrent comme éléments essentiels l'âge, l'état de santé de la personne qui le réclame. De même si Primus et Secundus, dans la forme requise pour faire naître une obligation corréale, stipulent d'un tiers qu'il leur constituera une dot convenable quand ils se marieront, il n'y a pas là identité d'objet pour les deux stipulants, car l'*arbitratus boni viri* auquel il faut supposer que, dans l'espèce, les deux stipulants se sont référés (1), pourra, d'après les considérations de fait qui doivent diriger en pareille matière, fixer pour chacun d'eux la dot à un chiffre différent (2).

Il est donc bien certain qu'une des conditions de la solidarité est l'identité d'objet (ajoutez L. 8, *de duobus reis*).

Mais l'identité d'objet n'empêche pas que l'obligation ne puisse exister sous des modalités différentes, relativement à chacun des débiteurs ou des créanciers solidaires. L'un peut être obligé à terme ou sous condition, l'autre purement; et, en ce cas, le terme ou la condition qui affecte l'obligation de l'un n'empêche pas le créancier de poursuivre celui qui est obligé purement et simplement (L. 7, *de duobus reis*). La possibilité que l'obligation existe avec des modalités différentes, relativement aux différents débiteurs ou créanciers, paraît être en opposition avec ce principe que, dans la corréalité, il y a unité d'obligation; mais, pour bien appliquer cette idée de l'unité de l'obligation, il faut faire une distinction. Envisage-t-on l'obligation sous le rapport de son objet, l'obligation est une; c'est la même chose qui est due à chacun ou par chacun en totalité, et elle n'est due qu'une fois; mais si, au point de vue objectif, il n'y a qu'une obligation, au point de vue des personnes qui sont les sujets actifs ou passifs du droit, il y a autant d'obligations que de débiteurs ou de créanciers. C'est ce que nous dit Papinien : « Nam etsi maximè parem causam » suscipiunt nihilominus in cujusque personâ propria singulorum » constitit obligatio (L. 9, § 2, *de duobus reis*.) » Du reste, il est bien entendu que cette différence dans les modalités qui peuvent affecter l'obligation relativement à chacun des intéressés, n'a pas besoin d'être exprimée, et qu'elle peut, suivant les règles gé-

---

(1) L. 3, *de dotis promissione*. — V. M. Pellat, *Commentaire de la loi 69, de jure dotium*.

(2) Nous empruntons cette interprétation si naturelle et si exacte de la loi 15, à notre savant maître M. Demangeat.

nérales, résulter implicitement des circonstances. Ainsi , si je stipule la même somme de deux *rei promittendi*, et qu'il soit dit que chacun d'eux a à faire venir cette somme d'un lieu différent, il y aura par là même un terme implicite différent accordé à chacun d'eux : « Ex personâ cujusque ratio proprii temporis habe- » bitur (même loi 9, *h.*, *tit.*). »

Du principe que nous venons d'énoncer, qu'au point de vue subjectif il y a autant d'obligations indépendantes les unes des autres que de débiteurs ou de créanciers, il résulte que si l'obligation solidaire manque de se former relativement à quelques-unes des personnes qui ont figuré au contrat, cela ne l'empêche point de se former à l'égard des autres. Ainsi, si j'interroge Primus et Secundus, dans le but de les constituer *duo rei promittendi*, et si Primus seulement répond à mon interrogation, Primus sera obligé, quoique Secundus, qui n'a pas répondu à ma stipulation, ne le soit pas (L. 6, pr., *de duobus reis*). Les deux obligations étant distinctes, la circonstance que l'une ne se forme pas n'empêche pas l'autre de prendre naissance. Sans doute il se peut que Primus ne se soit engagé que parce qu'il pensait avoir Secundus pour coobligé, mais une pareille erreur ne peut être prise en considération. Elle n'empêche pas que l'obligation que la stipulation a fait naître à sa charge, ne réunisse toutes les conditions essentielles à sa validité, car chacun des *correi promittendi* étant, par rapport au créancier, dans la même position que s'il était débiteur unique, son obligation trouve en elle-même tout ce qu'il lui faut pour valoir; elle n'a pas besoin, comme l'obligation accessoire du fidéjusseur, d'être soutenue par une autre obligation à laquelle elle se rattache; étant une obligation principale, son existence ne dépend pas de celle d'une autre obligation.

Par application des mêmes principes, il faut décider que, si deux personnes ayant répondu à une stipulation, l'une d'elles était incapable de s'obliger, celle qui était capable est seule obligée pour le tout. Ainsi l'une de ces personnes était un pupille non autorisé de son tuteur ou un esclave (L. 12, § 51, *hoc titulo*). Celui qui s'est porté *correus promittendi* avec ce pupille ou cet esclave, sera seul obligé pour le tout. Quand nous disons que le pupille et l'esclave ne sont point obligés, ceci bien évidemment doit s'entendre avec quelques tempéraments. Ainsi le pupille, aussi bien que l'esclave, sera obligé naturellement, il sera même obligé civilement, en vertu d'une jurisprudence consacrée par Antonin, *quatenus locupletus factus est*, et si l'esclave avait un pécule, l'engagement qu'il a contracté pourrait donner lieu contre le maître à l'action *de peculio*.

Du principe que l'obligation solidaire se décompose au point de vue subjectif, en plusieurs obligations, il résulte encore que chacun des débiteurs solidaires peut donner au créancier commun des sûretés qui ne garantiront que son obligation personnelle. Ainsi chacun d'eux peut donner un fidéjusseur qui ne sera attaché qu'à sa propre obligation et sera étranger à celle des autres (L. 6, § 1er, *de duobus reis*).

Sous le rapport que nous venons d'étudier, c'est-à-dire au point de vue des conditions générales de la formation de l'obligation, la position des *correi promittendi* se distingue nettement de celle d'un débiteur principal et d'un fidéjusseur. Dans le premier cas, nous avons des obligations dont chacune est principale et se suffit à elle-même. Dans le second, nous avons une obligation principale et une obligation accessoire. Aussi, tandis que les obligations des *correi promittendi* prennent naissance, comme nous l'avons vu, indépendamment les unes des autres, sans que la nullité des unes empêche les autres de se former; au contraire, l'obligation du fidéjusseur ne peut naître, s'il n'y a point une obligation principale valable civilement ou au moins naturellement (LL. 178, *de regulis juris*, — 6, § final; 16, § 3, *de fidéjussoribus*); ainsi, si l'obligation du débiteur principal manque de se former, l'obligation du fidéjusseur ne se forme pas non plus.

De même, nous savons que les *correi promittendi* peuvent être obligés sous des modalités différentes et plus ou moins dures,

L'un quelconque d'entre eux peut être obligé à terme ou sous condition, tandis que l'autre est obligé purement et simplement. Le fidéjusseur, au contraire, ne peut pas être obligé sous une modalité plus dure que le débiteur principal. Il ne peut pas être obligé purement quand le débiteur est obligé à terme ou sous condition (L. 8, § 7, *de fidejussoribus*). Si le fidéjusseur s'était obligé sous des modalités plus dures que le débiteur principal, il ne serait pas obligé du tout (L. 70, pr. et § 1er (46, I); L. 16, §§ 1, 2, 5, *eod. titulo*).

Ce que nous avons dit jusqu'ici, en parlant des débiteurs, quant à l'indépendance de leurs obligations respectives, soit relativement à leur validité, soit relativement aux modalités qui peuvent les affecter ou aux sûretés qui peuvent les garantir; tout cela s'applique également aux *correi stipulandi*. Ainsi, si deux personnes ont stipulé d'une troisième, dans le but de faire naître une obligation corréale, et que le promettant ne réponde qu'à l'un des stipulants, il sera obligé envers lui sans l'être envers l'autre (L. 6, § 2, *de duobus reis.* Voy. toutefois L. 7, § 7, *de senat. Maced.*).

SECTION II. — SOURCES DE L'OBLIGATION CORRÉALE ET SOLIDAIRE.

§ 1. — Obligations *ex contractu* et *quasi ex contractu*.

Stipulation.—Au premier rang des faits qui peuvent faire naître, au profit ou à la charge de plusieurs, une obligation corréale, se place la stipulation. D'après les Instituts, pour constituer au moyen du contrat *verbis duo rei stipulandi*, voici comment on procède : l'un des créanciers interroge le débiteur; puis, avant que le débiteur se soit lié envers lui par sa réponse, l'autre créancier l'interroge également, et c'est après ces deux interrogations que le *promissor* doit répondre; car s'il répond à Primus avant que Secundus l'ait interrogé, Primus et Secundus ne seraient pas *duo*

rei stipulandi. « Nam si prius Titio spoponderit deinde alio inter-
» rogante spondeat, alia atque alia erit obligatio nec creduntur
» duo rei stipulandi esse » (Instit., pr., *de duobus reis*, 3, 16). Voilà
ce que disent les Instituts quant à la constitution de *duo rei sti-*
pulandi. Quant à la constitution de *duo rei promittendi*, les Instituts ne s'expliquent point (1); mais étant donné le caractère
méthodique et logique que nous connaissons au droit romain,
nous pouvons dire qu'entre les formes destinées à constituer *duo*
rei stipulandi et les formes destinées à constituer *duo rei promit-*
tendi, il devait y avoir analogie parfaite, car il y avait analogie
parfaite entre les deux situations que ces formes étaient destinées
à créer. Donc, puisque pour constituer *duo rei stipulandi* il faut
que le promettant ne réponde qu'après qu'il a été interrogé par
tous, pour constituer *duo rei promittendi* il faut que les promettants ne répondent qu'après qu'ils ont été interrogés par le stipulant.

C'est une question débattue que celle de savoir si la forme que
nous venons d'exposer d'après les Instituts était nécessaire pour
constituer *duo rei* au moyen de la stipulation, ou bien si cette
forme n'est indiquée par les Instituts que comme la plus usuelle,
et celle qui manifeste le mieux l'intention de créer ce rapport juridique. On se demande si le même résultat n'aurait pas pu être
produit par des stipulations conçues dans une autre forme, du
moment que la volonté de constituer *duo rei* était exprimée
verbis.

Une première opinion soutient l'affirmative et prétend qu'il
n'est point nécessaire, pour constituer *duo rei stipulandi* ou *pro-*
mittendi, que les interrogations des stipulants aient précédé la
réponse du promettant à l'un d'entre eux, ou que les promettants
aient tous été interrogés avant que l'un d'entre eux ait répondu.
Ainsi, si le stipulant, voulant constituer *duo rei promittendi*, s'é-

---

(1) Voy. toutefois le *principium in fine* du titre *de duobus reis.*

lait d'abord adressé à Primus, et qu'après la réponse de Primus il eût interrogé Secundus, Primus et Secundus pourraient être cependant dans la position de *duo rei promittendi*.

Pour soutenir cette thèse, on s'appuie sur un argument d'analogie tiré de la manière dont peut être constitué un fidéjusseur. Il est certain qu'un fidéjusseur peut accéder, après coup, à l'obligation qu'une personne a contractée envers moi en répondant à mon interrogation. Pourquoi, dès lors, dit-on à un débiteur déjà obligé envers moi par sa réponse à mon interrogation, un autre débiteur ne pourrait-il pas venir se joindre, de manière à constituer avec le premier *duo rei promittendi* ? A cela on peut répondre que la position du fidéjusseur dans l'obligation n'est pas la même que celle du *correus promittendi*. Le fidéjusseur est un débiteur accessoire; le *correus promittendi* est un débiteur principal. Puisque les rapports juridiques que crée la fidéjussion sont différents de ceux qui existent entre *correi promittendi*, quoi d'étonnant que les formes employées pour créer ces rapports de nature diverse soient aussi différentes? On est bien forcé, d'ailleurs, de reconnaître des différences entre le mode dans lequel se constituent des *correi promittendi* et la manière dont peut être constitué un fidéjusseur. En effet, il n'y a point de délai passé lequel un fidéjusseur ne peut plus être reçu; tandis que nous voyons qu'il est tenu compte du délai après lequel une personne vient adjoindre son engagement à celui d'une autre, de manière à être avec elle dans la position de *duo rei promittendi* (L. 6, § 3, et L. 12 pr., *de duobus reis*). Malgré ces lois, Cujas admet que deux débiteurs peuvent s'engager de manière à être *duo rei promittendi* en laissant un intervalle quelconque entre les deux engagements; car, dit Cujas, ce n'est pas entre l'engagement de l'un des *rei promittendi* et l'engagement de l'autre que, d'après la loi 6, *de duobus reis*, il doit intervenir seulement un *modicum intervallum*. C'est l'interrogation adressée à chacun des *rei promittendi* et la réponse qu'il fait à cette interrogation, qui, d'après cette loi 6, ne doivent être séparées que par un court intervalle (1). Mais, en admettant cette interprétation, il faut reconnaître que les LL. 6, §§ 3 et 12, pr. (*de duobus reis*), entendues dans leur sens naturel, supposent que les réponses des deux *rei promittendi* n'interviennent qu'après que les deux interrogations ont eu lieu. Or, s'il est vrai que telle est la supposition des LL. 6, §§ 3 et 12 pr., cela suffit pour que nous puissions en tirer un grave argument en faveur de notre opinion.

Quoi qu'il en soit de la question de savoir si les stipulations, pour faire naître l'obligation corréale, devraient être conçues dans une forme et dans un ordre spécial, il est bien entendu que les règles générales sur les formes des stipulations devaient être observées. Ainsi, il fallait qu'il y eût *congruitas* entre les paroles employées pour l'interrogation et les paroles employées pour la réponse; la nécessité de cette *congruitas* n'allait pas, du reste, jusqu'à empêcher que, si le stipulant en interrogeant les promettants s'était servi du pluriel *spondetis*, ceux-ci pussent répondre, chacun au singulier, *spondeo*. C'est ce que prend soin de nous dire la L. 4 (*hoc titulo*). Nous ferons observer que depuis une constitution de l'empereur Léon il ne fut plus nécessaire, nous disent les Institutes, que l'accord existât entre les paroles de la stipulation ; il dut seulement exister entre la volonté des parties, quelles que fussent les paroles par lesquelles cette volonté se fût exprimée (Instit., § 1, *in fine de verbor. obligationibus*).

C'était encore une règle générale de la stipulation que l'interrogation et la réponse dont elle se composait devaient former un acte continu. Ainsi, si après l'interrogation et avant la réponse l'une ou l'autre des parties avait procédé à une autre affaire, la réponse intervenant ensuite, l'obligation ne se formait pas (L. 137, *de verborum obligationibus*). De même, l'obligation ne se serait

---

(1) Cujas, *Commentaire de la loi 9 de duobus reis*, in bib. 27, Quæst. Papin.

point formée si la partie interrogée n'avait répondu que le lendemain. Faisant l'application de ces règles à la formation d'une
obligation corréale au moyen de la stipulation, les jurisconsultes
nous donnent les décisions suivantes. Si le stipulant ayant interrogé deux personnes, l'une d'elles ne répond que le lendemain,
ces deux personnes ne seront point *duo rei promittendi*. Celui qui
n'a répondu que le lendemain ne sera même nullement obligé
(L. 12, *de duobus reis*), si l'une des personnes qui ont été interrogées répond immédiatement, et que l'autre ne réponde qu'après
que les parties ont procédé à d'autres affaires, la première seulement sera obligée, de sorte que, dans ce cas-ci, nous n'aurons pas
duo rei promittendi. Les parties ne seraient pas regardées comme
ayant procédé à d'autres affaires si, dans l'intervalle, entre les
réponses des deux promettants, un fidéjusseur avait été constitué
pour la garantie de l'obligation corréale (soit qu'il cautionnât les
deux *rei* ou bien seulement l'un d'eux). On ne peut pas dire, en
effet, que ce soit là un acte étranger à l'obligation (L. 6, § 3, *de
duobus reis*).

Contrat litteris. — Le contrat *litteris*, qui présente plus d'une
analogie avec la stipulation, peut comme elle être la source d'une
obligation corréale. Nous ne trouvons point dans les textes de
décision qui établisse d'une manière directe cette proposition, et
cela est facile à comprendre; car, sous Justinien, l'ancien contrat
littéral était tombé en désuétude. Mais si les textes ne nous disent
point expressément que l'obligation corréale peut résulter d'un
contrat *litteris,* quelques-uns supposent, bien explicitement, cette
possibilité. En effet, ils mettent exactement sur la même ligne,
dans les décisions qu'ils donnent, plusieurs *rei debendi aut stipulandi* et plusieurs *argentarii quorum nomina simul eunt.* Ainsi,
dans la loi 37 *de receptis* (4, 8), le jurisconsulte Paul nous dit :
« Si duo rei sunt aut credendi aut debendi et alter compromiserit
» isque vetitus sit petere aut ne ab eo petatur, videndum est an si
» alius petat aut ab alio petatur, pœna committatur. Idem in

» duobus argentariis quorum nomina simul cunt » (ajoutez L. 9, pr. *de pactis*). De ce que les textes ne nous parlent, qu'à propos des *argentarii*, d'une obligation corréale naissant du contrat *litteris*, il ne faudrait pas conclure que ce fût seulement relativement aux *argentarii* qu'une obligation corréale pût se former au moyen de ce contrat. Si les textes supposent des *argentarii*, c'est que ce fut chez ces derniers que se conserva le plus longtemps l'usage de tenir des registres, et de s'en servir pour former le contrat *litteris*. Mais dans le temps où ce contrat était usité dans toutes les classes de la société romaine, tous les citoyens pouvaient s'en servir pour créer une obligation corréale.

Dans quelle forme devaient être conçues les mentions faites sur les registres pour faire naître, au profit ou à la charge de deux personnes une obligation corréale? Nous savons que l'obligation se formait *litteris* quand une personne portait quelqu'un, de son consentement, comme son débiteur sur son registre. Il n'était point nécessaire, pour que l'obligation fût formée, que le débiteur en fît de son côté mention sur son propre registre. Cela posé, l'analogie de la stipulation nous indique comment les mentions faites sur les registres devaient être conçues pour donner naissance à l'obligation corréale. S'il fallait, pour constituer au moyen de la stipulation deux *rei promittendi*, que les interrogations qui leur étaient adressées exprimassent que c'était le même objet qui était stipulé de chacun deux, *Mævi quinque aureos dare spondes? Sei eosdem quinque aureos dare spondes?* il fallait de même que, par les mentions faites sur les registres, il fût exprimé que c'était du même objet que ceux que l'on voulait constituer *correi debendi* étaient portés débiteurs. Réciproquement, pour constituer *duo rei credendi*, il fallait que les deux créanciers indiquassent sur leurs registres que les deux *expensilationes* portées à la charge du même débiteur avaient pour objet la même somme.

Mutuum. — C'est une question controversée que le point de savoir si une obligation corréale pouvait naître d'un pacte ajouté au *mutuum* à la charge de plusieurs emprunteurs d'une même somme ou d'une même quantité quelconque. Nous croyons que c'est l'opinion affirmative qui prévalut en droit romain. Pour le temps des jurisconsultes classiques, on peut citer des textes qui nous présentent une obligation corréale naissant à la suite d'un *mutuum*. Mais il faut convenir que ces textes ne sont pas très-probants, car c'était une habitude assez répandue chez les Romains que de consacrer par les formes de la stipulation l'obligation née du *mutuum* (1). Dès lors, quand la loi 71 *de fidejussoribus* nous parle de deux débiteurs qui ont reçu un *mutuum* « ita ut » duo rei ejusdem debiti fuerint, » rien ne nous dit que ce *mutuum* n'a pas été accompagné d'une stipulation qui a donné naissance à l'obligation corréale. Pour soutenir que d'un *mutuum* ne pouvait résulter une obligation corréale, on invoque ce fragment bien connu de Paul : « Tibi decem dem et paciscar ut vi-» ginti mihi debeantur non nascitur obligatio ultra decem, re » enim non potest obligatio contrahi nisi quatenus datum sit. » Mais à cela on répond que le pacte de corréalité n'a pas pour effet de donner à l'objet de l'obligation plus d'étendue qu'à la dation d'où naît cette obligation. Le créancier a donné 10, il ne sera dû que 10.

On développe ainsi, dans l'intérêt de notre opinion, l'argument que nous venons de présenter : « Il faut remarquer que la corréa-» lité, considérée en elle-même et abstraction faite des rapports » particuliers qui peuvent exister entre les *correi*, ne constitue » pas purement une aggravation de position pour les débiteurs; » le pacte qui l'établit crée pour chacun une chance à courir ; » par l'effet de ce pacte Primus pourra bien avoir à payer 10 au

---

(1) Voy. dans les textes choisis sur la théorie des obligations de notre savant maître M. Vernet, les motifs pour lesquels dans la pratique romaine on ajoutait ainsi au *mutuum* une stipulation du capital prêté, p. 11, note 1.

» lieu de 5. Il est possible aussi qu'il n'ait rien du tout à payer. »
(M. Demangeat, *des obligations solidaires*, p. 166). Cela est exact
s'il n'y a ni société entre les emprunteurs, ni action utile, ni cession d'actions accordée à celui qui a payé contre les autres, sans
quoi, comme le remarque notre savant maître, M. Valette : « La
» chance de ne rien payer du tout est vaine et imaginaire. Dans
» la réalité des choses, la solidarité est un lourd fardeau pour le
» codébiteur solvable exposé à faire, au profit de ses coobligés,
» une avance qu'il ne pourra peut-être pas recouvrer. » (*Revue
critique*, année 1861, p. 453). L'objection est grave et frappe juste.
Mais on pourrait peut-être l'éviter en plaçant la question autrement, et en faisant observer qu'il ne s'agit pas précisément de
savoir si la convention de corréalité, ajoutée au *mutuum*, a pour
conséquence plus ou moins directe d'empirer la situation des
emprunteurs. La véritable difficulté consiste à savoir s'il y a dans
la *dation* d'une somme de 10, une *causa civilis* suffisante pour
faire naître une obligation de 10 à la charge de deux personnes.
Le véritable sens du texte de Paul, qui paraît opposé à notre opinion (L. 17, *de pactis*), se réduit en effet à ceci, comme le démontre notre savant maître M. Vernet (*loc. citat.*, p. 142) : « Il
» n'y a d'obligation civile qu'autant qu'au fait de la convention
» vient s'ajouter une *causa civilis obligationis*. Dans le *mutuum*
» la *causa civilis* est la *datio*; donc l'obligation civile ne peut
» naître que dans la mesure de cette *datio*. » Il s'agit de savoir si
ce n'est point violer cette règle que de faire naître de la dation
d'une somme de 10, à la charge de deux ou plusieurs personnes
une obligation en vertu de laquelle chacune d'elles sera tenue
à 10. Présentée ainsi, notre opinion ne donne plus lieu, il nous
semble, à la puissante objection qui lui était faite; mais il n'en
faut pas moins reconnaître que, pour le temps des jurisconsultes,
cette opinion n'est pas sans difficulté (1); quoi qu'il en soit, c'est

(1) Donneau, qui du reste soutient l'opinion que nous adoptons, pose très-bien la

bien là pourtant la doctrine qui nous semble avoir prévalu, comme l'attestent trois constitutions des empereurs Dioclétien et Maximin (LL. 8, 9 et 12, C., *si certum petatur*).

Nous avons supposé, dans les développements qui précèdent sur le *mutuum*, qu'il s'agissait de créer au moyen de ce contrat une corréalité passive; mais nous croyons qu'il pourrait aussi en résulter une corréalité active (au profit de plusieurs créanciers. C'est ce que dit la L. 9, C., *si certum petatur*).

Nous avons vu de quels contrats de droit strict la solidarité pouvait naître et à quelles conditions. Nous avons à étudier la même question relativement aux contrats de bonne foi. Nous aurons à nous demander plus tard si la solidarité qui résulte des contrats de droit strict a les mêmes caractères que celle qui résulte des contrats de bonne foi, ou si, au contraire, ces deux classes de contrats ne correspondent pas aux deux classes que nous avons déjà indiquées comme devant être distinguées parmi les obligations solidaires; si, en un mot, aux contrats de droit strict ne se rapportent pas comme à leur source les obligations corréales, et aux contrats de bonne foi les obligations simplement solidaires.

Pour le moment, nous nous bornerons à rechercher quels sont les contrats de bonne foi, que les textes nous présentent comme donnant naissance à des obligations solidaires, et à quelles conditions.

Le principe que les pactes *in continenti* ajoutés à un contrat de bonne foi s'y incorporent, et que l'exécution peut en être poursuivie par l'action naissant du contrat (L. 7, § 5, *de pactis*, 2, 14), ce principe général devait conduire à admettre que les contrats

difficulté quand il dit : « Quomodo ex mutui causâ rei fiant qui pecuniam mutuam
» non acceperunt cum mutuum non contrahatur consensu sed re, dum pecunia
» proficiscitur in accipientem ? — Quomodo eadem pecunia fieri istorum omnium
» potest tanquam mutua cum plures ejusdem rei in solidum domini esse non pos-
» sint. — V. ad tit. *de duobus reis*, chap. 12, n° 2. »

de bonne foi peuvent donner naissance à des obligations solidaires. Des textes nombreux nous apprennent que cette conséquence fut en effet admise.

Papinien, dans une loi fort importante de notre titre, nous
donne là-dessus la règle générale. Supposant que j'ai confié en
dépôt ou prêté ma chose à deux personnes, *utriusque fidem in solidum secutus,* il dit de ces deux commodataires et de ces deux dépositaires : *fiunt duo rei promittendi ;* car, ajoute-t-il, ce n'est pas
seulement de la stipulation, c'est encore des autres contrats, par
exemple de la vente, du louage, qu'une obligation de cette nature
peut résulter (L. 9, *de duobus reis*). De même, Ulpien traitant la
question au point de vue de la solidarité active, nous dit : « Duo
» deposuerunt et ambo agant siquidem sic deposuerunt ut vel
» unus tollat totum poterit in solidum agere sin vero pro parte
» pro quâ eorum interest, tunc dicendum est in partem condem-
» nationem faciendam » (L. 1, § 44, *depositi*, 16, 3). Il est donc
incontestable que les contrats de bonne foi peuvent donner naissance à des obligations solidaires. (Ajoutez L. 47 et L. 13, § 0,
locati, 19, 2 ; L. 13, C., *eod.* 465.)

Mais à quelles conditions de pareilles obligations résultent-elles
de ces contrats ? Les fragments de Papinien et d'Ulpien que nous
venons de citer supposent très-explicitement que l'intention des
parties a été de créer une obligation solidaire. *Utriusque fidem
in solidum secutus,* nous dit Papinien ; *siquidem sic deposuerunt
ut vel unus tollat totum,* nous dit Ulpien. Et c'est là, en effet, la
règle générale. Pour qu'un contrat de bonne foi produise une
obligation solidaire, il faut en général que ce résultat ait été dans
l'intention des parties. En l'absence d'une volonté contraire des
contractants, le droit commun reprend son empire et l'obligation
se divise. Mais s'il est nécessaire, pour déroger au principe de la
division des obligations, que la volonté des parties soit arrêtée en
ce sens, est-il nécessaire que cette volonté soit exprimée, est-il
nécessaire qu'il ait été convenu expressément que l'obligation serait solidaire ? Nous voyons dans les textes qu'il n'en est point

ainsi. Il suffit que l'intention des parties de former une obligation solidaire résulte des circonstances, il n'est point nécessaire
qu'elle soit exprimée (L. 47, *locati*). Ce sera une question de fait à
vérifier.

Nous devons faire observer que, d'après Cujas et d'autres
interprètes, depuis la Novelle 99, il faut, pour faire naître
une obligation solidaire, que l'intention des parties à cet égard
soit formellement exprimée. Elle ne peut plus être tacite. Nous
verrons plus bas quel est le véritable sens que l'on doit donner à
cette Novelle.

La règle générale, nous venons de le voir, c'est que l'obligation
se divise, et la solidarité est une exception établie par la volonté
des parties, volonté qui, du reste, n'a pas besoin d'être formellement
exprimée ; l'intention que les parties ont eu de créer une
obligation solidaire peut s'induire des circonstances. Mais ne faut-
il pas aller plus loin ? Ne faut-il pas dire qu'il est certains contrats
dans lesquels l'intention d'établir la solidarité est présumée en
vertu de la nature même du contrat, de telle sorte que, dans ces
contrats, la solidarité serait sous-entendue; à moins d'une intention contraire manifestée par les parties? C'est une question qui
est soulevée par notre savant maître M. Valette (*Revue critique*,
loc. citat., p. 453 et 454). Il fait observer que certains textes paraissent bien faire résulter la solidarité de la nature du contrat et
non pas de celle de l'objet, ni d'aucune circonstance particulière.
Telle est, par exemple, la loi 5, § 15, *commodati*. Il s'agit d'une
voiture prêtée ou louée, et le jurisconsulte se demande si les locataires ou les commodataires seront tenus *pro parte* ou *in solidum*. Sa décision est que chacun des locataires ou des commodataires est tenu de soigner et de conserver la chose *pour le tout*, et
que, par conséquent, il y a entre eux une sorte de corréalité,
quare duo quodammodo rei habebuntur. Mais avant de s'arrê-
ter à cette décision, le jurisconsulte paraît bien nous présenter la
solidarité comme douteuse, et M. Valette remarque que la raison
de douter est tirée précisément de cette circonstance, qu'il s'agit

d'un objet que chacun des débiteurs ne peut employer et utiliser en entier (*quia non omnia loca vehiculi teneam*) ; il apparaît par là que ce n'est point ici la nature de l'objet qui détermine Ulpien à dire qu'il y a solidarité entre les débiteurs; ce n'est point non plus quelque circonstance particulière de fait, car le texte ne fait aucune mention d'une pareille circonstance ; donc, conclut notre savant maître, il y a ici une décision de principe et non de pur fait.

On pourrait, contre cette conclusion, tirer une objection de la loi 21, § 1, *commodati*, dans laquelle Africain suppose qu'un objet a été prêté à plusieurs personnes. « In exercitu contuber- » nalibus vasa utenda communi periculo dedi ; » et il décide que, l'objet prêté venant à être volé, chacun des commodataires n'est tenu de l'action *commodati* que pour sa part : « Habiturum me » commodati actionem cum contubernalibus constat pro cujus- » que parte. » Mais on peut répondre à ce texte en disant que dans l'espèce qu'il prévoit, il y avait eu une convention des parties qui divisait la responsabilité des commodataires, convention à laquelle feraient allusion ces mots du texte *communi periculo*. C'est l'opinion de Pothier. « Nimirum convenerat, nous » dit-il (Pothier, Pandectes, *ad tit. commodati*, n° 13, note 4,) » ut *commune* esset periculum et ut quisque pro sua parte tene- » retur, regulariter autem plures commodatarii singuli in soli- » dum tenentur. » Cujas partage cette opinion.

Quoi qu'il en soit, la doctrine d'après laquelle la solidarité aurait été de droit commun, relativement à certains contrats, peut invoquer des textes beaucoup plus probants que la L. 5, § 15, *commodati*. Ce sont les LL. 59, § 3 et 60, § 2, *mandati*. Le premier de ces textes nous dit : « Paulus respondit unum ex mandatoribus » in solidum eligi posse etiamsi non sit concessum in mandato. » A ce texte on pourrait objecter que Paul veut seulement dire que la solidarité pourra exister entre *mandatores*, quand bien même elle n'aurait pas été expressément établie dans le contrat, « etiamsi » non sit concessum in mandato, » mais qu'au reste, Paul entend laisser entière la question de savoir s'il ne faudra pas, pour que la solidarité résulte du contrat, quelque circonstance particulière d'où l'on puisse induire que l'intention des parties a été d'ajouter à l'obligation cette modalité exceptionnelle. La loi 60, § 2, *mandati*, ne prête pas à un semblable doute : « Duobus quis mandavit » negotiorum administrationem, quæsitum est an unusquisque » mandati judicio teneatur? respondi unumquemque pro solido » conveniri debere. » Quels sont précisément les contrats dans lesquels la solidarité est de droit commun? Les textes ne nous donnent point à cette question une réponse bien catégorique et bien complète. Des LL. 47 *locati* et 9 pr. *de duobus reis*, il semble résulter que la solidarité n'est pas de droit commun entre dépositaires, non plus qu'entre locataires et vendeurs pour le payement du prix. Chacune des lois précitées, en effet, a soin de faire observer que, dans l'espèce qu'elle prévoit, les parties avaient eu l'intention de créer une obligation solidaire.

Nous venons d'étudier les divers contrats en tant qu'ils peuvent être la source d'obligations solidaires. Nous allons voir si des obligations de cette nature ne se rencontrent pas aussi parmi celles qui naissent *quasi ex contractu*. Nous ferons remarquer, comme nous l'avons déjà fait à propos des contrats, que nous rechercherons simplement si des obligations solidaires peuvent naître et à quelles conditions elles peuvent naître *quasi ex contractu*, sans nous occuper des effets de ces obligations ni par conséquent des différences qui peuvent exister entre elles au point de vue de ces effets, et du rapport que ces différences peuvent avoir avec les faits d'où naissent ces obligations.

Le testament peut donner naissance à une obligation corréale. Soit un legs ainsi conçu: *Lucius Titius heres meus, aut Mœvius heres meus decem Seio dato.* Le légataire Seius pourra agir contre celui des héritiers qu'il lui plaira de choisir, *quasi duo rei promittendi in solidum obligati fuissent.* (L. 8, § 1, *de legatis* 1°). On voit que, pour qu'une obligation solidaire naisse d'un legs à la charge des héritiers au profit des légataires, il faut que le testateur ait dit : Un tel mon héritier *ou* un tel mon héritier donne 10 à Seius. Si au lieu de s'exprimer ainsi, le testateur avait dit : *Titius et Mœvius Seio decem dare damnas sunto*, les deux héritiers ne seront point obligés *in solidum*, ils seront tenus chacun pour sa part héréditaire. Sans doute la L. 9, *in fine* (*de duobus reis*) nous présente comme faisant naître une obligation corréale à la charge des héritiers la formule suivante : *Titius et Mœvius Sempronio decem dato*. Mais il faut lire évidemment : Titius *aut* Mœvius, comme le prouve le verbe *dato* employé au singulier (M. Demangeat, p. 188). Pour que du legs résulte un rapport de corréalité active, il faudra que le testateur se serve d'une formule analogue. S'il disait : *Titio et Seio decem heres dare damnas esto*, le legs se diviserait entre Titius *et* Seius, et chacun d'eux ne pourrait poursuivre l'héritier que pour sa part divise. Il faut, pour que les deux légataires soient dans la position de *duo rei*, que le legs ait été laissé : *Titio aut Seio, utro rhees vellet*. Quand le legs était ainsi formulé, les jurisconsultes en faisaient résulter une corréalité active au profit des légataires. Mais il paraît que si le testateur avait dit simplement : *Titio aut Seio heres decem dato*, on n'était pas d'accord sur les effets que devait produire cette disposition. C'est ce que nous apprend Justinien, qui, pour faire disparaître les controverses qui s'élevaient, à ce sujet, dit qu'il lui a paru préférable *conjunctionem aut pro et accipi* (L. 4, C., *de verb. et rer. signif.*, 6, 38). Par conséquent depuis cette constitution le legs ainsi conçu : *Titio aut Mœvio heres decem dato*, n'aurait pas donné aux légataires le droit d'agir chacun *in solidum* contre l'héritier.

La *solutio indebiti* peut-elle donner naissance à une obligation corréale ? Les textes ne nous présentent point d'obligation corréale dérivant de cette source. Un fragment de Paul, qui pourrait sembler, au premier abord, contredire cette proposition, n'y est en réalité nullement opposé ; il s'agit dans ce fragment (L. 21, *de condictione indebiti*, 12, 6) de deux *rei promittendi* qui devaient deux choses sous une alternative, Stichus ou Pamphile une toge ou mille deniers, ils ont payé chacun une des choses qui faisaient l'objet de l'obligation alternative dont ils étaient tenus, et aucun d'eux ne peut prouver qu'il a payé après l'autre, à un moment où l'obligation était déjà éteinte, et que par conséquent il a payé ce qui n'était pas dû.—Dans cette situation le jurisconsulte nous dit qu'ils ne peuvent point répéter chacun une partie de la chose qu'il a payée, car ils n'auraient pu forcer le créancier à recevoir, et par conséquent ils ne peuvent pas davantage le forcer de garder en payement une partie de chacune des deux choses. Le jurisconsulte conclut en ces termes : *Igitur hoc casu electio est creditoris cui velit solvere ut alterius repetitio impediatur.* Quelle que soit la portée de cette décision, il apparaît, par le seul exposé de l'espèce que vise ce texte, qu'il ne nous présente point un cas de corréalité active. Un élément essentiel de la corréalité c'est en effet, nous l'avons vu, l'identité d'objet ; or, dans l'espèce de la loi 21, cet élément fait défaut. Le créancier qui a reçu les deux choses dues sous une alternative, doit restituer l'une d'elles, à celui des *rei promittendi* duquel il la tient ; or comme il a reçu de chacun des *rei promittendi* une chose différente, c'est une chose différente qu'il doit restituer à l'un ou à l'autre, chacun de ceux-ci a donc un droit éventuel à un objet différent ; dès lors on ne peut les regarder comme deux *rei stipulandi.*

La tutelle nous présente une source importante d'obligations solidaires.—Dans le cas où il y a plusieurs tuteurs ou curateurs et où l'administration n'a point été divisée entre eux par le testateur ou par magistrat, le pupille peut poursuivre chacun d'entre eux *in solidum* (L. 2, C., *de dividendâ tutelâ.* L. 33, § 2, et L. 55 *de administratione et periculo tut.*, 26, 7.) Observons en passant que si l'un de ses tuteurs a géré et non pas l'autre, ce sera au premier que le pupille devra s'attaquer d'abord (L. 3, C., *de dividendâ tutelâ* L. 30, § 11, *de administratione et periculo tutor*). Si l'administration de la tutelle avait été divisée par le magistrat ou le testateur entre les divers tuteurs, chacun d'entre eux ne pourrait être poursuivi que *pro suâ administratione ,* « periculum invicem

» tutoribus seu curatoribus non sustinentibus, nisi per dolum aut
» culpam suspectum non removerunt, vel tardà suspicionis ra-
» tionem moverunt » (L. 2, C., *de dividendà tutelà*.) Si ce n'était
point par le testateur ou le magistrat, mais bien par les tuteurs
eux-mêmes que l'administration de la tutelle avait été divisée, le
pupille n'était pas privé par là du droit de poursuivre chacun des
tuteurs *in solidum.*

La solidarité peut-elle résulter d'une sentence judiciaire?
Quand plusieurs personnes sont condamnées par un seul et
même jugement, la règle générale est la même qu'en matière
de contrats; c'est-à-dire que l'obligation naissant de la condamnation se divise entre elles, et que la somme à laquelle elles ont
été condamnées en commun, ne pourra être demandée à chacune d'elles, par l'action *judicati,* que pour sa part. (L. 10, § 3,
de appellationibus, 49, 1, L. 43, *de re judicatà*. L. 59, § 3, *mandati*.)
Mais le juge peut empêcher cette division de l'obligation naissant
de la sentence, en condamnant chacun des défendeurs *in solidum.*
(L. 1, C., *Si plures una sententia*, 7, 55.) Un pareil jugement peut
intervenir dans le cas où le créancier a actionné en même temps,
et devant un même juge, des débiteurs qu'il prétend être obligés
envers lui solidairement, tandis qu'ils ne sont en réalité, comme
ils le prétendent de leur côté, que de simples débiteurs conjoints.
Dans ce cas, il est de fait que la sentence qui les condamne *in
solidum,* a établi entre eux la solidarité. (Savigny, *des obligations,*
p. 170 *de la traduct.* Demangeat, *loc. cit.*, p. 201.)

Plusieurs personnes peuvent se trouver obligées solidairement
par suite du fonctionnement des actions dites *adjectitiæ qualitatis.* Ainsi, si un homme libre, préposé en qualité de *magister
navis* ou d'*institor*, s'est obligé dans l'exercice de sa fonction, nous
aurons deux débiteurs *in solidum* de la même dette, le préposé
tenu de l'action directe naissant du contrat par lui fait, et le
préposant tenu de l'action *exercitoria ou institoria*. (L. 1, § 17,
de exercitoria actione. L. 1, § 24, et L. 5, § 1, *eod. titulo*.) Si le *magister navis* ou l'*institor* a été préposé par plusieurs personnes,

l'action *institoria* ou *exercitoria* peut être dirigée *in solidum*, contre l'un quelconque des préposants. (L. 1, § 25, *de exercitoria actione*. L. 13, § 2, *de institoria actione*.)

§ 2. — Obligations *ex delicto et quasi ex delicto*.

On sait que les délits donnent naissance à des actions de diverse nature. Les unes, dites *rei persecutoriæ*, ont pour but de maintenir l'intégrité des biens de chacun ou de la rétablir, si elle a été violée; elles empêchent que l'un ne soit dépouillé et l'autre enrichi injustement. D'autres actions, dites *pénales*, dépouillent l'auteur de la violation, pour enrichir celui dont le droit a été violé.

Quand plusieurs personnes ont concouru à un délit, elles sont tenues solidairement de l'action *rei persecutoria*. Ainsi, celui qui a été victime d'un vol commis par plusieurs, peut poursuivre *in solidum*, par la *condictio furtivâ*, celui qu'il lui plaît de choisir. (L. 1, C., *de condict. furtiva*, 4, 8.) La même règle s'applique aux actions pénales unilatérales. Ainsi, si j'ai éprouvé un dommage par suite d'un dol dont plusieurs se sont rendus coupables à mon égard, je puis demander à chacun d'entre eux *in solidum*, l'indemnité à laquelle j'ai droit; mais, du moment que je l'aurai obtenue de l'un d'eux, les autres seront libérés. (L. 1, § 4, 2, 10. L. 17, *de dolo malo*. L. 14, § 15, *quod metus causa*, 4, 2.) Car le but de l'action pénale unilatérale étant, au point de vue du demandeur, de faire obtenir une indemnité, cette indemnité une fois obtenue, le but de l'action est rempli.

Quant aux actions pénales, tant au point de vue du défendeur, qu'au point de vue du demandeur, elles peuvent être exercées pour le tout contre chacun des auteurs du délit, et la prestation de la peine par l'un d'eux, ne libère pas les autres. Car, dans les actions de cette nature, le but étant non pas d'indemniser la personne lésée, mais de punir ceux qui ont violé son droit, il est clair que ce but ne peut être atteint, que si la peine peut être exigée de chacun des co-délinquants, sans que le payement de cette peine par l'un libère les autres. Ainsi, plusieurs personnes ayant commis un vol, chacune d'elles est tenue de *l'actio furti*, et la peine qui fait l'objet de cette action, devra être payée autant de fois qu'il y a de co-délinquants. (L. 55, § 1, *de administratione et peric. tut.*, 26, 7.)

Il est des actions appelées mixtes, qui, persécutoires jusqu'à concurrence d'une certaine partie de la valeur qu'elles font obtenir au demandeur, sont pénales pour le surplus. — Elles poursuivent à la fois les deux buts que poursuivent séparément les actions pénales d'un côté, et les actions persécutoires de l'autre. Il semble que les actions de cette nature qui, dit M. de Savigny (*Système*, t. 8, chap. iv, p. 42), « se composent en réalité de deux » actions distinctes », devraient suivre en partie les règles des actions pénales, en partie les règles des actions *rei persecutoriæ:* les règles des actions *rei persecutoriæ* pour ce qui, dans la valeur qu'elles font obtenir au demandeur, est la représentation du dommage qui lui a été causé, et les règles des actions pénales pour le surplus. — Ainsi l'on devrait décider que dans le cas où plusieurs personnes sont tenues d'une action mixte, à la suite d'un même délit commis par elles, si l'une d'elles a acquitté la condamnation prononcée, les autres sont libérées en partie, et ne restent tenues que jusqu'à concurrence de l'élément pénal que renferme l'objet de l'action mixte à laquelle elles sont soumises. Toutefois, il faut l'avouer, les décisions données par les textes ne paraissent guère concorder avec ces règles (1).

L'action de la loi *Aquilia* se range parmi les actions dont nous venons de parler; elle est *rei persecutoria* jusqu'à concurrence de la valeur qu'avait au jour du délit l'esclave qui a été tué. —

---

(1) V. L. 14, § 15, *quod metus cáusá*, 4, 2. LL. 1, § 10, 2 et 3, *de his qui effud. vel dejec.*, 0, 8. L. 2, *de tutelæ et ration.*, 27, 3, et L. 55, § 1, *de administratione et periculo tutorum*.

Mais on sait que ce n'est point cette valeur seulement que l'action de la loi *Aquilia* fait obtenir, car si l'esclave que l'on m'a tué valait 10 seulement au jour du délit, mais qu'il eût valu 40 dans l'année qui a précédé, la condamnation que j'obtiendrai ne se bornera point à 10, mais s'élèvera jusqu'à 40. Il est clair que jusqu'à concurrence de la différence entre 10 et 40, l'action est purement pénale. Il semble donc d'après ce que nous venons de dire, et comme l'observe M. de-Savigny (*Système*, t. V, p. 2, § 2), « que si mon esclave a été tué par plusieurs, l'indemnité ne » doive être payée qu'une fois, et que chacun des complices ne soit » redevable en totalité que de l'élévation de la peine. » Toutefois, les textes paraissent contraires à cette décision. Si plusieurs ont frappé un esclave, dit Ulpien, et que l'on ne sache pas quel est celui dont le coup lui a donné la mort, « omnes quasi occiderint » teneri Julianus ait et si cum uno agatur cœteri non liberantur » nam ex lege Aquiliâ quod alius præstitit alium non relevat cùm » sit pœna » (L. 11, § 2, *ad leg. Aquil.*). Pourquoi donc chacun de ceux qui ont frappé l'esclave devra-t-il le montant et de l'indémnité et de la peine, sans que la prestation de l'indemnité par l'un d'eux libère les autres quant à cette indemnité. M. de Savigny en donne la raison suivante : « La loi permet à la partie lésée de » poursuivre chacun des coupables comme si l'acte n'avait pas » été commis actuellement, mais à une époque quelconque de la » dernière année; cette fiction une fois admise, on arrive, pour » chacun des coupables, à un moment où les autres n'agissaient » plus de concert avec lui, c'est pourquoi il doit payer la totalité » du dommage » (*Système, loc. citat*).

Plusieurs personnes peuvent être tenues solidairement à la suite d'un délit commis par un esclave ou d'un dommage causé par un animal qui est commun entre elles (1).

---

(1) L. 5 et L. 8, *de noxalibus actionibus*, 9, 4; L. 1, § 11, *si quadrupes pauperiem*, 9, 1, Comp. L. 20 pr. *de interrogat. in jure faciendis*, 11, 1.

CHAPITRE II.

Effets de la corréalité et de la solidarité.

Section Ire. — Effets de la corréalité active.

Nous avons déjà dit et nous verrons en détail, en traitant de la solidarité passive, qu'il faut distinguer à ce point de vue les obligations corréales et les obligations simplement solidaires. Les auteurs s'accordent généralement à dire qu'il n'y a point à faire, quant à la solidarité active, une semblable distinction (M. de Savigny, t. 1, p. 220; M. Demangeat, p. 402).

Notre savant maître, M. Valette (*loc. cital.*, p. 487), s'étonne, et avec raison, de cette différence entre les créanciers et les débiteurs. Elle nous paraît, en effet, assez difficile à justifier. Si les effets rigoureux de la corréalité sont écartés quand il s'agit de débiteurs tenus d'une action de bonne foi, opinion que nous croyons fondée, pourquoi n'en serait-il pas de même quand il s'agit de créanciers qui peuvent faire valoir leur droit au moyen d'une action de cette nature? M. Demangeat répond, il est vrai, que les conséquences de la corréalité sont moins choquantes quand il s'agit de plusieurs créanciers, que quand il s'agit de plusieurs débiteurs. « On comprend très-bien, dit-il, que le dé-
» biteur, une fois qu'il a été actionné par l'un des créanciers, se
» considère désormais comme ne devant avoir affaire qu'à lui.
» Aussi, la même règle existe-t-elle chez nous (Code Nap.,
» art. 1198), sauf que chez nous les poursuites qui enlèvent au
» débiteur la faculté de se libérer entre les mains de celui des
» créanciers qu'il veut choisir, ne sont pas nécessairement des
» poursuites judiciaires (Demangeat, *obligat. solidaires*, p. 70); »
mais il faut remarquer qu'il y a entre le droit romain et le droit

français, quant au point qui nous occupe, une différence beaucoup plus essentielle que celle qui précède, différence qui suffit
pour que l'une de ces législations puisse être bizarre et choquante, tandis que l'autre sera juste et raisonnable. — En effet,
en droit français, la poursuite exercée par l'un des créanciers enlève, il est vrai, au débiteur le droit de se libérer entre les mains
d'un autre, mais en tant que l'intérêt du poursuivant ne s'y oppose pas ; si, par exemple, il se désiste, le débiteur n'est point libéré envers les autres créanciers, et peut être poursuivi par eux.
Au contraire, en droit romain, si l'on admet que les créanciers
sont toujours dans la position de *correi stipulandi*, la conséquence est, comme nous le verrons, que le débiteur sera libéré
vis-à-vis de tous, par la poursuite exercée par l'un d'eux ; et cela
alors même que l'intérêt du poursuivant serait hors de cause,
alors que, par exemple, pendant ou après le procès, il renonce-
rait à son droit.

A l'appui de cette opinion que les créanciers seraient toujours
dans la position de *correi stipulandi*, alors même que l'action
qu'ils pourraient exercer ne serait point une action de droit strict,
que par conséquent, dans tous les cas, la *litis contestatio* intervenue sur les poursuites de l'un d'eux éteindrait le droit de tous ; à
l'appui de cette opinion, dis-je, on peut citer la loi 24 *de legatis* 2°,
qui, nous parlant de plusieurs fidéicommissaires, nous dit :
« Uno petente jam heres eligere non potest cui det. » Toutefois
ce texte ne nous paraît pas très-probant.

Le jurisconsulte Scœvola dont Ulpien rapporte l'opinion, ne
nous dit point en effet que la poursuite exercée par l'un des fidéicommissaires éteint le droit des autres ; il nous dit seulement que
la demande formée par l'un d'eux enlève à l'héritier le droit qu'il
avait de choisir celui à qui il veut payer. Scœvola veut montrer
par là que chacun des fidéicommissaires a un droit acquis,
indépendant de la volonté de l'héritier. A ce point de vue, le jurisconsulte n'a point à s'occuper de la question de savoir si la
poursuite exercée par l'un des fidéicommissaires éteint le droit

des autres; il lui suffit que l'un d'eux puisse par la demande qu'il forme assurer son propre droit, sans rechercher si l'effet de cette demande est d'éteindre d'une manière absolue le droit des autres.

Si l'opinion d'après laquelle les créanciers sont toujours dans la position de *correi stipulandi* est difficile à justifier, il faut cependant reconnaître que les textes qui s'occupent des effets d'une obligation, existant pour le tout au profit de chacun des créanciers, supposent toujours que ces créanciers sont créanciers corréaux. Nous n'en connaissons point qui parlent des effets d'une obligation simplement solidaire existant au profit de plusieurs créanciers. Pour traiter des effets d'une semblable obligation, il faudrait donc se placer en dehors des textes; aussi nous ne considérerons, en somme, les créanciers que comme créanciers corréaux.

On peut s'expliquer d'ailleurs, comme le fait observer M. Demangeat, pourquoi nous ne voyons pas les textes distinguer, relativement aux créanciers comme relativement aux débiteurs, les effets de deux situations distinctes. La modalité dont il s'agit se présentait du côté des débiteurs bien plus souvent que du côté des créanciers, ce qui fait sans doute que la théorie des règles applicables à la situation des cocréanciers avait été moins travaillée que le système relatif à la position des coobligés.

Les effets de la corréalité active que nous allons étudier peuvent se rattacher aux modes d'extinction de l'obligation corréale. Rechercher les effets de la corréalité active, c'est rechercher les effets que produisent sur la créance commune les actes dans lesquels figure l'un des créanciers. Or, c'est surtout relativement à l'extinction de la créance commune que les effets de ces actes sont traités dans les textes. Il est donc naturel que nous rattachions l'étude des effets de la corréalité active à celle des modes d'extinction de la créance corréale.

Payement.

Parmi les modes d'extinction dont nous avons à étudier l'influence sur l'obligation existant solidairement au profit de plusieurs, le premier qui se présente est naturellement le payement fait à l'un des créanciers. Ce payement éteindra la créance à l'égard de tous ; c'est là l'effet le plus élémentaire et le plus incontestable de l'obligation solidaire (Instit., *de duobus reis*, § 1. L. 31, § 1, *de novationibus*). Du reste, le payement peut être fait soit à un seul des *correi stipulandi* pour le tout, soit à chacun d'eux pour une partie, pourvu, bien entendu, qu'ils veuillent bien consentir à recevoir un payement partiel (L. 34, § 1, *de solutionibus*).

Du payement nous pouvons rapprocher la consignation de la somme due, après qu'elle a été offerte à l'un des *correi stipulandi*. Celui-ci ayant refusé de recevoir, et la consignation ayant été régulièrement effectuée par le débiteur, la créance est éteinte vis-à-vis de tous les *correi stipulandi*, comme si l'un d'eux avait été payé (L. 19, C., *de usuris*, 4, 32. L. 9, C., *de solut.*, 8, 43), et le créancier à qui les offres ont été faites a seul droit à la chose consignée.

On sait que le créancier peut consentir à recevoir en payement un objet autre que celui qui était *in obligatione* ; c'est ce qu'on appelle *datio in solutum*. Quel sera l'effet d'une opération de cette nature intervenue entre l'un des *correi stipulandi* et le débiteur commun ; éteindra-t-elle les droits des autres créanciers ? Cette question dépend, il nous semble, d'une controverse qui existait parmi les jurisconsultes romains au sujet des effets de la *datio in solutum* (Gaïus, *Comment.* III, § 168). Les Sabiniens regardaient cette opération comme équivalant exactement à un payement véritable, et admettaient qu'elle libérait le débiteur *ipso jure*.

Les Proculiens, au contraire, refusaient à la *datio in solutum* l'effet d'éteindre l'obligation *ipso jure*. L'obligation, disaient-ils, subsiste *jure civili* malgré la *datio in solutum* ; mais le créancier qui voudrait poursuivre le débiteur qui l'a ainsi satisfait serait repoussé par l'exception de dol. L'idée des Proculiens était, sans doute, que la *datio in solutum* s'analysait en une vente faite au créancier de la chose donnée en payement pour unesomme égale au montant de sa créance (V. Savigny, *Obligations*, p. 184); par suite de cette opération, le créancier devenait débiteur, à titre d'acheteur, d'une somme égale à celle à laquelle il avait droit. Dès lors, à l'action qu'il aurait voulu intenter, le débiteur pouvait opposer la compensation au moyen de l'exception de *dol*.

Appliquant ces données à la question de savoir quel est l'effet de la *datio in solutum* reçue par l'un des *correi stipulandi*, nous pouvons dire que, dans la doctrine des Sabiniens, le débiteur sera certainement libéré vis-à-vis de tous les créanciers comme il le serait par un payement fait à l'un d'eux. Mais en serait-il de même dans la doctrine des Proculiens? Si les idées que nous venons d'exposer sur la *datio in solutum* sont bien celles qu'ont eues les Proculiens, il nous semble que, logiquement, ils ne devaient point admettre que la *datio in solutum*, reçue par l'un des *correi stipulandi*, libérât le débiteur à l'égard des autres; car, comme nous le verrons, le débiteur commun, devenu créancier de l'un des *rei stipulandi*, ne peut pas opposer aux autres la compensation et repousser leur action au moyen de l'exception de dol. Cette exception lui compète exclusivement contre celui dont il est créancier. Il faudrait dire de même que l'exception de dol, qui naît de la *datio in solutum* dans la doctrine des Proculiens, ne peut être opposée qu'à celui des *correi stipulandi* avec lequel cette opération a été conclue.

Du reste, c'est l'opinion des Sabiniens sur la *datio in solutum* qui prévalut (Instit., III, 29. L. 17, C., 8, 43).

Acceptilation.

L'acceptilation, que nous pouvons rapprocher du payement, puisqu'elle n'est qu'un payement tenu pour accompli *imaginaria solutio*, est un mode d'extinction qui s'applique aux obligations contractées *verbis*. Sur les obligations de cette nature elle opère *ipsa jure* et les éteint *jure civili;* mais appliquée à des obligations qui ne se sont pas formées *verbis*, l'acceptilation n'opère plus *ipso jure*. Elle fournit seulement au débiteur au profit duquel elle est intervenue, une exception pour repousser l'action qui serait intentée contre lui au mépris de l'acceptilation qui lui a été faite. C'est que, appliquée à des obligations qui ne se sont point formées *verbis*, l'acceptilation ne produit plus ses effets comme telle; mais comme elle renferme une convention des parties qui consentent à éteindre la dette, il était naturel de lui attribuer les effets que produirait une convention dépouillée de formes, un simple pacte de *non petendo* (L. 8 et L. 19, pr. *de acceptilat.*, 46, 4).

Cela posé, pour connaître l'effet de l'acceptilation faite au débiteur commun par un des *correi credendi*, il faut distinguer si l'obligation corréale a été formée *verbis* ou d'une autre manière. Si elle a été contractée *verbis*, l'un des *correi stipulandi*, par l'acceptilation qu'il fait au débiteur commun, le libère absolument et éteint avec sa propre créance celle de ses cocréanciers (L. 13, § 12, *de acceptilat.*, et L. 2, *de duobus reis*). Cette faculté qu'a l'un des créanciers d'anéantir les droits de tous par un acte de sa volonté revêtu de certaines formes, acte qui constituera souvent une libéralité, cette faculté, disons-nous, fait comprendre comment le jurisconsulte Venuleius a pu dire que chacun des *correi stipulandi* avait autant de droits sur la créance commune que s'il était seul créancier (L. 31, § 1, *de novationibus*). Du reste, cette faculté d'éteindre absolument la créance appartenait même à l'*adstipulator*, quoique celui-ci, vis-à-vis du créancier auquel il était adjoint, ne fût qu'un mandataire. Mais si l'*adstipulator* usait de son droit d'éteindre la créance, il était soumis au recours que le stipulant principal exerçait contre lui, soit au moyen de l'action *mandati directa*, soit au moyen de l'action *legis Aquiliæ*.

Quant à l'effet de l'acceptilation dans le cas où l'obligation corréale n'était pas née d'un contrat *verbis*, comme elle n'avait alors ainsi que nous l'avons dit, que l'efficacité d'un simple pacte, nous nous référons à ce que nous dirons du pacte de *non petendo.*

L'effet produit par l'acceptilation pouvait, du moins dans l'opinion de plusieurs des jurisconsultes romains, être produit par la *dictio dotis.* Une femme créancière de son futur mari, et voulant que sa dot se compose de la somme qu'il lui doit, peut, au lieu de lui faire acceptilation, le libérer au moyen de la *dictio dotis.* Suivant plusieurs des jurisconsultes romains, la *dictio dotis* éteint l'obligation *ipso jure* comme l'*acceptilatio* (L. 77, *de jure dotium.* L. 31, § 1, *de novationibus*). D'autres, au contraire, pensaient que la *dictio dotis* ne libérait le mari qu'au moyen d'une exception, qu'elle n'avait que l'effet d'un simple pacte (L. 44, § 1, *de jure dotium*). Suivant que l'on se place dans l'une ou l'autre des opinions précédentes, il faut décider différemment quant à l'effet de la *dictio dotis,* par laquelle une femme qui se trouverait créancière, solidairement avec un tiers, de son futur mari, aurait voulu éteindre cette créance. Si on regarde la *dictio dotis* comme pouvant produire l'effet de l'acceptilation, il faut dire qu'elle éteindra la créance à l'égard du cocréancier de la femme. Il en sera tout autrement, si, avec le jurisconsulte Marcellus, on regarde la *dictio dotis* comme fournissant simplement au débiteur une exception *pacti conventi.*

Novation.

La novation est l'extinction d'une obligation par la substitution à cette obligation d'une obligation nouvelle : « No-
» vatio est prioris debiti in aliam obligationem vel civilem vel
» naturalem transfusio atque translatio, hoc est quùm ex prœce-
» denti causâ ita nova constituatur, ut prior perimatur »(L. 1, pr.,
de novationibus). La novation s'opérait ordinairement au moyen d'un contrat *verbis.* Elle pouvait s'accomplir aussi au moyen du contrat *litteris.* La novation anéantissait *ipso jur e* l'obligation, comme l'acceptilation. Mais à la différence de ce dernier mode

d'extinction qui ne s'appliquait qu'aux obligations formées *verbis*, la novation était un mode d'extinction général et qu'on pouvait employer pour toute espèce d'obligations. Il est par cela même fort important de connaître quel sera l'effet de la novation faite par l'un des *correi stipulandi*. Or il y a sur cette question deux textes qui paraissent opposés. Dans la loi 31, § 1er, *de novationibus*, Venuleius nous dit que l'un des *rei stipulandi* peut éteindre en faisant novation, la créance commune. Et Paul, dans la loi 27, *de pactis*, semble bien donner la décision contraire. La conciliation est-elle possible? Analysons d'abord les deux textes.

Après être ainsi entré en matière : « Si duo rei stipulandi sunt, » an alter jus novandi habeat, quæritur, » ce qui indique la question comme souffrant controverse, Venuleius arrive à la solution affirmative par le raisonnement suivant : L'un des *rei stipulandi* peut recevoir le payement, libérer le débiteur par acceptilation, consommer le droit en le déduisant en justice. Donc chaque *correus stipulandi* a autant de droit que s'il était seul créancier, sauf qu'il peut perdre sa créance par le fait de son *correus*, dès lors il doit pouvoir libérer absolument le débiteur en faisant novation avec lui ; autrement que déciderait-on dans les cas suivants : « Alioquin quid dicemus si unus delegaverit creditori suo com- » munem debitorem, isque ab eo stipulatus fuerit, aut mulier » fundum jusserit doti promittere viro vel nuptura ipsi doti cum » promiserit? Nam debitor ab utroque liberabitur. » Ce raisonne- ment est parfaitement clair jusqu'aux deux dernières phrases, qui ont été obscurcies par une interpolation des compilateurs qui font dire à Venuleius « fundum jussit *promittere* viro... » « doti cum » *promiserit*, » quand Venuleius avait certainement voulu parler de la *dictio dotis*, et non pas d'une *promissio dotis*. Si Venuleius avait parlé en effet d'une *promissio dotis* faite au futur mari par la femme, qui est sa créancière solidairement avec un tiers, il n'aurait pas pu dire, comme il le fait : « debitor ab utroque libe- » rabitur ; » car le futur mari libéré vis-à-vis de sa femme *excep- tionis ope*, ne serait point libéré du tout vis-à-vis du *correus* de

sa femme. Venuleius parlait donc de la *dictio dotis*, et voici peut-
être comment on peut reconstruire l'argument qu'il en tirait
pour notre question. Nous avons vu que dans l'opinion de plusieurs jurisconsultes romains, la *dictio dotis* produisait le même
effet que l'acceptilation. Dans cette opinion, il fallait admettre
que la femme pouvait par la *dictio dotis* éteindre la créance corréale qui appartenait à elle et à un tiers contre son futur mari.
Or, voulait dire sans doute Venuleius, si l'on admet que la *dictio
dotis* émanant de la femme et opérant comme acceptilation peut
éteindre la créance corréale, pourquoi ne pas admettre que la
dictio dotis émanant du débiteur commun sur l'ordre de la femme
et opérant comme novation, peut éteindre également la créance
corréale?

Il ne faut certainement pas restreindre la décision que nous
donne Venuleius dans notre loi 31, au cas où le *correus stipulandi* aurait nové spécialement dans le but d'éteindre l'obligation
corréale vis-à-vis de son cocréancier. C'est pourtant ce qu'on a
prétendu en s'appuyant sur ces mots de la loi 31 (*cum id specia-
liter agit*), mais ces mots ne sont qu'une interpolation destinée à
mettre notre texte en harmonie avec la règle posée par Justinien
dans la constitution 8 (C., *de novationibus*) sur l'intention de nover.

La loi 27, *de pactis*, de Paul paraît bien présenter une décision
tout à fait contraire à celle de Venuleius, car à prendre ce texte
dans son sens le plus obvie il signifie évidemment ceci : l'un des
argentarii socii ne peut pas faire un pacte opposable aux autres,
car il ne peut pas nover la créance commune, bien qu'il puisse
en recevoir le payement; il a cela de commun avec d'autres personnes qui ne peuvent pas nover une créance dont elles peuvent
recevoir le payement. Il en est de même de deux *rei stipulandi*.

On a essayé de plusieurs manières de concilier les deux lois
que nous venons d'analyser. M. Molitor (*Traité des obligations*,
n° 1043) dit que la loi 31, *de noval.*, s'applique quand les *correi*
ne sont pas *socii*, car alors le droit de chacun, de disposer de la
créance commune, n'est limité que par la nécessité de souffrir les

actes de disposition, que ses cocréanciers ont également, de leur côté, le droit de faire. Tandis que, lorsqu'ils sont *socii*, chaque créancier est mandataire des autres pour recevoir le payement de la dette et non pour en disposer, de sorte que, dans ce cas, ce serait la loi 27, *de pactis*, qui s'appliquerait. Mais cette conciliation tombe devant les termes absolus de la loi 31, qui accorde à l'un des *correi stipulandi* le droit de nover la créance commune, sans distinguer s'ils sont ou non *socii*. Le seul effet que l'existence d'une société pourrait produire, ce serait que le *correus stipulandi* qui a nové, serait obligé par l'action *pro socio* de tenir compte à son *correus* de l'intérêt que celui-ci pouvait avoir à ce que la créance ne fût point éteinte.

Une conciliation beaucoup plus spécieuse est celle qui est proposée par Pothier (*de duobus reis*, n° 45) et qui consiste à dire : l'objet de la loi 27 pr. est de prouver que le pacte fait par l'un des *argentarii socii* n'est pas opposable aux autres. Pour le prouver, Labéon faisait le raisonnement suivant : De ce qu'un des *argentarii socii* peut recevoir le payement, il ne faut pas conclure qu'il peut faire un pacte de *non petendo* opposable aux autres, car une personne quelconque « alium » qui a le droit de recevoir le payement n'a pas toujours pour cela le droit de nover. Or le pacte de *non petendo* diffère du payement plus encore que la novation. Donc si l'on ne peut pas conclure du droit de recevoir le payement au droit de faire novation, on ne peut pas conclure du droit de recevoir le payement de la créance commune au droit de la paralyser par un pacte de *non petendo*. Dans cette explication, on le voit, Labéon ni Paul ne se seraient point occupés de la question de savoir si l'un des *argentarii socii* peut nover, mais uniquement de la question de savoir s'il peut faire un pacte de *non petendo* opposable aux autres, et ce serait la décision qu'ils donnaient sur ce dernier point, qu'ils auraient étendue aux *rei stipulandi*. Cette explication nous paraît arbitraire et forcée. Aussi nous aimons mieux, prenant les textes dans leur sens naturel, admettre une *antinomie*, qui était admise par Cujas (T. I⁹, *oper. priorum*, col. 917) : « In-

» genuè confiteor, nous dit-il, Paulum hoc loco plane negare ab
» uno ex argentariis vel reis stipulandi novari veterem obliga-
» tionem posse. »

Litis contestatio.

La *litis contestatio* était, à l'époque des jurisconsultes classiques, la dernière phase de cette procédure, qui avait lieu
devant le magistrat. Cependant, on a soutenu quelquefois
que la *litis contestatio* avait lieu devant le juge; cette opinion
s'appuyait sur la loi 1, C., *de litis contestatione*, dans laquelle
les empereurs Sévère et Antonin nous disent : « Lis tunc
contestata videtur cum judex per narrationem negotii causam audire cœperit. » Ce texte, qui se rapporte à un temps
où la procédure par formules était en pleine vigueur, semble
bien attester en effet que la litis *contestatio* avait lieu devant le
juge; mais l'opinion contraire a pour elle des textes qui nous
paraissent décisifs. (Voir M. de Savigny, t. VI, § 257.)

Parmi les effets importants attachés à la *litis contestatio*, le seul
dont nous ayons à nous occuper ici, c'est la consommation de
l'action une fois déduite, *in judicium*. C'était un principe du
droit romain qu'une action une fois exercée ne peut plus être
reproduite; nous trouvons des traces de cette règle dans plusieurs
textes du Digeste. (L. 20, *de liberatione legata*. L. 11, § 1. L. 20,
de novationibus.) Et Gaius l'expose d'une manière bien précise
(III 180 et 181. IV, 106 et 107.) Cette extinction du droit déduit
in judicium s'opérait de deux manières, *ipso jure* ou *exceptionis
ope*. Elle s'opérait *ipso jure*, quand le *judicium* était *legitimum*.
Gaius nous énumère les diverses conditions nécessaires pour
constituer un *judicium legitimum*. (IV, 10, 6.) En l'absence de ces
conditions, le *judicium* était *imperio continens*, c'est-à-dire que
l'instance finissait, que le procès fût ou non jugé, à l'expiration
des pouvoirs du magistrat qui l'avait organisée. Le *judicium
imperio continens*, et c'était là une des différences qui le distin-

gualent du *judicium legitimum*, n'éteignait point le droit d'action *ipso jure*, mais seulement *exceptionis ope*. L'action intentée de nouveau aurait pu être repoussée par *l'exception rei judicatæ* ou *rei in judicium deductæ*. Du reste, tous les *judicia legitima* eux-mêmes n'avaient pas pour effet d'éteindre le droit d'action *ipso jure*. Pour qu'ils eussent ce résultat, il fallait que l'action fût une action *in personam*, avec une *intentio in jus concepta*. Si l'action était réelle ou avait une *intentio concepta in factum*, elle n'était éteinte que *exceptionis ope*.

Étant donné le principe précédemment exposé que l'obligation corréale, malgré la pluralité des créanciers est une, objectivement ; la logique dictait la solution à donner sur la question de savoir quelle devait être l'influence sur la créance corréale de la *litis contestatio* intervenue sur la poursuite de l'un des créanciers. Comme d'une part, la créance corréale est une objectivement, et que d'autre part : « bis de eadem re agi non potest, » la conclusion rigoureuse est que le droit, une fois qu'il a été déduit en justice par l'un des *correi stipulandi*, est consommé à l'égard de tous. C'est là, effectivement, la conclusion qu'avaient tirée les jurisconsultes romains. (L. 8, *de fidejussoribus*. L. 31, § 1, *de novationibus*. L. 2, *de duobus reis*.) Ainsi, dès qu'il y a eu *litis contestatio* entre l'un des créanciers et le débiteur commun, l'obligation corréale est éteinte.

Nous avons montré que l'extinction de l'obligation corréale par la *litis contestatio* intervenue sur la poursuite d'un des créanciers, se rattache à la règle plus générale qu'une action déduite *in judicium* ne peut plus être reproduite ; mais cette règle rigoureuse du droit romain disparut avec le temps.

Le principe de l'extinction du droit, par cela seul qu'il a été déduit en justice ou, pour nous servir de la phraséologie allemande, la fonction négative de la chose jugée, fut avec le temps remplacée par sa fonction positive, c'est-à-dire, par l'autorité attribuée au contenu du jugement. *L'exceptio rei in judicium deductæ* fut absorbée en quelque sorte par *l'exceptio rei judicatæ*.

Il semble que l'extinction de l'obligation corréale par la poursuite exercée par l'un des *correi stipulandi* devait disparaître avec la règle dont elle était la conséquence. Nous verrons que, quant à l'obligation corréale passive, Justinien décida que la *litis contestatio* avec l'un des *rei promittendi* ne libérerait plus les autres; mais nous ne trouvons aucune disposition analogue quant à l'obligation corréale active, aussi on n'est pas d'accord parmi les interprètes, sur la question de savoir si même, dans le droit de Justinien, la poursuite exercée par l'un des *correi stipulandi* continue à éteindre le droit des autres. Dans une opinion, on dit que l'effet extinctif de la *litis contestatio* intervenue sur les poursuites de l'un des *correi stipulandi*, n'était que la conséquence d'une règle tombée en désuétude, et que par conséquent, il a pu disparaître sans qu'il fût besoin d'une disposition législative formelle. Dans l'opinion contraire, on fait remarquer que les textes qui traitent de l'effet extinctif produit sur le droit des autres, par la poursuite exercée par l'un des *correi*, ont été insérés sans correction dans le Digeste (V. L. 8, *de fidejussoribus*, 31, § 1, *de noval.* 16, *de duobus reis*), tandis qu'il en est tout autrement des textes relatifs à l'effet des poursuites exercées contre l'un des *correi promittendi*.

Chose jugée.

L'influence de la chose jugée sur l'obligation corréale est à peine mentionnée dans les textes; cela s'explique si l'on réfléchit que, du temps des jurisconsultes classiques, la *litis contestatio* avait pour effet d'éteindre le droit déduit *in judicium*. On comprend qu'il était superflu de se demander quelle serait l'influence de la sentence rendue avec l'un des *correi stipulandi*, sur le droit des autres, puisque, avant que cette sentence n'intervînt, le droit des autres avait déjà été éteint par la *litis contestatio*. Dans le droit de Justinien, la question prend tout son intérêt, du moins pour ceux qui pensent que la poursuite intentée par l'un des *correi stipulandi*, n'éteignait plus le droit des autres. Quel sera donc l'effet de la sentence rendue sur cette poursuite? Nous n'avons pas de textes résolvant directement la question ; mais quant à la sentence qui est rendue contre l'un des *correi stipulandi*, nous pouvons tirer argument de ce qui nous est dit à propos du serment. Les jurisconsultes, en effet, assimilent souvent les effets de la chose jugée et ceux du serment (L. 35, § 1, *de jurej.*, L. 56, *de re judicatâ*). Or, nous voyons que le serment déféré par l'un des *correi stipulandi* doit nuire à son *correus* (L. 28, *de jurej.*, 12, 2). Quant au jugement rendu en faveur de l'un des *rei stipulandi*, nous croyons avec M. de Savigny (*des obligations*, p. 213 de la traduct.), dans le silence des textes que l'*actio judicati* ne doit être donnée qu'à ceux des *correi stipulandi* qui ont figuré au procès.

Serment.

Le serment déféré par l'un des *correi stipulandi* au débiteur commun nuit aux autres créanciers (L. 28, *de jurejurando*). Cet effet absolu, attribué au serment, s'accorde avec ce que nous dit Gaius, que le serment *loco solutionis cedit* (L. 27, *de jurejurando*).

Le serment prêté par l'un des *correi stipulandi* profite-t-il aux autres contre le débiteur commun ? Les textes sont muets sur ce point. M. de Savigny se décide pour la négative (*des obligations*, p. 208). C'est aussi l'opinion qui, dans le silence des textes, nous paraît préférable.

Constitut.

Le constitut est un pacte par lequel une personne prend jour pour payer une dette qui existe soit à sa charge, soit à la charge d'un tiers. Ce pacte a été muni d'action par le droit prétorien, qui paraît avoir introduit l'action de *constitutâ pecuniâ*, à l'imitation d'une action dite *receptitia* à laquelle était soumis l'*argentarius* qui avait promis de faire un payement à jour fixe. Entre autres différences qui la séparent de l'action *receptitia*, l'action de *constitutâ pecuniâ* ne pouvait naître, que si une obligation soit civile, soit au moins naturelle, préexistait au pacte par lequel les parties prenaient jour pour le payement. Quant à l'effet du pacte de constitut sur cette obligation préexistante, il paraît bien qu'il n'avait point pour résultat de l'éteindre. Si le pacte de constitut émanait d'un tiers, l'obligation de ce tiers venait s'adjoindre à celle du débiteur principal (Inst., §§ 8 et 9, *de actionibus*, IV, 6), et un seul payement éteignait les deux obligations (L. 18, § 3, *de pecuniâ constitutâ*, 13, 5). Si c'était avec le débiteur lui-même que le créancier avait fait le pacte de constitut, l'obligation primitive ne serait point éteinte *ipso jure* sans doute; mais si le créancier voulait intenter l'action qui en résulte, au mépris du pacte de *constitut*, le débiteur pourrait le repousser *exceptionis ope* (L. 5, § 2 et L. 25 pr., *de pecuniâ constitutâ*). Si l'un des *correi stipulandi* avait fait un pacte de *constitut* avec le débiteur commun, celui-ci était désormais lié par l'obligation résultant de ce pacte, de telle sorte qu'il ne pouvait se libérer en payant à un autre des *correi stipulandi*. Ainsi, l'un des *correi stipulandi*, en faisant un pacte de constitut avec le débiteur commun, s'appropriait définitivement le bénéfice de la créance, de telle sorte que le jurisconsulte Paul nous dit : « Loco ejus cui jam solutum est haberi debet is cui » constituitur (LL. 8, 9 et 10, *de pecuniâ constitutâ*). » Toutefois nous devons dire que M. de Savigny, s'appuyant sur les différences qui séparent les effets généraux du constitut et ceux du payement, pense que le texte qui assimile le constitut fait par l'un des *correi stipulandi* à un payement, n'est pas l'expression des opinions qui triomphèrent en droit romain sur la question de savoir jusqu'à quel point le pacte de *constitut* doit influer sur la persistance de l'action originaire (Savigny, § 18, p. 187 et 188 de la traduction).

Pacte de non petendo.

Quand le créancier promettait, par simple pacte, à son débiteur, de ne point exiger de lui le payement de la dette, le débiteur n'était point libéré *ipso jure;* mais pour se défendre contre la poursuite que le créancier dirigerait contre lui, au mépris de cette convention, il avait l'exception *pacti conventi.* Quel était l'effet d'un pacte semblable fait par l'un des *correi stipulandi* avec le débiteur commun. Nous verrons que, relativement au pacte fait par le créancier commun avec l'un des débiteurs solidaires, il faut distinguer si ce pacte est *in rem* ou *in personam.* Nous n'avons pas besoin de faire de distinction semblable, quant au pacte consenti par un des *rei stipulandi :* ce pacte est toujours sans effet à l'égard des autres créanciers. C'est ce que nous dit expressément Paul (L. 27, *de pactis).* Nous avons vu que, relativement à l'effet de la novation faite par l'un des *correi stipulandi,* Paul était en désaccord avec Venuleius; mais en ce qui touche l'effet du simple pacte, évidemment Venuleius eût partagé l'opinion exprimée par Paul, car de l'effet absolu que le premier de ces jurisconsultes accorde à la novation, à l'égard de tous les *correi stipulandi,* il ne faut certes pas conclure qu'il accorderait le même effet au pacte de *non petendo* fait par l'un des *correi stipulandi.* C'est ce que remarque Cujas (Comment. de la loi 27 *de pactis,* lib. III, *Pauli ad edictum),* et ce que méconnaît Donneau, qui met sur la même ligne le pacte de *non petendo,* conclu par l'un des *rei stipulandi,* et le serment déféré par lui au débiteur commun (Comment., *in tit. de duobus reis,* chap. V, n° 2). Cujas signale, au contraire, la différence qui existe à notre point de vue entre l'effet du pacte de *non petendo,* fait par l'un des *correi stipulandi,* avec le débiteur commun et le serment qu'il lui aurait déféré. La raison de cette différence est, dit Cujas, que le débiteur commun qui invoque un pacte de remise, à lui consenti par un des créanciers, se prévaut d'une libéralité de ce créancier. Or, cette libéralité ne doit pas nuire aux autres créanciers, car on ne peut être libéral qu'à ses dépens. Le débiteur à qui le serment a été déféré par l'un des *rei stipulandi*, n'invoque point, quant à lui, une libéralité ; ce qu'il allègue, c'est une présomption de payement que le serment a fait naître à son profit. Quoi qu'il en soit de cette explication de Cujas, il est certain que les Romains attribuaient des effets bien plus énergiques à la prestation de serment, qu'à un simple pacte ; le serment prêté engendrait une action, et le simple pacte n'avait point cette efficacité (L. 7, § 4, *de pactis*).

Nous verrons, en traitant de l'effet du pacte de *non petendo* fait par le créancier avec l'un des *correi promittendi*, qu'il faut distinguer s'il y a ou non société entre ces débiteurs. Quant au pacte fait par l'un des *correi stipulandi*, il ne peut être opposé aux autres, soit qu'il y ait, soit qu'il n'y ait pas société entre eux. Dans le cas d'un pacte de remise consenti à l'un des *correi promittendi*, le créancier ne peut point, s'ils sont *socii*, poursuivre l'autre, parce qu'il enlèverait par là indirectement le bénéfice du pacte à celui à qui il l'a consenti ; or, cela ne se peut pas ; le créancier doit subir les conséquences de la convention qu'il a faite ; mais dans le cas d'un pacte de *non petendo*, fait par 'un des *correi stipulandi socii*, et que l'on opposerait à l'autre, ce serait à une personne complétement étrangère à cette convention de remise qu'on voudrait en faire subir les conséquences.

Compensation.

La compensation est, d'après la définition de Modestin, *debiti et crediti inter se contributio* (L. 1, *de compensationibus*, 16, 2). C'est entre deux parties, dont chacune est à la fois créancière et débitrice de l'autre, que s'établit cette *contributio debiti et crediti*. Chacune d'elles garde ce qu'elle doit en payement de ce qui lui est dû, et cela par un motif d'utilité et d'équité évidentes, *quia interest nostra potius non solvere quàm solutum repetere* (L. 3, *de compensationibus*). La compensation fut d'abord admise dans les actions de bonne foi. En dehors des actions de bonne foi, elle avait lieu dans deux cas particuliers que nous signale Gaius (Comment. IV, § 64 et suivants). Les Instituts de Justinien nous disent que la compensation fut admise dans les actions de droit strict en vertu d'un rescrit de Marc-Aurèle, et qu'elle fonctionnait dans les actions de cette nature au moyen de l'exception de dol (1).

Le débiteur commun se trouvant créancier de l'un des *rei stipulandi* peut-il opposer cette créance, pour se défendre contre l'action qui serait intentée par les autres? Nous ne le croyons pas, et il ne faut même pas distinguer si les *correi stipulandi* sont ou ne sont pas associés. Sans doute, cette distinction doit être faite, relativement à la question de savoir si l'un des *correi promittendi* peut opposer en compensation, la créance de son co-débiteur; mais cela tient, comme nous le verrons, à une raison qui ne se rencontre pas dans la situation dont nous nous occupons en ce moment.

Confusion.

La confusion est en général la réunion dans un même sujet de deux qualités incompatibles. Ainsi quand le créancier succède au débiteur ou le débiteur au créancier, il y a confusion. Quel est l'effet de cet événement sur l'obligation corréale? Si le débiteur commun succède à l'un des *rei stipulandi*, il pourra se dire

---

(1) Instituts J., *de actionibus*, § 39. On paraît autorisé à conclure du silence de Gaius qu'à l'époque ou il vivait, c'est-à-dire sous M. Aurèle, la compensation n'avait pas lieu dans les actions de droit strict; c'est l'opinion de Cujas, *Observations*, lib. 8, cap. 10. Toutefois d'autres auteurs pensent que, même avant M. Aurèle, les préteurs avaient accordé l'exception de dol, dans des actions de droit strict, au défendeur qui se trouvait créancier du demandeur.

libéré envers les autres. Il doit être censé, en effet, s'être payé lui-même comme il en a le droit, chacun des *correi stipulandi* pouvant se faire payer au préjudice de ses cocréanciers. Comme le dit Donneau (L. 46, chap. 4, n° 6) *confusio pro solutione cedit, sicut si ipse sibi debens sibi ipse solverit.* Cette décision ne se trouve pas directement mentionnée dans les textes, mais les principes suffisent à la mettre hors de doute. Nous pouvons certainement considérer la confusion qui s'est opérée, entre l'un des *rei stipulandi* et le débiteur, comme équivalant à un payement qui aurait été fait à ce créancier, lorsque nous voyons Papinien attribuer les effets d'un payement à la confusion qui s'opère entre le débiteur tenu d'une dette simplement naturelle, et le créancier (L. 95, § 2, *de solutionibus*). Le payement dans ce dernier cas étant censé avoir eu lieu, le créancier en retirera cet avantage qu'il pourra, d'après les principes généraux, retenir ce qui lui était dû naturellement, et diminuer ainsi d'autant, vis-à-vis des légataires, l'actif net de la succession. De même dans notre espèce, celui des *rei stipulandi* qui a succédé au débiteur pourra se prévaloir de ce que le payement est censé effectué à son profit, pour anéantir les droits de ses cocréanciers.

Si les *correi stipulandi* étaient associés, celui qui a succédé au débiteur commun pourra être poursuivi, par ses cocréanciers, pour la part qu'ils auraient le droit de lui demander, en cas de payement à lui fait par le débiteur. Mais ce ne sera pas par l'action née de l'obligation solidaire qu'ils exerceront ce recours, ce sera par l'action *pro socio.*

Si, au lieu de succéder au débiteur commun, l'un des *correi stipulandi* avait succédé à l'un de ses cocréanciers, il n'y aurait pas confusion. *Si reus stipulandi extiterit heres rei stipulandi duas obligationes sustinebit* (L. 5, *in fine, de fidejussoribus.* Ainsi l'un des *rei stipulandi* succédant à l'autre, il se trouve investi de deux créances; mais le jurisconsulte a soin d'ajouter que s'il intente l'action en vertu de l'une d'elles, il éteindra l'une et l'autre, « planè si ex alterâ carum egerit, utramque consumet; videlicet

» qui a natura obligationum duarum quas haberet ea esset
» ut cum altera earum in judicium deduceretur, altera
» consumeretur. » Il est bien clair, en effet, que la circonstance
que les deux droits de créance se réunissent dans un même sujet,
ne peut pas leur attribuer plus d'énergie qu'ils n'en auraient
s'ils étaient restés séparés; mais si ces deux droits de créance
doivent s'éteindre l'un et l'autre par l'action que le créancier
exercera en vertu de l'un d'eux, quel intérêt y a-t-il à dire qu'ils
coexistent sans se confondre. Voici comment Scœvola répond à cette question : « Si alter ex reis pacti conventi temporali
» exceptione summoveri possit intererit is qui heres extitit
» utrumne suo nomine an hereditario experiatur, ut ita possis
» animadvertere exceptioni locus sit necne » (L. 93, pr., *de
solutionibus*).

Prescription.

Dans l'ancien droit civil, les actions ne cessaient point d'être re-
cevables, par suite du temps que l'on avait passé sans les exercer.
Le temps ne figurait point parmi les modes d'extinction des
obligations (L. 44, § 1, *de obligationibus et actionibus*). Ce principe
du droit civil, d'après lequel les actions étaient perpétuelles,
souffrait quelques exceptions. L'action contre les *sponsores* et
fidepromissores ne durait que deux ans (Gaius, III, 121). L'action
d'injures et la *querela inofficiosi testamenti* étaient temporaires
(L. 17, § 6, *de injuriis*. L. 5, C., *de injuriis*. L., 36, § 2, *de inofficioso
testamento*). Quant au droit prétorien, beaucoup des actions qu'il
avait introduites étaient temporaires (Inst., liv. IV, tit. XII
princip.).

Dans le Bas-Empire, une constitution de Théodose et Honorius
introduisit la prescription de trente ans pour toutes les actions
tant réelles que personnelles (L. 3, C., *de præscriptione triginta an-
norum*).

Nous avons à nous demander si une circonstance qui a soustrait à la prescription la créance de l'un des *correi stipulandi* doit avoir le même effet, par rapport à la créance des autres. Les circonstances qui empêchent la prescription de se produire par rapport à la créance de l'un des *correi stipulandi*, peuvent être, soit l'interruption de la prescription par ce créancier, soit la suspension de la prescription en sa faveur. Quant à l'interruption de la prescription, la question est résolue expressément par la L. 5, C., *de duobus reis*, qui nous dit que l'interruption de la prescription émanant de l'un des créanciers profitera aux autres. La prescription peut être arrêtée relativement à la créance de l'un des *correi stipulandi*, par une cause qui lui est personnelle, par exemple un des *correi stipulandi* meurt laissant un héritier impubère, la prescription ne court pas contre lui. Courra-t-elle cependant contre les autres créanciers, de telle sorte qu'il conserve son action après qu'ils auront perdu la leur? M. de Savigny répond avec raison à cette question: « Toute faveur accordée au mineur présente » une nature purement personnelle et ne se rattache nullement » à l'existence de l'obligation ; le rapport de corréalité ne doit » donc pas plus faire obstacle à la faveur due au mineur qu'à » l'expiration du délai de la prescription contre ses cocréan- » ciers (1). »

Section II. — Des effets de la corréalité et de la solidarité passive.

Les obligations existant à la charge de plusieurs débiteurs, de telle sorte que chacun peut être poursuivi pour le tout et que le payement fait par l'un d'eux libère les autres, présentent, avons-nous dit, à côté de ce caractère fondamental commun, une diversité impossible à méconnaître quant à leurs autres effets.

---

(1) Savigny, *des Obligations*, t. I, p. 216.

Les interprètes modernes du droit romain ont ramené cette diversité à un système général, en distinguant parmi ces obligations deux classes, à chacune desquelles s'appliquent des règles différentes. Les expressions par lesquelles ces deux classes d'obligations sont désignées, varient suivant les divers auteurs. Ainsi, M. de Savigny formule cette division en distinguant les cas véritables et les cas apocryphes de solidarité. D'autres auteurs allemands distinguent l'*identité* et la *solidarité* des obligations. M. Demangeat distingue les obligations corréales et les obligations simplement solidaires sans corréalité ; quelle que soit la diversité des termes, l'idée qui sert de base à ces distinctions est la même ; elle consiste à voir, parmi les obligations dont nous nous occupons, des cas dans lesquels on peut dire qu'il y a unité d'obligation malgré la pluralité des débiteurs, et des cas dans lesquels il y a autant d'obligations que de personnes obligées (Demangeat, p. 183). Sans doute, il est juste de faire observer avec M. Ortolan (*Explication historique des Instituts*, t. III, n° 1823), que les locutions par lesquelles on désigne ces deux classes d'obligations sont, ainsi entendues, étrangères à la jurisprudence romaine ; mais, bien que les textes ne formulent nulle part d'une manière positive, la distinction que nous avons exposée ; néanmoins les décisions diverses qu'ils présentent, se coordonnent méthodiquement avec l'idée que renferme cette distinction. Dès lors, nous ne voyons pas de difficulté à l'adopter et à distinguer les obligations corréales et les obligations simplement solidaires.

La différence fondamentale entre l'obligation corréale et l'obligation solidaire consiste, avons-nous dit, en ce que l'unité d'obligation ne se rencontre pas dans celle-ci comme dans la première ; cette différence théorique se traduit par des différences pratiques, dont nous indiquerons dès à présent la plus remarquable. Quand plusieurs personnes sont tenues d'une obligation corréale, du moment que la *litis contestatio* a eu lieu avec l'une d'elles, le créancier a consommé son droit d'agir à l'égard de tous les obligés ; si plusieurs personnes, au contraire, sont tenues d'une obligation simplement solidaire, la *litis contestatio* intervenue avec l'une d'elles, n'empêche point le créancier de poursuivre les autres.

Cette distinction des obligations corréales et des obligations simplement solidaires, n'a été mise dans tout son jour, que par les interprètes modernes ; cependant elle avait été entrevue par les anciens commentateurs. Ainsi Cujas nous fait observer (Commentaire de la loi 60, § 2, *mandati in lib. I, responsorum Scœvolæ*) que deux personnes qui sont obligées *in solidum ex unâ causâ*, envers une troisième, peuvent fort bien ne pas être *duo rei debendi* ; et il tire fort exactement la conséquence de cette proposition en ajoutant : « Quòd in duobus depositariis ex eo appa-
» ret quod et si teneantur singuli in solidum tamen factum unius, _
» puta dolus aut culpa alteri non nocet (L. 1, § *si apud duos in*
» *fine, depositi*), quod aliter se habet in duobus reis : factum enim
» nocentis innocenti nocet (L. 18, *de duobus reis*).

Si l'on s'accorde assez généralement aujourd'hui à distinguer la corréalité véritable de la corréalité improprement dite ou simple solidarité, c'est un point encore très-controversé que la question de savoir quel est le principe de cette distinction, quelle est la circonstance qui fait qu'une obligation existant à la charge de plusieurs, doit produire les effets d'une obligation corréale ou d'une obligation simplement solidaire ; quelles sont, en un mot, les conditions pour qu'une obligation naisse corréale au lieu de naître simplement solidaire.

Suivant M. de Savigny (tome I, p. 219 et suiv. de la traduction), ce qui distingue, au point de vue que nous venons d'indiquer, l'obligation corréale de l'obligation corréale improprement dite, c'est que la première naît de la convention des parties qui peuvent, par un simple pacte, faire sortir d'une vente, d'un louage, d'un dépôt, etc., une obligation véritablement corréale, comme le dit Papinien dans la L. 9, pr., *h. tit.*, les cas improprement dits de corréalité sont ceux dans lesquels les débiteurs se trouvent obligés *in solidum*, sans qu'il y ait eu, cependant, entre les parties, aucune convention de corréalité ; ainsi, il y a corréalité improprement dite, quand plusieurs personnes sont tenues d'une action pénale unilatérale ; il faut assimiler à ce cas celui de plusieurs dépositaires à qui une chose a été confiée sans convention de corréalité, et qui se sont rendus coupables d'un détournement frauduleux. Le principe d'après lequel chacun d'eux peut être poursuivi, non pour moitié, mais *in solidum*, est le même que dans l'action pénale unilatérale ; car bien que le déposant intente contre ces dépositaires une action née *ex contractu*, et non pas *ex delicto*, cependant ce n'est pas l'objet direct du contrat que le créancier poursuit par cette action, c'est la violation d'un droit analogue à un délit. Quand plusieurs commodataires ou locataires reçoivent, sans convention de corréalité, une chose pour un usage commun, s'ils la détournent d'un commun accord, ils sont tenus *in solidum*, d'après le principe qui vient d'être indiqué à propos des dépositaires ; si le dommage est arrivé, par exemple si la chose a été volée, non plus par leur dol, mais par leur faute commune, ce qui fait que chacun est tenu *in solidum* de l'indemnité envers le locateur et le commodant, c'est que l'on peut dire à chacun d'eux que s'il avait apporté à la garde de la chose la *diligentia* dont il était personnellement tenu, il aurait empêché tout le dommage ; de même, quand plusieurs tuteurs administrent, la règle est que chacun n'est obligé que pour sa part envers le pupille ; mais les circonstances peuvent donner lieu à une obligation solidaire, à raison des actes préjudiciables de l'un des tuteurs, parce que l'autre aurait pu les empêcher, par la surveillance qu'il était tenu d'apporter aux intérêts du pupille, absolument comme, dans l'hypothèse citée plus haut, chaque locataire pouvait, séparément, empêcher le vol.

Des idées de M. de Savigny que nous venons d'exposer, il paraît résulter que ce qui distingue au point de vue de la cause qui les produit la corréalité véritable de la corréalité improprement dite, c'est que la corréalité véritable naît de la convention des parties, tandis que la corréalité improprement dite résulte d'un fait autre que la convention des parties, fait auquel il est équitable de faire produire comme conséquence la possibilité pour le créancier de poursuivre chacun des débiteurs *in solidum*.

Notre savant maître, M. Demangeat, critique cette doctrine (V. p. 209 et suiv.); suivant lui, étant donné une obligation existant contre plusieurs, ce qui constitue le critérium à l'aide duquel on peut dire si cette obligation est corréale ou simplement solidaire, c'est le genre d'action qui pourra être intenté par le créancier; est-ce une *condictio?* l'obligation sera corréale; est-ce une action *bonæ fidei* ou une action *in factum?* l'obligation sera simplement solidaire.

Cette idée semble avoir été jusqu'à un certain point entrevue par Cujas, dans son commentaire de la L. 52, § 3, *de fidejussoribus* (*in lib. 11 responsorum Papiniani*); il se demande pourquoi, l'un des *mandatores pecuniæ credendæ* ayant été poursuivi par le créancier, la *litis contestatio* et le jugement d'absolution intervenus sur cette poursuite ne libèrent pas les autres *mandatores*, tandis qu'il en est autrement pour les *fidejussores* et les *rei debendi*, « quoniam electione unius fidejussoris vel unius reis de-
» bendi, ut in L. 2 de duobus reis, etiam non expectatâ solutione
» protinus cæteri omnes liberabantur, » et il donne en ces termes la raison de cette différence : « Ratio differentiæ quam
» nondùm me tradidisse memini, hæc est, quia mandatores te-
» nentur judicio bonæ fidei, id est mandati, quo judicio æquum
» est ne ante solutionem liberentur, qui absoluti non sint ne cre-
» ditor in damno versetur at fidejussores et duo rei tenentur stricto
» judicio, id est ex stipulatu, diversitas judiciorum constituit diffe-
» rentiam inter mandatores et fidejussores vel reos debendi. »

Il est juste de dire que, dans un autre passage, Cujas émet, sur le point qui nous occupe, des idées qui se rapprochent de celles de M. de Savigny, dans son commentaire de la L. 60, § 2, *mandati* (*in lib. 1 respons. Scævola*); il nous dit que deux personnes à qui a été donné mandat d'administrer un patrimoine ne sont point *duo rei debendi*, quoiqu'elles soient tenues *in solidum*, « car, dit-il,
» propriè enim hi tantum sunt duo rei debendi de quibus initio

» contractus actum est expressim vel tacito intellectu ut singuli in
» solidum obligarentur, ut si quis' a duobus pariter stipulatus
» fuerit dari, utriusque fidem secutus in solidum ; vel si duobus
» eamdem rem commodaverit vel locaverit vel deposuerit apud
» duos similiter » (L. 9, *de duobus reis ; L.* 47, *locati ; L.* 13 Code,
eod.). Ainsi Cujas pense, comme M. de Savigny, que la corréalité
peut naître d'un contrat de bonne foi du moment que l'intention
des parties a été que chaque débiteur fût obligé pour le tout.

Ce système, on ne peut se le dissimuler, s'appuie avec une très-
grande force sur la loi 9 pr., *de duobus reis*, qui nous
dit que l'on peut constituer *duo rei promittendi* non-seulement
au moyen de la stipulation, mais encore au moyen des autres
contrats, vente, louage, dépôt, commodat. A cette loi 9 on peut
joindre la L. 13, § 9, *locati*, qui est ainsi conçue : « Duo rei loca-
» tionis in solidum esse possunt. » De ces deux textes, il semble
résulter d'une manière formelle que la corréalité peut être établie
par un contrat de bonne foi aussi bien que par un contrat de
droit strict.

Nous sommes loin de méconnaître la gravité de ces arguments.
Toutefois, au milieu des difficultés auxquelles donnent lieu l'un et
l'autre système, nous croyons que le plus rationnel est en somme
celui qui considère la distinction des obligations corréales et solidaires comme correspondant à la division des actions en actions
de droit strict et actions de bonne foi. On peut combattre l'argument que l'opinion contraire tire des LL. 9, *de duobus reis*, et 13,
§ 9, *locati*, en faisant observer que l'expression *duo rei*, quoique
désignant le plus habituellement des débiteurs corréaux, a pu être
employée par les jurisconsultes comme dénomination de débiteurs dont la situation a des points de contact intimes avec celle
des débiteurs corréaux. Ce qui nous semble devoir prévaloir contre l'emploi de ces expressions dans les lois 9, *de duobus reis*, et
13, § 9, *locati*, ce sont les textes dans lesquels il nous est parlé
des obligations solidaires et qui tous nous les présentent comme
résultant de contrats ou de faits qui donnent lieu à des actions

de bonne foi ou *in factum* (1). Dans la doctrine de M. de Savigny, il faudrait supposer qu'il n'y a pas eu entre les parties dans les hypothèses que citent ces textes, de convention portant que les débiteurs seraient obligés chacun pour le tout. Mais c'est ce que rien ne fait présumer. De plus, quand les parties sont convenues que chacun des débiteurs sera tenu pour le tout, il nous paraît bien peu probable que les Romains fissent résulter d'une pareille convention un rapport de corréalité parfaite. La corréalité, nous le verrons, produisait des conséquences rigoureuses, contraires à l'équité et à l'utilité pratique. Était-il naturel, quand il avait été simplement convenu que les débiteurs seraient obligés pour le tout, quand les parties, par conséquent, pouvaient être regardées comme ayant voulu établir une simple obligation *in solidum*, aussi bien que comme ayant voulu établir une obligation corréale ; était-il naturel, dis-je, de considérer les parties comme ayant voulu établir la forme d'obligation la plus rigoureuse et la moins appropriée aux besoins de la pratique ? En interprétant *ex æquo et bono*, comme on le doit dans un contrat de bonne foi, la volonté des parties, il est bien plus naturel de présumer que c'est une simple obligation *in solidum* qu'elles ont entendu créer. En partant de là, on arriverait à dire que pour qu'une obligation corréale résulte d'un contrat de bonne foi, il ne suffit pas qu'il ait été convenu que les débiteurs seraient obligés pour le tout, il faut de plus qu'il ait été formellement convenu qu'ils seront dans la position de *duo rei promittendi* et non dans celle de deux débiteurs simplement solidaires. Mais les textes sur lesquels s'appuie le système adverse et qui, selon lui, nous présentent une véritable obligation corréale, ne font aucune allusion à une convention de ce genre. Ils supposent simplement qu'il a été convenu que chacun des débiteurs serait obligé pour le tout : « Utriusque » fidem in solidum seculus » (L. 9, *h. tit.*).

---

(1) L. 1, § 13, *depositi* ; L. 59, § 3, *mandati* ; L. 60, § 2, *cod.* ; L. 5, § 15, *commodati* ; L. 41, § 1, *de fidejussoribus* ; L. 23, C., *de fidejussoribus.*

On pourrait objecter à notre opinion sur l'origine de la solidarité et de la corréalité un texte du Code (L. 1, C., *de condict. furtivâ*), qui nous dit que la *condictio furtiva* à laquelle sont soumis plusieurs voleurs ne s'éteint pas par l'exercice de cette action contre l'un d'eux, mais seulement par le payement. M. Demangeat pense que ce fragment a été interpolé pour le mettre en rapport avec la loi 28 C., *de fidejussor.*, à moinsqu'il n'y ait là une disposition spéciale introduite *odio furum*, ce qui toutefois ne résulte pas des textes d'une manière positive.

Nous venons de rechercher le principe de la distinction entre les obligations corréales et les obligations simplement solidaires; quant aux conséquences de cette distinction, elles se développeront dans l'étude que nous allons faire des effets de ces obligations. Étudier les effets de la corréalité ou de la solidarité, c'est rechercher quelle est l'influence sur l'obligation commune des actes dans lesquels figure l'un des débiteurs. C'est surtout relativement à l'extinction de l'obligation que les textes nous parlent des effets de ces actes. Nous pouvons donc rattacher l'étude des effets de la corréalité ou de la solidarité passive à celle des modes d'extinction de l'obligation corréale ou solidaire. Nous suivrons en un mot le plan que nous avons suivi pour exposer les effets de la corréalité active.

Payement.

De même que les effets élémentaires de la solidarité active sont que chaque créancier a le droit de demander le tout, et que le payement fait à l'un d'eux éteint la créance à l'égard de tous; les effets élémentaires de la solidarité passive sont que chaque débiteur peut être poursuivi pour le tout, et que le payement fait par l'un d'eux libère tous les autres (Inst., § 1, de *duobus reis*). Les débiteurs peuvent aussi, si le créancier y consent, payer chacun une partie de la dette, et la dette sera éteinte lorsque le créancier, au moyen de ces payements partiels, aura obtenu en définitive ce à quoi il avait droit (L. 8, § 1, *de legatis;* L. 34, § 1, *de solutionibus*). Au payement fait par l'un des débiteurs il faut assimiler les offres suivies de la consignation qui émanerait de l'un d'eux (L. 19, C., *de usuris*, 4,32 ; L. 9, C., *de solut.*)

Si le créancier consentait à recevoir de l'un des débiteurs un objet autre que celui qui est *in obligatione*, quel serait l'effet de cette *datio in solutum* par rapport à la dette des autres ? Nous avons rapporté plus haut la controverse qui divisait les deux écoles de jurisconsultes au sujet du caractère de la *datio in solutum*. Dans l'opinion des Sabiniens, qui a définitivement triomphé ; il est clair que la *datio in solutum* reçue de l'un des débiteurs éteint la dette à l'égard de tous les autres. Dans l'opinion des Proculiens, la dette n'était point éteinte *ipso jure*, mais l'exception de dol qui résultait de la *datio in solutum* en faveur de celui des débiteurs qui en était l'auteur, pouvait-elle être opposée au créancier par les autres ? Elle pouvait être opposée par eux sans aucun doute, s'il y avait société entre les débiteurs, car nous verrons que dans ce cas chacun des débiteurs peut opposer en compensation la créance de l'autre — même dans le cas où les débiteurs ne sont pas *socii*. On peut soutenir que chacun d'eux pourrait opposer l'exception de dol au créancier qui les poursuivrait après avoir consenti à recevoir en payement de sa créance un objet autre que celui qui lui était dû. En effet quoique, en règle, quand il n'y a pas société entre les débiteurs, l'un deux ne puisse pas invoquer le simple pacte fait par le créancier avec l'un d'eux, cependant, s'il est prouvé que le créancier a entendu renoncer absolument à tout droit de poursuite, cette convention, quoique n'ayant été faite qu'avec l'un des débiteurs, profitera aux autres de manière à leur permettre d'opposer au créancier qui viendrait à les poursuivre l'exception de dol (argument de la loi 28, § 2, et 26 *de pactis*). Or, dans le cas où le créancier a consenti à recevoir en payement un objet autre que celui qui était dû, c'est bien le cas ou jamais de dire qu'il a renoncé au droit de poursuivre l'un

quelconque des débiteurs. Il y a mauvaise foi de sa part à réclamer le payement de sa créance après avoir déjà reçu, sinon le
payement, du moins une satisfaction équivalente.

Acceptilation.

L'acceptilation, comme nous le savons, éteint d'une manière
absolue l'obligation à laquelle on l'applique ; aussi l'acceptilation faite à l'un des *correi promittendi* éteint l'obligation à l'é-
gard de tous. Cette décision est formellement donnée par les
textes (L. 2, *de duobus reis*, L. 12, § 3, *de inficioso testamento* ; L. 20,
de liberatione legatâ), et d'ailleurs, elle aurait été suppléée dans
le silence des textes, par des analogies qui auraient dû nécessairement la faire admettre. Ainsi, nous voyons que l'acceptilation faite au fidéjusseur libère le débiteur principal, et cela
alors même que le débiteur principal serait obligé *re et non
verbis* (L. 13, § 7 ; L. 16, § 1, *de acceptilatione*, 46, 4). Ainsi, si le
créancier ne veut libérer que l'un des débiteurs, il doit se garder
de lui faire acceptilation ; car, par là, il éteindrait ses droits d'une
manière complète ; il doit, pour restreindre sa libéralité dans les
limites qu'il veut lui donner, la réaliser au moyen d'un simple
pacte de *non petendo*, consenti à celui qu'il veut décharger de
l'obligation ; ce pacte fera naître, au profit de celui-ci, une exception que ses co-débiteurs ne pourront pas invoquer, à moins
qu'il n'y ait société entre eux.

Cet effet absolu de l'acceptilation faite à l'un des débiteurs,
peut faire naître une question. Qu'arrivera-t-il si le créancier a
pour débiteurs corréaux deux personnes, à l'une desquelles il ne
peut faire remise de la dette ? Par exemple, un créancier a pour
débiteurs corréaux, sa propre épouse et Titius, et il fait acceptilation à l'un d'eux. Cette hypothèse est prévue par Ulpien : « Si
» maritus duos reos habebat Titium et mulierem et mulieri ac-
» cepto tulerit donationis causâ neuter liberatur : quia accepti-
» latio non valet ; » et hæc Julianus, lib. XVII Digestorum, scribit :

» Plane si mihi proponas Titio acceptilatum ipse quidem, libera-
» bitur, mulier vero manebit obligata » (L. 5, § 1, *de donat. inter
virum et uxorem*). On voit la solution que donne Ulpien en se plaçant au point de vue du droit antérieur à Antonin Caracalla, sous
lequel, on le sait, fut rendu un sénatüs-consulte qui modifia le
droit en vigueur, relativement aux donations entre époux. Avant
ce sénatus-consulte, les donations entre époux étaient frappées
d'une nullité radicale. Les actes au moyen desquels les parties
avaient voulu réaliser ces libéralités, stipulations, acceptila-
tions, etc., ne produisaient absolument aucun effet (L. 3, § 10, *eod.*).
En partant de là, Ulpien décide que si l'acceptilation a été faite
à la femme elle-même, elle sera non avenue, tant à l'égard de
la femme qu'à l'égard de son co-débiteur; mais si le mari a fait
acceptilation, non plus à la femme, mais à Titius, le jurisconsulte
nous dit que Titius sera libéré, mais que la femme restera obligée. Cette décision ne contredit-elle pas tout ce que nous venons
de dire sur les effets de l'acceptilation? Ces effets, avons-nous dit,
sont absolus. L'acceptilation, faite à l'un des *correi promittendi*,
libère tous les autres. Or, voici Ulpien qui nous donne, comme
résultat d'une acceptilation, la libération de l'un seulement des
correi promittendi. La réponse à cette difficulté se trouve dans
la règle que nous avons déjà indiquée, que l'acceptilation qui
est nulle, comme telle, peut valoir comme un simple pacte.
Dans l'espèce prévue par Ulpien, l'acceptilation est nulle, parce
qu'elle aurait pour effet, si elle était valable, de réaliser une libéralité du mari à la femme; mais la nullité de l'acceptilation
n'entraîne pas la nullité de la convention, que cette acceptilation
renfermait, et rien n'empêche Titius de se prévaloir de cette
convention contre le créancier qui l'a consentie. Titius ne serait
donc point, dans notre espèce, libéré *ipso jure*, en vertu de l'acceptilation, car cette acceptilation est nulle; il serait libéré *exceptionis ope*, en vertu du pacte contenu dans cette acceptilation
(M. Demangeat, p. 41).

La décision finale d'Ulpien, que la femme reste obligée, et que

Titius seul est libéré, sera-t-elle toujours vraie? Si le jurisconsulte dit que la femme reste obligée, c'est qu'il se place dans l'hypothèse où il n'y a pas société entre Titius et la femme. S'il y avait société entre eux, il ne serait plus vrai de dire que la femme reste obligée, tandis que Titius est libéré. On aperçoit que s'il en était ainsi, dans ce cas, la libération de Titius serait à peu près illusoire, puisque le bénéfice lui en serait indirectement enlevé par le recours que la femme poursuivie exercerait contre lui, au moyen de l'action *pro socio*. Donc ici, l'intérêt de Titius se trouve indivisiblement lié à l'intérêt de la femme. Dès lors, c'est bien le cas d'appliquer la règle que nous donne la loi 5, § 2, *de donation. inter vir. et uxor.*, d'après laquelle la donation entre époux n'est pas sans effet *non impediri, si aliarum extrinsecus rerum personarumve causa commixta sit.* Titius et la femme étant associés, la séparation de leurs intérêts n'est pas possible. Il faut donc dire que la femme profitera de la libération de Titius.

Novation.

La novation faite par le créancier avec l'un des *correi promittendi*, éteint-elle l'obligation à l'égard des autres? Nous ne connaissons pas de texte qui réponde directement à cette question (V. toutefois la L. 20, *ad Velleianum*, 16, 1). La décision à donner ne nous paraît guère, néanmoins, susceptible de difficulté. Sans doute, la question de savoir si l'un des *rei stipulandi* pouvait éteindre, par la novation, la créance commune, avait été, nous l'avons vu, controversée parmi les jurisconsultes ; mais même pour ce cas, l'opinion qui admettait que la novation éteignait absolument l'obligation, était la plus conforme aux principes. Les arguments sur lesquels Venuleius l'appuie (L. 31, § 1, *de novat.*), sont, comme le remarque Cujas, de la plus grande force. On comprend cependant que la faculté accordée à un des créanciers d'anéantir le droit de tous, ait pu révolter quelques esprits équitables. Sans doute, cette faculté, il la possède dans d'autres cas, puisqu'il peut faire acceptilation, déduire le droit en justice ; mais, si chacun des créanciers peut éteindre les droits de ses consorts par d'autres actes que la novation, il n'en est pas moins vrai que si on lui permet de les éteindre aussi par la novation, cette faculté devient plus dangereuse. Il sera, en effet, plus aisé de faire une novation que de déduire le droit en justice ; l'un des créanciers se portera bien plus volontiers à une novation qui sauvegarde ses droits individuels qu'à une acceptilation qui, si on la suppose gratuite, n'est guère à craindre, et qui, si elle est intéressée, présentera des dangers pour lui ; car, s'il libère le débiteur par acceptilation pour que celui-ci contracte envers lui un nouvel engagement, il restera exposé au mauvais vouloir de ce débiteur qui, une fois libéré, ne voudra plus, peut-être, s'obliger de nouveau.

Ces considérations d'équité pouvaient faire hésiter quelques esprits à admettre, en ce qui touche la novation faite par l'un des *rei stipulandi*, la conséquence rigoureuse des principes. Mais elles ne se rencontrent plus quand il s'agit de la novation faite avec l'un des *rei promittendi* par le créancier commun. Si ce créancier perd sa créance corréale, c'est par un acte de sa volonté. C'est sans doute qu'il trouve la nouvelle obligation contractée envers lui plus avantageuse. Il n'y a donc pas de raison de refuser à la novation faite par le créancier avec l'un des *correi promittendi*, le même effet qui est produit par l'acceptilation faite à l'un d'eux, par la poursuite exercée contre l'un d'eux ; d'autant plus que la novation contient une véritable satisfaction reçue par le créancier avec lequel elle est faite, ce que Venuleius exprime en disant qu'elle est semblable au payement. (L. 31, § 1.) Il y a en effet une très-réelle similitude entre la novation et la dation en payement.

La novation faite avec l'un des débiteurs simplement solidaires éteint-elle l'obligation à l'égard de tous comme celle qui est faite avec l'un des *correi promittendi* ? Les textes sont muets sur la question. M. de Savigny donne la réponse affirmative comme la règle générale (*des Obligations*, p. 224), ainsi que M. Demangeat

(p. 410). On pourrait faire observer, dans l'opinion contraire, que la dette simplement solidaire ne présente point ce caractère d'unité de l'obligation qui distingue la dette corréale : qu'en vertu de ce principe, la poursuite dirigée contre l'un des débiteurs solidaires ne libère point les autres. Ne pourrait-on pas en conclure de même que la novation faite avec l'un d'eux ne les libère pas davantage ? Toutefois on comprend qu'en partant de cette idée de Venuleius, que la novation est semblable au payement (L. 31, § 1, *de noval.*), on soit amené à dire que la novation faite avec l'un des débiteurs solidaires libère les autres.

Litis contestatio.

Nous savons que la *litis contestatio* éteignait le droit déduit en justice tantôt *ipso jure*, tantôt *exceptionis ope. Ipso jure* quand le *judicium* était *legitimum*, et l'action personnelle avec une *intentio in jus concepta. Exceptionis ope*, quand l'une de ces conditions faisait défaut.

Le résultat de la *litis contestatio* était, on le sait, semblable à certains égards à celui que produit la novation. La novation, en effet, est, comme nous le dit Ulpien (L. 1, *de novationibus*), la transformation d'une obligation en une autre. Or, par l'effet de la *litis contestatio* une obligation s'éteint et une autre lui est substituée, « nam tunc obligatio principalis dissolvitur. Incipit au» tem reus teneri litis contestatione » (G., III, § 180). Il est vrai que sous d'autres rapports l'effet de la *litis contestatio* est tout autre que celui de la novation proprement dite. D'abord la novation arrête le cours des intérêts, tandis que la *litis contestatio* les laisse courir, si la créance en produisait auparavant (1). De plus, la novation éteint les accessoires de l'obligation avec l'obligation

______

(1) L. 1, C., *de judiciis*, 3, 1, et surtout L. 18, *de novationibus* et L. 35, *de usuris et fructibus.*

elle-même. On peut sans doute convenir que les priviléges et hypothèques qui garantissaient la créance primitive seront rattachés à la créance nouvelle qui naît de la novation. Mais à moins de convention spéciale à cet égard, ces hypothèques et priviléges s'éteignent par l'effet de la novation. Au contraire, ils subsistent après la *litis contestatio* (L. 29, *de novationibus*). Le jurisconsulte Paul, dans la L. 29, *de novat.*, rattache ces différences entre la novation volontaire et la *litis contestatio* à ce principe que, en déduisant notre droit en justice, nous ne rendons pas notre condition plus mauvaise, mais qu'au contraire, nous l'améliorons : « Neque » enim deteriorem conditionem nostram facimus actionem exer- » centes, sed meliorem. »

Or ce principe par lequel Paul termine le parallèle entre la novation et la *litis contestatio* ; ce principe qu'il représente comme dominant tous les effets de la *litis contestatio* semble difficile à accorder avec la règle dont nous avons à nous occuper ici, d'après laquelle le créancier qui a plusieurs débiteurs *corret* ou bien un débiteur principal et un fidéjusseur, perd son action à l'égard de tous, du moment qu'il l'a exercée contre l'un d'eux. Cette règle se retrouve parfaitement dans les textes, quoiqu'elle ait été obscurcie par les interpolations des compilateurs. Ainsi Paul nous dit : « Electo reo principali fidejussor vel heres ejus liberatur » (lib. II, *Sentences Paul*, 1, t. 17, § 10). Nous trouvons encore une application très-remarquable de cette règle dans la loi 20, *de liberatione legatâ*. Il s'agit, dans ce texte, d'arriver à ce résultat que les deux *rei promittendi* soient libérés à l'égard du créancier commun et que l'obligation dont ils étaient tenus envers ce créancier existe désormais au profit de l'un d'eux contre l'autre. Ce résultat a été rendu nécessaire par une cause dont nous pouvons en ce moment faire abstraction, parce qu'elle ne se rapporte point à la règle que nous voulons actuellement mettre en lumière. Il s'agit donc d'éteindre les droits du créancier et de les transporter à l'un des *rei promittendi*. Or voici, d'après la L. 20, comment ce but sera atteint. Le créancier constituera celui des *rei promittendi*

auquel ses droits doivent être transportés, son procureur à l'effet de poursuivre l'autre *reus*, et le résultat de cette poursuite sera que le *reus promittendi* poursuivant sera complétement libéré et que, en même temps, il obtiendra l'avantage qui doit lui revenir, c'est-à-dire que son codébiteur cessera d'être obligé envers le créancier pour être désormais obligé envers lui. Ce résultat s'explique évidemment par la règle que les poursuites dirigées contre l'un des *rei promittendi* libèrent tous les autres. Au reste, il faut remarquer que la *litis contestatio* n'éteignait le droit du créancier qu'autant que son action était exercée soit par lui-même, soit par un mandataire spécial constitué avec certaines formes et appelé *cognitor* (Gaius, *Commentaires*, 4, § 83). Si c'était par un mandataire ordinaire, par un *procurator* que l'action eût été exercée, le droit n'était pas éteint. C'est ce que nous dit Gaius :
« Procurator vero si agat satis dare jubetur ratam rem dominum
» habiturum. Periculum (enim est) ne iterum dominus de eadem
» re experiatur. Quod periculum non intervenit si per cognito-
» rem actum fuit quia de quâ re quisque per cognitorem egerit
» de eâ non magis amplius actionem habet quam si ipse egerit »
(Gaius, *Comment.*, 4, § 98). Il faut donc supposer, dans l'espèce de notre loi 29, que le *reus promittendi* qui actionne l'autre a été constitué *cognitor* (1). Par l'effet de la poursuite qu'il intente en cette qualité, l'action du créancier contre les deux *rei promittendi* se trouve consommée. L'obligation corréale est éteinte. Mais la *litis contestatio* en éteignant cette obligation en fait naître une autre à la charge du *correus promittendi* qui a été poursuivi, « in-
» cipit autem, comme nous dit Gaius, teneri reus litis contesta-
» tione (*Comment.*, 3, § 180). Cette obligation nouvelle qui naît à la charge du *correus promittendi* poursuivi, c'est le *correus promittendi* constitué *cognitor* qui en bénéficiera. Sans doute en règle

---

(1) Du reste le simple *procurator* se rapprocha de plus en plus de la position du *cognitor*. V. M. Ortolan, t. 3, n° 2231.

quand la poursuite a été exercée par un *cognitor*, l'*actio judicati* est donnée à celui au nom duquel l'action a été exercée. Mais quand le *cognitor* a été constitué *cognitor in rem suam*, c'est à lui que compète l'action *judicati*. « Cognitore interveniente judicati » actio domino vel in dominum datur. Non aliter enim cognitor » experietur vel ei actioni subjicietur quam si in rem suam co-» gnitor factus sit » (*Vaticana fragmenta*, § 317).

Ce résultat qu'a la *litis contestatio*, intervenue avec l'un des *correi promittendi*, d'éteindre les droits du créancier contre tous les autres, ce résultat, avons-nous remarqué, paraît étrange en le rapprochant de la règle générale que nous donne Paul (L. 29, *de novationibus*) sur les effets de la *litis contestatio*, qui sont, dit-il, d'améliorer la condition de celui qui déduit son droit en justice, et non pas de la rendre pire. Il est clair que dans le cas où le créancier a plusieurs *correi promittendi*, ou bien un débiteur principal et un fidéjusseur, la *litis contestatio* rend sa condition plus mauvaise, puisque, avant qu'elle fût intervenue, il avait plusieurs débiteurs, et qu'après qu'elle a eu lieu, il n'en a plus qu'un seul, celui qu'il lui a plu de poursuivre. Les Romains ont été conduits à admettre ce résultat par l'idée que, dans le cas de corréalité, malgré la pluralité des débiteurs, il n'y a, au point de vue de l'objet, qu'une seule et même obligation qui porte tout entière et sans partage sur chaque débiteur (Savigny, *des Obligations*, p. 201). Or, nous savons que, d'après une règle antique du droit romain, une action, une fois exercée, ne pouvait plus être reproduite; une obligation déduite *in judicium* était éteinte par là même. Etant donné ces deux points de départ, d'un côté, que, malgré la pluralité des débiteurs, il y a, au point de vue de l'objet, unité, identité d'obligation; d'autre part, la règle : *bis de eadem re ne sit actio*, on avait été amené à cette conséquence que l'exercice de l'action contre l'un des débiteurs *correi* devait libérer les autres. Le créancier qui a poursuivi l'un de ces débiteurs ne peut plus, avait-on conclu, en poursuivre un autre; car, par cette seconde poursuite, il déduirait de nouveau en justice la même obligation, ce qui est contraire à la règle *bis de eadem re ne sit actio.*

Ainsi, c'est la règle générale de la consommation du droit par l'effet de la *litis contestatio,* qui, se combinant avec l'idée que l'obligation corréale est *una,* malgré la pluralité des sujets, a fait admettre que la *litis contestatio* étant une fois intervenue entre le créancier et l'un des *correi promittendi,* tous les autres sont libérés. Des auteurs considérables rattachent, en outre, ce résultat à cette idée que, quand une obligation corréale existe à la charge de plusieurs personnes, il n'y a au fond qu'une seule obligation, alternative quant au sujet, ce sujet passif de l'obligation devant rester indéterminé jusqu'à ce que l'exercice de l'action vienne le désigner. Les *correi permittendi* seraient des débiteurs *alternatifs,* et, à ce point de vue, il y aurait une véritable analogie entre l'obligation corréale et l'obligation alternative quant à son objet. L'un des objets de l'obligation alternative ayant été une fois choisi par celui à qui appartient l'option, c'est comme si celui-là seul avait toujours été *in obligatione.* De même dans l'obligation corréale, c'est à l'option du créancier à déterminer sur lequel des débiteurs se fixera l'obligation; son choix sera consommé par la *litis contestatio* intervenue entre lui et l'un des débiteurs. Cette idée d'un choix que le créancier a à exercer parmi ses débiteurs se retrouve, en effet, dans les textes. Ainsi, Paul nous dit : « Electo reo principali fidejussor vel heres ejus liberatur » (*Sentences de Paul,* liv. ii, tit. 17, § 16). De même en nous parlant d'un cas où plusieurs personnes sont tenues comme simples débiteurs solidaires et non point *correaliter,* de sorte qu'elles ne sont point libérées par la *litis contestatio,* Ulpien nous dit : « Perceptione ab » uno facta cæteri liberantur non electione » (L. 7, § 4, *quod falso tutore,* 27, 6).

De plus, cette doctrine, qui considère les *correi promittendi* comme des débiteurs alternatifs, a l'avantage, comme le fait observer M. Machelard (*des Obligations naturelles,* p. 357), de sauvegarder la règle posée par Paul dans la loi 20, *in fine, de noval.* Cette loi nous dit que le créancier, en déduisant son droit en justice, ne peut pas détériorer sa condition. Il ne la détériorera pas, en effet, si l'extinction du droit à l'égard de tous, par la poursuite exercée contre l'un des *correi*, est l'effet moins de la *litis contestatio* que de la nature de ce droit, qui existait *a priori* tel qu'il apparaît après la *litis contestatio*, c'est-à-dire comme ne pouvant engendrer qu'une seule action. Dès lors, la *litis contestatio* n'aurait pas *restreint* le droit du créancier; elle n'aurait fait que le *déterminer*.

Sans doute, la théorie que nous venons d'exposer s'appuie sur des raisons qui ne manquent pas de valeur. Toutefois, si les droits du créancier contre tous les *correi* s'éteignent par la poursuite exercée contre l'un d'eux, il faut en chercher, croyons-nous, la raison déterminante dans le caractère d'unité, d'identité que présente la dette corréale malgré la pluralité des débiteurs, et dans la combinaison de ce caractère de la dette corréale avec les règles générales sur l'effet extinctif de la *litis contestatio*. Du moment que c'est la même obligation qui existe à la charge de tous les *correi promittendi*, vouloir, après avoir poursuivi l'un d'eux, poursuivre l'autre, ce serait, nous le répétons, déduire de nouveau en justice le même droit. Or, la règle *bis de eadem re ne sit actio* s'y oppose. Sans doute, par l'effet de cette règle, il se trouve, en définitive, que l'on peut comparer les *correi promittendi* à des débiteurs *alternatifs*; mais, comme le remarque fort bien M. Machelard (*des Obligations naturelles*), « ce n'est là qu'une » façon plus crue d'exprimer le résultat singulier de l'interpréta- » tion donnée à une obligation qui frappe plusieurs personnes » *correaliter*. » Dire que les *correi promittendi* sont débiteurs al- ternatifs, c'est donc énoncer l'effet, le résultat des règles que nous avons exposées; ce n'est pas donner la raison d'être, le principe de la situation.

Ce qui distingue, avons-nous dit, l'obligation simplement soli- daire de l'obligation corréale, c'est que de cette dernière seule on peut dire que, malgré la pluralité des débiteurs, il y a unité d'obligation. Dans la dette simplement solidaire, au contraire, on peut voir autant d'obligations distinctes que de débiteurs ; mais l'un d'eux ayant satisfait à son obligation, tous les autres sont libérés. Cette différence entre ces deux classes d'obligations ne se manifeste nulle part plus sensiblement que dans la différence des effets de la *litis contestatio*, relativement à chacune d'elles ; tandis que, comme nous venons de le voir, tous les *correi promittendi* sont libérés par la *litis contestatio* intervenue avec l'un d'eux ; la poursuite exercée contre un des débiteurs solidaires laisse parfaitement au créancier le droit de poursuivre les autres ; ce sera seulement la satisfaction reçue par le créancier qui les libérera. Des textes nombreux nous donnent cette décision ; ainsi, à propos de deux commodataires, Ulpien nous dit : « Duo quodam- » modo rei habebuntur, et si alter conventus præstiterit liberabit » alterum » (L. 5, § 15, *commodati*). Et à propos de deux *mandatores*, débiteurs solidaires : « Plures ejusdem pecuniæ credendæ » mandatores, si unus judicio eligatur absolutione quoque secutâ » non liberantur, sed omnes liberantur pecuniâ solutâ » (L. 52, § 3, *de fidejussoribus*). De même, à propos de l'action qui est donnée contre plusieurs personnes *in solidum*, quand un objet est tombé de l'appartement occupé en commun par elles, on nous dit : « Si cum uno actum fuerit cæteri liberabuntur, perceptione » non litis contestatione » (L. 1, §§ 10, 2, 3 et 4, *de his qui effuderint vel dejecerint*). D'autres textes encore nous présentent la confirmation de cette règle (L. 1, § 43, *depositi*; L. 7, §§ 4 et 8, *quod falso tutore*, 27, 6 ; L. 41, § 1, *de fidejussoribus*; L. 18 *de tutelæ et rationibus*, 27, 3 ; L. 60, § 2, *mandati*).

Quel serait l'effet de la *litis contestatio* intervenue avec l'un des débiteurs en matière d'actions *adjectitiæ qualitatis* ? Les tiers qui ont traité avec un *institor* ont le choix de s'attaquer à l'*institor* par l'action ordinaire du contrat ou à celui qui l'a préposé par cette même action qui prend le nom d'*institoria*. Plusieurs individus ont préposé ensemble un *institor*, chacun des préposants est soumis *in solidum* à l'action *institoria*. Des règles analogues sont applicables à l'*exercitoria actio*. Quand un fils de famille a fait un contrat, le tiers devenu créancier, peut agir contre ce fils de famille par l'action qui naît de ce contrat ou contre le père par cette même action, avec l'addition *de peculio*. Quand le créancier ayant poursuivi l'*institor*, la *litis contestatio* est intervenue, ceux qui ont préposé cet *institor* sont libérés. La *litis contestatio* intervenue avec l'un des préposants éteint l'action contre les autres. Il en est de même de la *litis contestatio* intervenue avec le *magister navis* par rapport à l'action *exercitoria*, et de la *litis contestatio* intervenue avec l'un des *exercitores* par rapport à l'action à laquelle sont soumis les autres (L. 1, § 24, *de exercitoria actione*, 14, 1). De même, l'exercice de l'action *de peculio* ou *quod jussu* contre le père libère le fils, et à l'inverse l'exercice de l'action ordinaire du contrat contre le fils, éteint les actions *adjectitiæ qualitatis* auxquelles était soumis le père. C'est que dans les divers cas où une action existe ainsi contre plusieurs personnes en vertu du contrat fait par une seule, c'est toujours l'obligation née de ce contrat que l'on fait valoir contre chacune d'elles, contre le père et le fils, contre l'*institor* et les préposants, contre le *magister navis* et les *exercitores*; l'obligation que l'on poursuit, c'est l'obligation née du contrat fait par le fils de famille, l'*institor*, le *magister navis*. Aussi l'*intentio* de la formule est conçue en termes identiques, quelle que soit celle de ces personnes contre laquelle l'action est dirigée. C'est pourquoi la règle *bis de eadem re ne sit actio* s'oppose à ce que l'action intentée contre une de ces personnes soit intentée de nouveau contre une autre.

Il importe de remarquer que pour savoir si un droit a été déduit en justice, c'est l'*intentio* de la formule qu'il faut considérer et non point la *condemnatio*. Dans les cas que nous venons de citer, la *condemnatio* sera conçue différemment selon que l'action sera exercée contre l'une ou l'autre des différentes personnes qui y sont soumises; ainsi, selon qu'elle sera exercée contre le père ou contre le fils, contre le *magister navis* ou contre l'un des différents *exercitores*. Ce sera en effet le nom de la personne poursuivie qui figurera dans la *condemnatio*; mais comme l'*intentio* se référera toujours à la même obligation, cette différence dans la *condemnatio* n'empêchera pas que ce ne soit le même droit que l'on déduise en justice, quelle que soit celle de ces personnes que l'on poursuive. De même, du moment que l'*intentio* porte sur le montant intégral de l'obligation, l'infériorité du montant de la *condemnatio* n'empêche pas que le droit ait été déduit en justice tout entier et non pas seulement jusqu'à concurrence du montant de la *condemnatio*. (Gaius, *Comment.*, 4, § 57.) Ainsi dans l'action *de peculio* la condamnation sera limitée par la consistance du pécule et pourra, par conséquent, être très-inférieure au montant de l'obligation. Cependant le droit aura été déduit tout entier en justice, et le fils ne pourra être poursuivi pour aucune partie de l'obligation; de même, si de deux *rei promittendi*, l'un, sur la poursuite du créancier, invoque le bénéfice de compétence, et par suite n'est pas condamné à une somme égale au montant de l'obligation, le droit du créancier n'en aura pas moins été déduit tout entier en justice (1).

Les actions *adjectitiæ qualitatis* dont nous venons de nous occuper présentent sous le rapport de l'effet extinctif de la *litis contestatio*, quelque chose de tout à fait analogue à la corréalité proprement dite. Toutefois, M. de Savigny ne voit pas là une corréalité véritable (*des Obligations*, p. 236 de la traduction). Pour celui-là seul, dit-il, qui a conclu l'opération (le *magister*, l'*institor*, le fils qui possédait un pécule) il y a une obligation véritable et proprement dite. D'où il suit que tous les modes d'extinction qui atteignent cette obligation, l'anéantissent et rendent impossible l'exercice de l'action accessoire; il en est ainsi par exemple de l'acceptilation faite par le créancier à l'*institor*. Mais au contraire une acceptilation du créancier faite à l'entrepreneur de l'o-

---

pération aurait été un non sens ; car celui-ci n'était pas à proprement parler débiteur; seulement il était tenu de répondre à une action qui ne le concernait pas directement.

L'extinction de l'obligation corréale à l'égard de tous les débiteurs par suite de la *litis contestatio* intervenue avec l'un d'eux présentait, on le comprend, les inconvénients les plus graves. Pour avoir exercé son action contre un des *rei promittendi* sans être bien certain de sa solvabilité, le créancier va se trouver déchu de son droit à l'égard de tous peut-être sans avoir rien obtenu. De même le créancier qui a un débiteur principal et un fidéjusseur et à qui les poursuites dirigées contre le débiteur principal n'ont rien fait obtenir à cause de l'insolvabilité de ce débiteur, ce créancier se trouvait déchu de la garantie dont il avait eu soin de fortifier sa créance précisément dans l'hypothèse pour laquelle surtout cette garantie lui aurait été utile. Le créancier pouvait jusqu'à un certain point éviter ce danger en ayant soin de ne demander au débiteur principal ou à celui des *rei promittendi* qu'il poursuivait que la portion de la dette jusqu'à concurrence de laquelle il était solvable. Ainsi le créancier ayant deux *rei promittendi* pour une dette de 20, s'il n'est assuré que l'un d'eux soit solvable que jusqu'à concurrence de 5, il devra, s'il poursuit celui-là, avoir soin de ne lui demander que 5, et moyennant cette précaution il conservera son action pour le surplus de sa créance qui n'a point été déduit en justice, sauf à lui de s'arranger de manière à éviter l'application de l'exception *litis dividuæ*. (Gaius, Comment., 4, § 122.)

Les inconvénients de l'effet extinctif de la *litis contestatio*, pouvaient encore, nous dit Justinien (L. 28, C., *de fidejussoribus*), être corrigés par des conventions. Justinien fait allusion sans doute à ce que les commentateurs modernes ont appelé la *fidejussio indemnitatis*. Voici en quoi consistait cette espèce de fidéjussion : après avoir stipulé 10 de Titius, je stipule de Mævius : *Quanto minus à Titio consequi possem*. Dans ce cas, après avoir poursuivi le débiteur principal, je pourrai, malgré la *litis contes-*

tatio intervenue avec Titius, poursuivre le fidéjusseur Mævius, c'est ce que les jurisconsultes s'accordent à dire (L. 116, *de verborum obligationibus*, 45, I, et L. 42, *de rebus creditis*. V. M. Pellat, textes choisis, p. 161), mais ils expliquent cette décision d'une manière différente.

Un moyen par lequel on pouvait encore, en cas de corréalité, comme en cas de fidéjussion, pallier les inconvénients de l'effet extinctif de la *litis contestatio* nous est signalé par les Instituts. (§ 2, *de mandato*). L'un des *correi promittendi* voyant le créancier prêt à le poursuivre, pouvait lui donner mandat de poursuivre son codébiteur *periculo mandantis*. De cette manière, après avoir poursuivi l'un des *correi promittendi* sans pouvoir se faire payer du moins entièrement, le créancier aurait eu recours contre celui qui lui avait donné mandat d'exercer cette poursuite.

La nécessité de ces moyens artificiels pour remédier aux effets de la *consummatio litis* fait sentir les inconvénients de cette règle de droit. Nous avons déjà dit : qu'elle n'existait plus sous Justinien (V. sur ce point M. de Savigny. Système, t. 6, § 282) ; que dans le dernier état du droit, l'ancien principe de l'extinction produite par la *litis contestatio* a disparu, et que l'exception *rei in judicium deductæ* s'est absorbée dans l'exception *rei judicatæ*. La conséquence de ces modifications profondes des anciennes règles, quant à notre matière, nous est présentée par Justinien dans la loi 28, C., *de fidejussoribus* « generali lege sancimus quem-
» admodùm in mandoribus statutum est ut contestatione con-
» tra unum ex his facta alter non liberetur, ita et in fidejussoribus
» observari. Invenimus etenim et in fidejussorum cautionibus,
» plerumque ex pacto hujus modi causæ esse prospectum : et
» ideo generali lege sancimus nullo modo electione unius ex fide-
» jussoribus vel ipsius rei alterum liberari ; vel ipsum reum fide-
» jussoribus, vel uno ex his electo liberationem mereri, nisi
» satisfiat creditori ; sed manere jus integrum donec in solidum
» et pecuniæ persolvantur, vel alio modo satis ei fiat. Idemque
» in duobus reis promittendi constituimus, ex unius rei electione

» præjudicium creditori adversus alium fieri non concedentes;
» sed remanere et ipsi creditori actiones integras et personales et
» hypothecarias, donec per omnia ei satisfiat. » Ainsi la poursuite
dirigée contre l'un des *correi promittendi* ne libérera plus les
autres. Le créancier conservera toujours ses actions jusqu'à ce
qu'il ait reçu de l'un d'eux une satisfaction effective.

Malgré les dispositions de cette constitution, nous avons vu que
l'on peut retrouver dans le Digeste des traces sensibles de l'ancienne règle d'après laquelle, la *litis contestatio* intervenue avec
l'un des *correi promittendi* libérait les autres. Mais d'autre part,
plusieurs textes ont été interpolés pour les mettre d'accord avec
les règles nouvelles posées par Justinien (Voir L. 8, § 1, *de legatis*, 1°; L. 2, Code, *de fidejussoribus tutorum*.

Chose jugée.

L'existence, du temps des jurisconsultes classiques, de la règle
dont nous venons de nous occuper, c'est-à-dire de la consommation du droit d'agir par l'effet de la *litis contestatio* intervenue
entre le créancier et l'un des *correi promittendi*; l'existence de
cette règle, disons-nous, explique pourquoi nous trouvons si peu
de décisions se rapportant à la question de savoir quel est l'effet
du jugement intervenu entre le créancier et l'un des *correi promittendi*, relativement aux autres débiteurs.

Le jugement d'absolution rendu au profit de l'un des *rei promittendi* sur la poursuite du créancier commun doit profiter aux
autres : c'est ce qu'on peut induire de ce que nous dit Paul de
l'exception *rei judicatæ*, qu'il nous représente comme étant une
exception *rei cohærens*, c'est-à-dire comme pouvant être invoquée par le fidéjusseur, du moment qu'elle appartient au débiteur principal (L. 7, § 1, *de except.*, 44, 1). Toutefois, de ce texte
pris isolément, il ne serait pas très-sûr de conclure que l'*exceptio
rei judicatæ* résultant d'un jugement rendu au profit d'un des
rei promittendi, peut être invoquée par ses codébiteurs; car on

pourrait dire que si le fidéjusseur a le droit d'invoquer l'*exceptio rei judicatæ* qui appartient au débiteur principal, c'est que s'il ne le pouvait pas, et s'il était ainsi condamné, il pourrait recourir contre le débiteur principal, qui par là se verrait enlever indirectement le bénéfice du jugement d'absolution qu'il a obtenu. Mais nous avons un texte de Pomponius qui nous dit que le débiteur principal peut invoquer le jugement rendu au profit de la caution, de même que la caution peut invoquer le jugement rendu au profit du débiteur principal; « d'où l'on peut conclure » avec certitude que ce n'est pas le rapport accessoire du caution- » nement, mais plutôt le rapport de corréalité contenu dans ce » cautionnement, qui forme la base de la règle. » (Savigny, *des Obligations*, p. 212.) Il faut donc décider que le jugement rendu au profit de l'un des *correi promittendi* peut être invoqué par les autres.

Faut-il décider de même quant aux débiteurs solidaires seulement? Nous savons que ces derniers débiteurs, à la différence des *correi promittendi*, n'étaient point, même au temps des jurisconsultes classiques, libérés par la poursuite exercée contre l'un d'eux. Faut-il aller jusqu'à dire qu'ils ne pouvaient opposer au créancier le jugement obtenu par l'un d'eux? Papinien résout la question affirmativement : « Plures ejusdem pe- » cuniæ credendæ mandatores, si unus judicio eligatur absolu- » tione quoque secutâ non liberantur, sed omnes liberantur » pecuniâ solutâ » (M. Demangeat, p. 98, et M. de Savigny, *des Obligations*, p. 224).

Serment.

Le serment déféré à l'un des *correi promittendi* et prêté par lui peut-il être invoqué par les autres contre le créancier commun? Sur ce point, nous avons une décision expresse de Paul : « Ex duobus reis promittendi ejusdem pecuniæ alter juravit; » alteri quoque prodesse debebit » (L. 28, § 3, *de jurejurando*, 12,

2). Et l'autorité de ce texte est encore confirmée par ce qui nous est dit des effets du serment prêté par la caution relativement au débiteur principal. Ce n'est pas seulement, en effet, le serment prêté par le débiteur principal qui profite à la caution (L. 28, § 1, *de jurejurando*, 42, § 3, *eod. tit.*), c'est encore le serment prêté par la caution qui profite au débiteur principal (L. 28, § 1. L. 42, § 1, *de jurejurando*). Les jurisconsultes paraissent rattacher ces décisions à une assimilation du serment au payement : « Jus- » jurandum loco solutionis cedit, » nous dit Gaius, « quia in locum solutionis succedit, » nous dit pareillement Paul (L. 27; L. 28, § 1).

Il faut observer que pour que le serment produise ces effets absolus, il est nécessaire que le serment ait porté sur l'existence même de la dette et non pas seulement sur la question de savoir si celui à qui le serment a été déféré était l'un de ceux que cette obligation frappait. Paul nous indique fort bien cette distinction : « Si fidejussor juvavit, si quidem de sua persona tantum juvavit » quasi se non esse obligatum nihil reo proderit : si vero in rem » juvavit dabitur exceptio reo quoque » (L. 1, § 3, *quarum rerum*, 44, 5). Cette décision doit évidemment être étendue au serment prêté par l'un des *correi promittendi* sur la délation du créancier commun. Pour que ses codébiteurs puissent l'invoquer, il faudra donc que le serment ait été conçu *in rem*, comme dit Paul, et que celui qui l'a prêté n'ait pas juré *de sua tantum persona*. En un mot, il faudra que le serment porte sur l'existence même de l'obligation corréale et non pas seulement sur la question de savoir si la personne qui jure est engagée dans les liens de cette obligation.

Si l'un des *correi promittendi* avait déféré le serment au créancier commun, et que celui-ci eût juré *sibi dari oportere*, ce créancier pourra-t-il se prévaloir de ce serment contre un des débiteurs autre que celui qui le lui a déféré? Les textes ne prévoient pas cette hypothèse. M. de Savigny admet que le créancier ne pourra pas faire usage du serment prêté par lui contre un débiteur autre que celui qui le lui a déféré (*des Obligations,* p. 208 et 209). Il fait remarquer que les effets absolus, attribués au serment prêté par l'un des *correi promittendi,* reposent sur une assimilation de ce serment avec le payement. Or, cette assimilation n'est pas possible quant au serment prêté par le créancier. Sans doute il y aura, par suite de cette décision, une certaine inégalité entre le créancier et les débiteurs à l'avantage de ceux-ci, puisque le créancier ne peut pas se prévaloir contre les *correi promittendi* du serment qu'il a prêté sur la délation de l'un d'eux, tandis que tous les *correi promittendi* peuvent se prévaloir contre le créancier du serment qu'il a déféré à l'un d'eux et qui a été prêté par lui ; mais on sait qu'il n'est pas rare de voir une faveur plus grande accordée au débiteur (L. 47, *de obligationibus et actionibus,* 44, 7. L. 128, *de regulis juris,* 50, 17).

Que décider quant aux débiteurs simplement solidaires ? Le serment prêté par l'un d'eux peut-il être invoqué par les autres ? Nous ne connaissons point de texte qui règle les effets du serment prêté par l'un de ces débiteurs. M. de Savigny paraît penser que ce serment est sans effet sur l'obligation des autres, absolument comme la *litis contestatio* intervenue avec l'un d'eux (*des Obligations,* p. 224 et 230). Cette opinion paraît difficile à concilier avec l'assimilation que nous avons vu établie par les jurisconsultes entre le serment et le payement.

Pacte de constitut.

Quel sera l'effet du pacte de constitut fait avec l'un des *correi promittendi* par rapport à l'obligation des autres ? Nous savons que quand de plusieurs *rei stipulandi* l'un a fait un pacte de constitut avec le débiteur commun, les jurisconsultes nous disent : « Loco ejus cui jam solutum est haberi debet is cui consti- » tuitur » (L. 10, *de pecuniâ constitutâ*). De là il est logique de conclure que le pacte de constitut fait avec l'un des *correi promit-*

tent, libère les autres. Toutefois, cette libération n'aura pas lieu *ipso jure*. Le constitut n'est pas, comme la novation, un mode d'extinction reconnu par le droit civil. Les codébiteurs de celui avec qui le pacte de constitut a été fait ne pourront donc être libérés qu'*exceptionis ope*; et même leur accorder une exception peut paraître offrir quelques difficultés à cause de la règle : « Nec » paciscendo, nec legem dicendo, nec stipulando quisquam alteri » cavere potest » (L. 74, § 4, *de regulis juris*). Il paraît difficile, en présence de cette règle, de tirer du pacte de constitut fait avec l'un des *rei promittendi* une exception en faveur des autres. Toutefois, l'exception de dol avait, en droit romain, une application fort large.

Quand le créancier a entendu recevoir le pacte de constitut fait avec l'un des *correi promittendi*, et l'action nouvelle que ce pacte de constitut lui a donné comme une satisfaction moyennant laquelle il renonce à son action primitive, et quand, après cela, il veut cependant poursuivre l'un des *correi promittendi*, on peut bien considérer ce créancier comme agissant contrairement à la bonne foi et comme devant être, par conséquent, repoussé par l'exception de dol.

Au reste, si le créancier, en faisant le pacte de constitut avec l'un des débiteurs, entend que l'obligation corréale subsiste à son profit, l'action nouvelle qu'il acquiert par ce pacte se cumulera avec l'action qu'il conservera contre les *correi promittendi*.

Dans les solutions que nous venons de donner sur le pacte de constitut, nous avons fait abstraction du cas où les *correi promittendi* sont *socii*. Dans ce cas, en effet, il ne saurait être douteux, comme nous le verrons à propos du simple pacte de *non petendo*, que le pacte de constitut fait avec l'un des *correi promittendi* procure une exception aux autres.

Le pacte de constitut fait avec l'un des débiteurs solidaires, comme celui fait avec l'un des *correi promittendi*, pourrait fournir aux autres débiteurs une exception, pour repousser la demande du créancier.

Pacte de non petendo.

Les effets du pacte de remise fait par le créancier, varient selon que ce pacte est, pour employer le langage romain, *in rem* ou *in personam*. Le pacte était *in rem* quand le créancier avait dit simplement : *non petam*, « in rem sunt quibus generaliter paciscor ne petam ; in personam quoties ne à personâ petam (L. 8, § 7, *de pactis*) id est ne a Lucio Titio petam. » Toutefois le jurisconsulte tempère cette dernière règle en nous disant que l'on doit s'attacher surtout à l'intention des parties : « Ple- » rumque enim persona pacto inscritur non ut personale pactum » fiat, sed ut demonstretur cum quo pactum factum est. » Si le créancier a fait un pacte de remise *in personam*, le débiteur avec qui il a été fait ne pourra pas être personnellement poursuivi, mais son fidéjusseur, son héritier lui-même ne pourraient pas profiter du pacte (L. 25, § 1 et L. 57, § 1 *de pactis*). De là il faut conclure que si un pacte de *non petendo in personam* a été fait par un créancier avec l'un des *correi promittendi*, les autres ne pourront point invoquer ce pacte (L. 71, § 1, *de fidejussoribus*), et il en serait ainsi alors même qu'il y aurait société entre les *correi*.

Quant au pacte *in rem*, la règle générale est qu'il peut être invoqué par tous ceux à qui celui avec qui ce pacte a été fait a intérêt qu'il profite. « In rem pacta omnibus prosunt quorum obligatio- » nem dissolutam esse ejus qui paciscebatur interfuit, itaque » debitoris conventio fidejussori proficiet (L. 5, § 21, *de pactis*). Si donc le pacte de *non petendo in rem* fait avec le débiteur principal profite au fidéjusseur, c'est que le débiteur y a intérêt, parce que le fidéjusseur forcé de payer pourrait recourir contre lui par l'action *mandati*. Cela est si vrai que si le fidéjusseur après avoir payé ne devait pas avoir de recours, s'il s'était engagé *donandi animo*, dans ce cas le pacte *in rem* fait par le créancier avec le débiteur principal ne lui profiterait pas, parce que ce dernier n'aurait point d'intérêt à ce qu'il lui profitât : « quod dictum est, » si cum reo pactum sit ut non petatur, fidejussori quoque com-

» petere exceptionem propter rei personam placuit ne mandati
» judicio conveniatur. Igitur si mandati actio nulla sit, forte si
» donandi animo fidejusserit dicendum est non prodesse excep-
» tionem fidejussori (L. 32, *de pactis*). »

De ces décisions nous pouvons déjà conclure que le pacte de
non petendo fait avec l'un des *correi promittendi* ne profite aux
autres qu'autant que cela est exigé par l'intérêt de celui avec qui
le pacte a été fait, et l'intérêt de ce dernier n'exigera que le pacte
de remise à lui consenti profite à ses codébiteurs que quand il y
aura société entre eux. Dans ce cas, en effet, si après avoir fait un
pacte de *non petendo* avec l'un des *correi*, le créancier exigeait le
payement de la dette d'un autre d'entre eux, celui-ci pourrait recourir par l'action *pro socio*, contre celui avec qui le pacte a été
fait; et ainsi ce dernier se verrait privé indirectement du bénéfice de ce pacte.

Nous trouvons ces idées expressément appliquées par les textes
à la décision du point qui nous occupe. Paul, après nous avoir
dit : « Neque enim quoquomodo cujusque interest cum alio con-
» ventio facta prodest, sed tunc demum cum per eum cui exceptio
» datur principaliter et qui pactus est proficiat : sicut in reo
» promittendi et his qui pro eo obligati sunt » (L. 23, *de pactis*).
Paul fait l'application de ces idées aux *correi promittendi*, en décidant que le pacte fait avec l'un d'eux profite à l'autre quand il y
a société entre eux (L. 28, *de pactis*). La règle est donc que le pacte
de *non petendo in rem* fait par le créancier avec l'un des *correi
promittendi* ne profite pas aux autres, sinon dans le cas où il y a
société entre eux.

Cependant, même dans le cas où il n'y a pas société entre les
correi promittendi, s'il est démontré qu'en faisant un pacte avec
l'un d'eux, le créancier a entendu renoncer au droit d'exiger le
payement de la dette, soit de lui, soit des autres, ceux-ci n'auraient
ils pas le droit de repousser par une exception l'action que le
créancier veut ensuite intenter contre eux ? Nous ne croyons pas
qu'ils puissent opposer l'exception *pacti conventi*, parce que le

pacte de *non petendo* n'a point été fait par eux. Mais, quant à l'exception de dol, le droit romain en use, nous le savons, d'une manière fort large : « plerumque solemus dicere, nous dit Ulpien, » doli exceptionem subsidium esse pacti conventi exceptionis, » quosdam denique qui exceptione pacti uti non possunt, doli » exceptione usuros. » (L. 10, § 2, *de pactis.*) C'est ainsi, ajoute Ulpien, que du pacte fait par mon procureur il peut résulter une exception de dol à mon profit. Mais Ulpien on le voit, suppose, en permettant au débiteur de se prévaloir d'un pacte qui n'a point été fait avec lui, que du moins ce pacte a été fait par son mandataire. Faut-il étendre la même solution au cas où celui qui a pactisé n'était pas le mandataire du débiteur, et n'a pu agir que comme son gérant d'affaires? La manière fort large dont le droit romain appliquait l'exception de *dol*, ne permet pas d'affirmer qu'elle n'a pas été étendue à ce cas-là, malgré la règle posée dans la L. 74, § 4, *de regulis juris.* Il paraît même légitime de conclure que l'exception de dol pouvait résulter au profit des *correi promittendi* du pacte de *non petendo* fait avec l'un d'eux, des décisions suivantes de Paul et d'Ulpien : « Quamvis fidejussoris pactum reo » non prosit, plerumque tamen doli exceptionem reo profuturam » Julianus scribit. Videlicet si hoc actum sit ne a reo quoque pe- » tatur. Idem et in confidejussoribus est. »

Si un pacte de *non petendo* fait avec un fidéjusseur peut faire naître une *exceptio doli* au profit du débiteur principal et des co-fidéjusseurs, pourquoi le pacte fait avec l'un des *correi promittendi* ne produirait-il pas le même effet au profit de ses codébiteurs?

Du pacte de *non petendo* nous devons rapprocher le legs de libération. L'effet du legs de libération fait par un créancier à son débiteur n'est point d'éteindre l'obligation, car le legs n'est point un mode d'extinction des obligations. Seulement le débiteur à qui ce legs a été fait pourra opposer à la poursuite que l'héritier intenterait contre lui, l'*exceptio testamenti* ou *doli mali.* Il pourra en outre agir contre l'héritier *ex testamento* pour l'obliger à accomplir pleinement la volonté du défunt en éteignant son obligation.

D'après ces règles, si le legs de libération a été fait par le créancier à l'un des *correi promittendi*, celui-ci pourra agir contre l'héritier pour se faire libérer. Mais Ulpien nous observe (L. 3, § 3, *de liberatione legatâ*), que s'il n'y a pas société entre les *correi* et que le testateur n'ait entendu adresser sa libéralité qu'à celui auquel était fait le legs; « mihi soli testator consultum voluit, » dans ce cas le légataire ne pourra pas demander à être libéré par acceptilation. Car l'effet de cette acceptilation serait de libérer aussi l'autre *correus*, et l'on ferait ainsi profiter de la libéralité du testateur, quelqu'un que ce testateur n'a pas voulu gratifier. Pour éviter ce résultat, le *correus promittendi* à qui la libération a été léguée, ne pourra exiger qu'un simple pacte de *non petendo*, « agendo consequar non ut accepto liberer, ne etiam correus » meus liberetur contra testatoris voluntatem, sed pacto libe- » rabor. »

S'il y avait société entre les *rei promittendi*, celui auquel la libération a été léguée pourra exiger de l'héritier, par l'action *ex testamento*, qu'il lui fasse acceptilation. Dans ce cas, en effet, l'intérêt de celui à qui le legs de libération a été fait, exige que son codébiteur soit libéré aussi bien que lui; car si le *correus* non légataire pouvait être forcé de payer à l'héritier soit la totalité, soit une partie de la dette, il aurait recours contre celui à qui le legs a été fait; et ce dernier se trouverait ainsi ne retirer du legs de libération d'autre bénéfice que celui d'être dispensé de faire l'avance. A part cet avantage, il supporterait, en définitive, par suite du recours de son débiteur, tout ce qu'il aurait supporté de la dette, s'il n'avait pas été libéré. On suppose que la volonté du testateur n'a point été de restreindre sa libéralité dans des termes aussi étroits; qu'il a voulu au contraire en léguant la libération à l'un des débiteurs, le décharger absolument et complétement de la dette; mais pour arriver à ce résultat, il faut que le *correus* non légataire ne puisse pas non plus être poursuivi ; car, comme nous l'avons fait remarquer, la société existant entre les *correi*, a cet effet que la poursuite exercée contre l'un d'eux réfléchit contre l'autre : « dum à correo » meo petitur; ego inquietor. » C'est ce qui fait que, dans ce cas, celui des *correi promittendi* à qui la libération a été léguée, peut exiger de l'héritier qu'il lui fasse acceptilation.

Ainsi donc, s'il y a société entre les *correi*, celui à qui le testateur n'a nullement songé en faisant le legs de libération profitera cependant de ce legs adressé à son codébiteur ; mais il ne pourra agir lui-même *ex testamento* pour se faire faire acceptilation, parce qu'il n'a par lui-même, aucun droit au legs, et qu'il n'en profite que parce qu'ainsi le veut l'intérêt de son codébiteur. Du reste, si l'héritier le poursuit avant que l'acceptilation ait éteint la créance corréale, le *correus* non légataire pourra lui opposer l'exception de dol. C'est ce qu'on peut conclure, par analogie, d'un texte de Papinien, qui nous dit que si la libération a été léguée au débiteur principal, et si l'héritier évitant de le poursuivre s'attaque au fidéjusseur, ce fidéjusseur pourra le repousser à l'aide de l'exception *doli mali* (L. 49, pr., *de fidejussoribus*).

Nous nous sommes occupé jusqu'ici des effets du pacte de *non petendo*, ou du legs de libération fait à l'un des *correi promittendi*. Les décisions devront-elles être les mêmes, quant aux débiteurs simplement solidaires ? Si ces débiteurs sont *socii*, le legs de libération fait à l'un d'eux ou le pacte de remise qui lui a été consenti profite à l'autre, comme quand il s'agit de *correi promittendi*. S'ils ne sont pas *socii*, et que le créancier ait fait un pacte de *non petendo in rem* ou *in personam* avec l'un d'eux, peut-il poursuivre les autres, sans qu'ils puissent lui opposer ce pacte, comme cela a lieu dans le cas de *correi promittendi?* Voici une règle qu'il faut prendre en considération dans la décision de cette question.

Nous verrons, en traitant du recours entre débiteurs, qu'au profit des débiteurs solidaires, ou du moins de certains d'entre eux, il existe ceci de particulier : que si le créancier s'est mis hors d'état de faire une cession d'actions efficace contre l'un des débiteurs, les autres peuvent se dispenser de payer la part de la dette pour laquelle ils auraient eu recours, au moyen de la cession qui ne peut pas leur être faite (L. 45, *de admin. et peric. tutor.*, 26, 7). En vertu de cette règle, si le créancier a fait un pacte de *non petendo* avec l'un des débiteurs solidaires, les autres pourront se dispenser de lui payer la part jusqu'à concurrence de laquelle ils auraient pu recourir au moyen de la cession d'actions contre leur codébiteur avec lequel le pacte a été fait.

Compensation.

Une personne ne peut en général, opposer en compensation au créancier qui la poursuit, que la créance qu'elle a elle-même contre lui. (L. 9, C., *de compensationibus*.) Toutefois, le fidéjusseur peut opposer la compensation du chef du débiteur principal (L. 5, *de compensationibus*, et L. 4, *eod. tit.*) Cette faculté d'opposer en compensation ce que doit le débiteur principal, est fondée sur la nature accessoire de l'obligation du fidéjusseur et sur le recours qu'il a contre le débiteur principal. Cette dernière raison devait également faire admettre que, quand il y a société entre les *correi*, l'un d'eux peut opposer en compensation la créance qui appartient à l'autre contre le créancier commun. On évitera ainsi un recours du *reus* poursuivi contre son codébiteur, et une action de celui-ci contre le créancier commun pour recouvrer sa propre créance. C'est aussi la décision que donne Papinien (L. 10, *de duobus reis*) : «Si duo rei promittendi socii non sint, non proderit » alteri quod stipulator alteri reo pecuniam debet. »

Dans le cas où il n'y a pas société entre les *correi*, on voit, par le texte que nous venons de citer, que l'un d'eux ne peut opposer en compensation la créance de l'autre.

Faut-il donner pour les débiteurs solidaires les mêmes décisions que pour les *rei promittendi*? S'ils sont *socii*, chacun d'eux aura sans doute le droit d'opposer en compensation la créance de l'autre, comme pourraient le faire les *corret promittendi;* mais s'ils ne sont pas *socii,* faut-il dire des débiteurs solidaires comme des *corret promittendi* : « Non proderit alteri quod stipulator, alteri » reo pecuniam debet? » Les principaux interprètes pensent que les débiteurs n'ont recours les uns contre les autres après avoir payé, qu'au moyen de la cession d'actions qui leur est faite par le créancier, et que, s'ils négligent d'exiger cette cession sur la poursuite intentée contre eux, ils peuvent exercer leur recours au moyen *d'une action utile de cession.* Comme garantie de leur droit à un recours, les débiteurs solidaires ou du moins certains d'entre eux, ont de plus la faculté de se dispenser de payer au créancier qui s'est mis hors d'état de leur faire une cession efficace contre un de leurs codébiteurs la part pour laquelle ils auraient recours contre ce codébiteur. (Demangeat, p. 235.) Dans cette opinion, nous ne croyons pas qu'il fût vrai de dire que l'un des débiteurs solidaires ne peut opposer en compensation la créance d'un autre. Etant admis que chacun des codébiteurs solidaires n'est forcé de payer la part de la dette qui doit être supportée en dé- finitive par un de ses codébiteurs, qu'autant que le créancier l'in- vestit de ses actions contre ce dernier, il suit que les débiteurs solidaires pourront se dispenser de payer la part de la dette que doit supporter en définitive leur codébiteur qui a le droit d'opposer la compensation; car contre ce dernier le créancier ne pourra pas leur faire une cession d'actions efficace : l'action qu'il leur céderait serait paralysée par la compensation qui peut être opposée au cessionnaire comme au cédant. On peut objecter que l'on ne peut pas dire ici que le créancier se soit mis par sa faute dans l'impossibilité de faire une cession d'actions efficace; car s'il est devenu lui-même débiteur d'un de ses débiteurs soli- daires, on ne peut pas dire qu'il y ait là une faute de sa part. A cela on peut répondre qu'il est en faute de ne pas payer ce débi- teur, ou de ne pas s'arranger avec lui.

Un débiteur solidaire peut donc, en vertu des idées que nous venons de développer, opposer en compensation la créance de son codébiteur jusqu'à concurrence de la part que ce dernier doit supporter en définitive.

Du reste, soit qu'il s'agisse de *correi promittendi*, soit qu'il s'agisse de débiteurs simplement solidaires, si le créancier et celui des débiteurs dont il est lui-même devenu débiteur, conviennent que les deux dettes seront compensées, ce règlement équivaut à payement; par conséquent, qu'il y ait ou non société entre les débiteurs, si le créancier poursuit, malgré ce règlement, le codébiteur de celui avec lequel il est intervenu, ce débiteur poursuivi pourra le lui opposer.

De même, si la compensation a été opposée en justice par celui des coobligés dont le créancier commun est devenu débiteur, ce créancier, s'il poursuit l'autre débiteur, verra sa demande repoussée soit pour partie, soit pour le tout, selon que sa propre créance était supérieure ou égale à celle qui lui a été opposée en compensation; car jusqu'à concurrence du montant de cette dernière obligation le créancier a reçu satisfaction.

S'il y a société entre les débiteurs, celui dont la créance a été sacrifiée pour satisfaire le créancier commun aura, bien entendu, recours par l'action *pro socio* contre son codébiteur.

Confusion.

Si l'un des *rei promittendi* succède au créancier, ou si le créancier succède à l'un d'eux, il faut distinguer s'il y avait ou non société entre les *correi promittendi*. S'il n'y avait pas société, le créancier succédant à l'un des *rei promittendi* ou réciproquement, l'autre ne sera point libéré. Ainsi Titius est créancier de Primus et de Secundus *correi promittendi* pour une somme de 10; s'il n'y a point société entre Primus et Secundus et que Titius succède à Primus, il pourra demander à Secundus toute la dette. Si Primus et Secundus avaient donné chacun un fidéjusseur, le fidéjusseur donné par Primus sera libéré; celui qui a garanti l'obligation de Secundus restera tenu, cette obligation subsistant comme nous l'avons vu, pleinement. Si Primus et Secundus avaient donné le même fidéjusseur, ce fidéjusseur serait libéré en tant que fidéjusseur de Primus, mais il resterait obligé pour le montant intégral de la dette, en tant que fidéjusseur de Secundus. Ces décisions nous sont données par Papinien : « Cum duo rei » promittendi sint et alteri heres extitit creditor, justa dubi- » tatio est utrum alter quoque liberatus est, ac si soluta fuisset » pecunia, an persona tantum exempta confusâ obligatione. Et » puto aditione hereditatis, confusione obligationis eximi per- » sonam sed et accessiones ex ejus personâ liberari propter illam » rationem, quia non possunt pro eodem apud eumdem obligati » esse ; ut quemadmodum incipere alias non possunt ita nec » remaneant. » (L. 71, *de fidejussoribus*.) L'idée que nous avons déjà exposée que l'obligation corréale, si on l'envisage au point de vue des sujets, se décompose en autant d'obligations que d'obligés, cette idée, que nous avons vu expliquer plusieurs dé- cisions des jurisconsultes, justifie également celles que nous . venons de rapporter. Du moment que les obligations des *correi* sont distinctes l'une de l'autre, si distinctes que, comme nous l'avons vu, l'une peut être nulle, tandis que l'autre est parfaite- ment valable, il est logique de décider que la circonstance que l'un des *rei promittendi* est libéré ne doit pas avoir pour effet d'é- teindre l'obligation des autres, que par conséquent, doit être dé- chargé de l'obligation celui-là seul en la personne duquel se sont réunies les deux qualités incompatibles de créancier et de débi- teur. Quant aux obligations des fidéjusseurs et des *mandatores*, Paul motive leur extinction en disant : « Non possunt pro eodem » apud eumdem obligati esse ; ut quemadmodum incipere alias » non possunt ita nec remaneant. » Les fidéjusseurs ou *manda- tores* ne sont libérés en vertu de cette règle, qu'en tant que leur engagement se rattachait à celui du *reus* dont l'obligation a dis- paru par l'effet de la confusion. Mais ils restent obligés en tant que leur engagement se rattache à celui du *reus* non libéré. Est- ce à dire qu'ils pourront être poursuivis efficacement par celui en la personne duquel la confusion s'est opérée. Non, nous répond Paul; car ce fidéjusseur, ce *mandator* étant intervenus sur le mandat des deux débiteurs, ils peuvent recourir contre l'un ou l'autre des *correi*. Par conséquent, si le créancier qui a succédé à l'un des débiteurs, ou celui des débiteurs qui a succédé au créancier, les poursuit, ils pourront lui opposer qu'il y a dol de sa part à leur demander ce qu'ils auraient le droit de lui faire restituer immédiatement par l'action de mandat : « Dolo facit qui petit » quod statim redditurus est. » (L. 8, pr., *de doli mali et met. except.*)

Voilà pour le cas où il n'y a pas société entre les *correi promittendi*. S'il y a société entre Primus et Secundus *correi*, et que Primus ait succédé au créancier commun, il ne pourra poursuivre Secundus que déduction faite de la part pour laquelle celui-ci pourrait recourir contre lui au moyen de l'action *pro socio*. Il en serait de même, bien entendu, si c'était le créancier commun qui eût succédé à Primus, car il serait tenu des obligations que la société avait mises à la charge de son auteur Primus ; et par conséquent s'il poursuivait Secundus pour le tout, celui-ci, jusqu'à concurrence de la part qu'il pourrait recouvrer contre lui par l'action *pro socio*, pourrait lui opposer la maxime : « Dolo facit » qui petit quod statim redditurus est. »

Quant aux débiteurs solidaires ou, du moins, quant à ceux d'entre eux qui peuvent repousser le créancier jusqu'à concurrence de la part pour laquelle il s'est mis hors d'état de leur faire une cession d'actions efficace, ces débiteurs pourront se dispenser de payer à celui en la personne duquel la confusion s'est opérée, la part que devait supporter, en définitive, dans la dette, le débiteur qu'il représente.

Nous pouvons rapprocher du cas, où l'un des *correi promittendi* succède au créancier commun, le cas où l'un des *correi promittendi* succède à l'autre ; en pareil cas, les deux obligations subsistent sans se confondre dans la personne de l'héritier qui est tenu, et de son chef et du chef de son auteur. Il en est autrement quand le débiteur principal succède au fidéjusseur, ou réciproquement. L'obligation fidéjussoire disparaît pour ne laisser subsister que l'obligation principale (1). Cette confusion , cette absorption de l'obligation accessoire dans l'obligation principale, n'a pas lieu quand l'obligation accessoire est *plenior*, plus efficace que l'obligation principale ; par exemple, si le débiteur est obligé seulement naturellement et que le fidéjusseur soit obligé civilement (L. 21, § 2, *de fidejussoribus*, et 95, § 3, *de solutionibus*). Cette élimination de l'une des obligations ne se produisait pas quand c'était un des *rei promittendi* qui succédait à un autre, parce que, dans ce cas, comme les deux obligations étaient également principales, il n'y avait pas de raison pour faire disparaître l'une plutôt que l'autre ; l'héritier était tenu de deux obligations (L. 5, *de fidejussoribus*, 46, 1 ; L. 93, § 1, *de solut.* ; L. 13, *de duobus reis*). Un résultat analogue se produit quand un des *rei stipulandi* succède à l'autre ; il réunit en sa personne *duas species obligationis.*

Dans le cas où l'un des *rei promittendi* succède à l'autre, on peut trouver une conséquence de la persistance des deux obligations et une différence pratique entre ce résultat et le résultat qui se produit quand un fidéjusseur succède au débiteur principal dans un texte d'Africain (L. 38, § 5, *de solutionibus*). Ce texte nous dit que le fidéjusseur ayant succédé au débiteur principal, le certificateur que ce fidéjusseur a donné pour garantir son obligation, se trouve libéré. C'est là une conséquence de ce que l'obligation fidéjussoire a disparu par suite de sa confusion avec 'obligation principale (2). Au contraire, les obligations de deux

---

(1) L. 11, *de fidejussoribus*, L. 24, Code, *de fidejussoribus*, 8, 41. Il paraît cependant que les Proculiens n'admettaient pas que l'obligation fidéjussoire disparût, quand c'était le fidéjusseur qui laissait le débiteur principal pour héritier, L. 93, § final, *de solut.* Il est difficile d'apercevoir la raison de cette distinction.

(2) Il est à remarquer que si au lieu d'un certificateur c'était un *pignus* que le fidéjusseur avait donné pour garantir son obligation, cette hypothèque subsisterait malgré l'extinction de l'obligation fidéjussoire. Il est assez difficile d'expliquer com-

rei promittendi subsistant l'une et l'autre malgré leur réunion dans la même personne , il n'y avait pas de raison , quand l'un des *rei* succédait à l'autre, de déclarer éteinte l'obligation du fidéjusseur qu'aurait donné l'un des *rei promittendi*.

Faute et demeure.

Le débiteur qui a fait périr l'objet dû ou pendant la demeure duquel cet objet a péri n'est pas libéré par cette perte, provenant de sa faute. Quand le débiteur est tenu d'une *condictio*, les juris-consultes paraissent s'être attachés à cette idée, qu'il faut renfer-mer l'obligation dans ses termes étroitement interprétés; de sorte que si une personne a promis *verbis* de *dare Stichum*, elle a pro-mis, disent-ils, de *dare*, non de *facere* (L. 91, *de verbor. obligatio-nibus*); d'où ils tirent cette conséquence que, si par son fait elle se met dans l'impossibilité d'opérer cette dation, elle sera tenue ; mais si c'est par sa négligence, par exemple elle a laissé périr l'esclave faute d'avoir pris soin de sa maladie, l'action *ex stipulatio* ne pourra pas être intentée contre elle.

Cela posé, pour pouvoir se demander si la perte de l'objet dû arrivée par le fait de l'un des *correi promittendi* perpétue l'obli-gation à l'égard des autres, il faut supposer que cette perte est arrivée par le fait positif de l'un d'eux, et non pas seulement par

---

ment l'obligation du certificateur s'éteint alors que l'hypothèque donnée par le fidéjusseur subsiste. Du moment que cette hypothèque persiste, c'est qu'il reste pour la soutenir une obligation au moins naturelle; or l'existence d'une dette na-turelle suffit pour maintenir la fidéjussion, L. 60, *de fidejussoribus*. Peut-être, comme le présume notre savant maître, M. Machelard (*Des obligations naturelles*, p. 314), les Romains ne se rendaient-ils pas bien nettement compte du motif en vertu duquel l'hypothèque subsistait dans notre cas, motif qui les aurait conduits à reconnaître la persistance à l'état d'obligation naturelle de cette obligation fidé-jussoire éteinte par une pure *ratio juris;* peut-être se contentaient-ils de rattacher la survivance de l'hypothèque au texte de l'édit qui exigeait, pour l'extinction de l'hypothèque, qu'il y eût payement ou autre satisfaction.

son fait négatif, sa négligence ; cela est clair, du moins dans le système qui admet que les *correi promittendi* sont toujours tenus d'actions de droit strict, car du moment qu'on suppose une action de cette espèce, le débiteur par la négligence duquel la chose a péri étant lui-même libéré par cette perte, il est bien évident que ses codébiteurs le seront également. Dans le système, au contraire, d'après lequel les *correi promittendi* aussi bien que les débiteurs solidaires peuvent être tenus d'actions *bonæ fidei*, dans le cas où l'objet dû a péri par suite de la négligence de l'un des *rei promittendi* comme dans le cas où il a péri par un fait positif de sa part ; dans un de ces cas aussi bien que dans l'autre, il y a lieu de se demander si l'obligation est perpétuée à l'égard des autres *correi promittendi*.

Sur les effets de la faute ou de la demeure de l'un des *correi promittendi* par rapport à l'obligation des autres, les textes nous donnent les décisions suivantes. S'agit-il du *factum* de l'un des *correi promittendi*, il nuit à l'autre : « Ex duobus reis ejusdem » Stichi promittendi factis alterius factum alteri quoque nocet » (L. 18, *de duobus reis*). S'agit-il de sa demeure, elle ne nuit point à ses codébiteurs : « si duo rei promittendi sint alterius mora al- » teri non nocet. » (L. 32, § 4, *de regulis juris*). « Unicuique sua » mora nocet quod et in duobus reis promittendi observatur » (L. 173, § 2, *de regulis juris*). Malgré ces textes, Dumoulin a prétendu que la même règle était applicable à la *mora* et au *factum* de l'un des *correi promittendi*, quant à son effet sur l'obligation des autres. Pour ramener les textes à cette opinion, il s'était d'abord arrêté à cette explication que dans la loi 32 de *usuris*, il s'agissait non pas de *duo rei promittendi*, mais de deux débiteurs d'une même dette entre lesquels il n'existait point de corréalité, par exemple comme il le dit : « Duo expromissores vel fidejussores seorsim non mutuâ contemplatione accepti » (Dumoulin, Traité *dividui et individui, pars* 3, n° 124). Il s'appuyait, pour soutenir cette opinion, sur la signification générale du mot *reus*, et sur la place qu'occupait la loi 32, en dehors du titre de *duobus reis ;* cette explication est évidemment inadmissible. Dumoulin en a proposé une autre consistant à dire : que le fait et la demeure de l'un des *correi promittendi* ne nuisent point aux autres, en ce sens qu'ils ne sont point tenus des intérêts ou dommages-intérêts extrinsèques ; c'est le débiteur coupable de ce fait ou de cette demeure qui en est seul chargé. Ainsi on peut dire du fait de l'un des *correi promittendi*, comme de sa mise en demeure, qu'il nuit ou qu'il ne nuit pas aux autres, suivant le point de vue auquel on se place. Considère-t-on les dommages-intérêts extrinsèques, il est vrai de dire que les *correi promittendi* n'en sont point tenus par suite du fait ou de la demeure de l'un d'eux, et que, par conséquent, en ce sens, ils ne souffrent point de ce fait ou de cette demeure. C'est ainsi qu'il faut entendre la loi 32 de *usuris*. Comme les *correi promittendi* sont obligés de payer la valeur de la chose qui a péri par suite du fait ou de la demeure de l'un d'eux, on peut dire en ce sens que ce fait ou cette demeure leur nuisent, et c'est ainsi qu'il faut entendre la loi 18, de *duobus reis*. (Dumoulin, *Tract. divid. et individ., pars* 3, nº 128).

Ce système est conçu en dehors des textes et par conséquent arbitraire. (Voy. la réfutation détaillée, par M. Demangeat, *loc. cit.*, p. 328 et suiv.). Cujas constate et reconnaît la différence des décisions données relativement au *factum* et à la *mora* (Commentaire de la loi 9, § 1, *de duobus reis*, in lib. 29, *quæst. Papiniani*). Donneau la reconnaît aussi (*Donnellus ad Codicem*, ad tit. 40, liv. 8, chap. 9, nº 3) ; et selon lui cette différence n'est que l'application de cette règle : que le fait de l'un des *correi promittendi* ne peut pas nuire à l'autre, faire sa condition plus mauvaise, et que d'autre part, le fait de l'un des *correi promittendi* ne peut pas profiter ni à lui-même ni aux autres, de manière à les libérer contre le gré du créancier. Si l'objet de l'obligation a péri, l'un des *correi promittendi* étant en demeure, il ne faut point que cette circonstance, qu'il était en demeure, perpétue l'obligation des autres qui sans cela serait éteinte : « cùm sine cujusquam mora futurum esset ut rei interitu liberaretur ; » au contraire, si l'un des *cor-*

rei promittendi a fait périr la chose, il doit rester tenu ainsi que ses codébiteurs, car sans cela ce serait le fait même de la contravention à l'obligation contractée qui leur procurerait leur libération.

Nous croyons avec Cujas et Donneau et avec les textes que nous avons cités, entendus dans leur sens naturel, que les *correi promittendi* ne sont pas libérés par la perte de la chose arrivée par le fait de l'un d'eux, et qu'ils sont libérés au contraire par la perte de la chose arrivée durant la demeure de l'un d'eux. La décision quant à la demeure ne peut pas être expliquée comme le fait un auteur moderne (Molitor, *obligations*, n° 1177), en disant que le créancier n'a qu'un choix à faire parmi les *correi promittendi* ; que lorsqu'il a fait porter ce choix sur l'un d'eux, les autres sont libérés; et qu'ainsi l'événement même qui constituait un des *correi* en demeure, l'interpellation qui lui était adressée par le créancier libérait les autres. Ce qui, prétend-on, expliquerait pourquoi la *mora* de l'un des *rei promittendi* ne pouvait pas nuire aux autres. Nous ne pouvons adopter cette manière de voir, nous qui avons rattaché la libération des *correi* par suite des poursuites exercées contre l'un d'eux, non à cette idée que le créancier n'a que le droit de faire un choix parmi eux, mais aux règles générales sur les effets de la *litis contestatio*.

La différence établie entre la conséquence de la *mora* et du *factum* peut d'ailleurs se justifier. Si la dette des deux *correi promittendi* était échue et que le créancier n'ait mis en demeure que l'un d'eux, on doit conclure qu'il tenait seulement à mettre en demeure ce débiteur-là, et à renforcer l'obligation dont il est tenu. S'il voulait mettre les deux débiteurs en demeure, rien ne lui était plus facile que de les interpeller l'un et l'autre. Au contraire, quand la chose a péri par le fait de l'un des débiteurs, il n'y a rien à reprocher au créancier qui n'a pas pu l'empêcher. Si la dette n'est échue qu'à l'égard de l'un des *rei promittendi*, sans doute le créancier n'est pas en faute de n'avoir pas mis l'autre en demeure, puisqu'il ne le pouvait pas; mais il n'y a rien d'étonnant à ce que celui qui ne peut être mis lui-même en demeure ne soit pas tenu par suite de la demeure de son codébiteur (M. Demangeat, p. 387).

Les conséquences de la *mora* ou du *factum* de l'un d'eux sont-elles les mêmes par rapport aux débiteurs solidaires que par rapport aux *correi promittendi?* La loi 1, § 43, *depositi* semble bien devoir faire répondre négativement à cette question. Cette loi nous dit que si de deux dépositaires l'un par son dol a fait périr la chose déposée, l'autre n'est point tenu. Quelle raison y aurait-il de restreindre cette décision aux dépositaires, et de ne pas l'étendre aux autres débiteurs solidaires, quel que soit le contrat en vertu duquel ils sont engagés. Cujas admet entre les débiteurs simplement *tenus in solidum* et les *correi promittendi,* cette différence que les premiers ne sont point tenus du fait les uns des autres, tandis qu'il en est autrement des seconds, comme l'atteste la L. 18, *de duobus reis* (Cujas, *Comment.* de la L. 60, § 2, *mandati,* lib. ı, *responsa Scævolæ*). Telle nous paraît être en effet la règle générale (V. cependant L. 1, § 13, 27, 3 ; L. 7, § 1-13, 6 ; L. 30, 35).

Remarquons en terminant que sous le point de vue que nous venons d'examiner, deux *correi promittendi* sont dans une position tout-autre que celle dans laquelle se trouvent un débiteur principal et son fidéjusseur. Si la chose due périt après que le débiteur principal a été mis en demeure, le fidéjusseur reste tenu, *mora rei fidejussori quoque nocet* (L. 88, *de verborum obligationibus*); tandis que, comme nous venons de le voir, la *mora* de l'un des *correi promittendi* ne nuit pas à l'autre. D'un autre côté, si l'un quelconque des *correi promittendi* fait périr la chose due, l'obligation est perpétuée à l'égard de tous les *rei promittendi.* Au contraire, si le fidéjusseur fait périr la chose due, l'obligation est éteinte, du moins par rapport au débiteur principal. Les jurisconsultes Nératius Priscus et Julien pensaient même que l'obligation était éteinte à l'égard du fidéjusseur lui-même ; car ils n'admettaient pas qu'il pût rester tenu alors que le débiteur principal était libéré. Seulement, pour empêcher le fidéjusseur de bénéficier de cette libération, ils le soumettaient à l'action *de dolo* (L. 19, *de dolo malo*). Mais le jurisconsulte Marcien déclarait le fidéjusseur en pareil cas tenu d'une action *ex stipulatu utilis* (L. 32, § 5, *de usuris et fructibus*), et Paul donnait contre lui l'action *ex stipulatu* sans la qualifier d'*utilis* (L. ' 1, § 4, *de verborum obligationibus*).

Prescription.

Du temps des jurisconsultes classiques, la plupart des actions étaient perpétuelles; une constitution de Théodose le Jeune (L. 3, C. Just., *de præscript.*) vint restreindre ces actions perpétuelles à une durée de trente ans.

Si la prescription a été interrompue à l'égard de l'un des débiteurs, cette interruption aura-t-elle effet contre les autres? Justinien résout cette question (L. 5, C., *de duobus reis*); il décide que si la prescription a été interrompue contre l'un des débiteurs, soit par la reconnaissance obtenue de lui par le créancier commun, soit « ex libello admonitione, » cette interruption aura effet contre les autres débiteurs.

Restitutio in integrum.

Si l'un des débiteurs était mineur de vingt-cinq ans et se fait dégager de son obligation par la *restitutio in integrum,* cette restitution profitera-t-elle aux autres?

Il est évident que s'il n'y avait pas société entre les *correi,* la restitution obtenue par l'un d'eux ne devra point profiter à l'autre. Il est bien vrai que le codébiteur de celui qui s'est fait restituer, perdra par l'effet de cette restitution la chance de voir le créancier s'adresser à son codébiteur, et lui faire payer la dette. Mais cette chance ne peut être considérée comme constituant un droit au profit de chacun des *correi promittendi,* puisqu'elle est entièrement subordonnée à la volonté arbitraire du créancier qui peut en priver chacun d'eux à son gré en faisant un pacte de *non petendo* avec l'autre. Aussi nous voyons que l'obligation de l'un des *correï promittendi* peut être nulle, tandis que l'autre se trouvera parfaitement obligé (L. 6, *de duobus reis*). Si l'un des *correï promittendi* succède au créancier commun ou réciproquement, les autres pourront être poursuivis pour le tout (L. 71, *de fidejussoribus*). Cependant ils ont perdu la chance de voir le payement de la dette poursuivi contre leur codébiteur dont l'engagement est nul, ou qui a été libéré par l'effet de la confusion. Une pareille considération ne peut donc être d'aucun poids contre la décision que nous avons donnée touchant l'effet purement relatif de la *restitutio in integrum* obtenue par l'un des *correï promittendi*.

Mais s'il y a société entre les *correï promittendi*, la restitution *in integrum* obtenue par l'un d'eux ne devrait-elle pas profiter aux autres ?

Pour dire qu'en cas de société entre les *correï promittendi*, l'un d'eux peut se prévaloir de la *restitutio in integrum* obtenue par l'autre, on pourrait tirer argument d'une décision de Papinien (L. 48, § 1, *de fidejussoribus*) ainsi conçue : Si un majeur se trouve cautionner une dette avec un mineur, et si ce dernier se fait restituer, le majeur devra-t-il supporter tout le fardeau de l'obligation ? « Sed ità demum alteri totum irrogandum » est, si postea minor intercessit. » On voit que c'est seulement dans le cas où le mineur a intercédé postérieurement à la fidéjussion émanée du majeur, que Papinien décide que ce dernier ne pourra se prévaloir de la restitution accordée à son codébiteur. Donc, dans la pensée de Papinien, il faudrait décider autrement si les deux fidéjusseurs s'étaient obligés simultanément, c'est-à-dire que, dans ce cas, le fidéjusseur majeur ne perdra point son droit au bénéfice de division, malgré la restitution de son cofidéjusseur, et qu'il pourra se dispenser de payer la part de la dette dont l'aurait déchargé le bénéfice de division sur lequel il a compté. Car il s'est engagé, Papinien le suppose,

sans avoir en vue l'éventualité de la restitution de son cofidéjusseur. Puisque, d'après ce texte, le fidéjusseur qui a compté sur
le bénéfice de division, ne peut pas, quand son cofidéjusseur a
été restitué, être forcé de payer la dette entière, on pourrait
conclure que de même le *correus promittendi* qui a compté sur
l'action *pro socio*, pour recouvrer contre son codébiteur une partie de la dette, ne pourra pas être forcé de payer la dette entière,
du moment que son codébiteur aura obtenu la restitution. On
pourrait tirer cette conclusion avec d'autant plus de force, que
le créancier pourrait, par un pacte *de non petendo* fait avec l'un
de ses deux fidéjusseurs, enlever à l'autre le bénéfice de division (1), tandis qu'il ne pourrait par aucun moyen enlever à un
correus promittendi socius le recours qu'il peut exercer au moyen
de l'action *pro socio*.

Toutefois, nous ne croyons pas que l'existence d'une société
entre les *correi promittendi*, doive faire admettre comme conséquence cette règle que l'un d'eux pourra profiter de la restitution
accordée à l'autre jusqu'à concurrence de la part que celui-ci
devait supporter en définitive dans la dette. L'argument tiré,
dans l'opinion contraire, de la loi 41, § 1, *de fidejussoribus*, n'est
pas concluant, car le fidéjusseur qui a ignoré le danger de la
restitution de son cofidéjusseur, a commis une faute moindre
que le *correus promittendi* qui n'a pas prévu, en formant un
contrat de société avec son codébiteur mineur, que cette société
pourrait être rescindée. Ayant traité directement avec son codébiteur, il est en faute de ne s'être pas assuré de sa condition. Le
fidéjusseur, au contraire, n'a pas traité directement avec son cofidéjusseur. Sa faute est donc moindre ; s'il ne s'est pas assuré de
sa condition, s'il n'a pas prévu l'éventualité d'une restitution

---

(1) C'est du moins ce qui résulte de la décision de la loi 15, § 1, *fi lejussori-
bus*, qui nous dit que si le créancier qui a deux fidéjusseurs pour une somme de
20, convient avec l'un d'eux en recevant de lui 5, qu'il ne le poursuivra pas, l'autre fidéjusseur peut être poursuivi pour 15.

que sa minorité pouvait lui faire obtenir (M. Demangeat, p. 394).
A cette considération on peut ajouter que le bénéfice de division
dérive, pour le fidéjusseur, de la situation dans laquelle le créancier lui-même l'a placé en le recevant comme fidéjusseur avec
un tiers. Or, si l'on peut comprendre que le fidéjusseur puisse
se prévaloir contre le créancier de la privation d'un bénéfice que
lui promettait la situation que ce créancier lui-même lui a faite,
il est, au contraire, difficile de concevoir comment un *correus
promittendi* pourrait se prévaloir, contre le créancier, de la privation d'un recours qu'il a voulu s'assurer par un contrat auquel
le créancier est resté complétement étranger.

Capitis deminutio.

L'effet de toute *capitis deminutio* était, en droit romain, de
faire disparaître en la personne de celui qu'elle atteignait, la
personne du droit civil. Les Romains s'étaient attachés, comme
on le voit par la théorie de la cession de créance, à cette idée que
la personne sujet d'une obligation était un élément essentiel de
cette obligation. Dès lors, il était logique que l'anéantissement
de la personne du droit civil sujet d'une obligation entraînât
l'extinction de cette obligation, et c'est en effet ce qui avait lieu.
Si l'un des *correi promittendi* subit la *capitis deminutio*, cet
événement ne doit pas avoir d'influence sur l'obligation de ses
codébiteurs. « Multum enim interest an res ipsa solvatur an per-
» sona liberetur, » nous dit Pomponius (L. 19, *de duobus reis*).
Ainsi, celui qui a subi la *capitis deminutio* est libéré; mais l'obligation continue de subsister contre ses codébiteurs. Du reste,
même contre celui qui avait atteint la *capitis deminutio*, le créancier était loin d'être sans ressources. Dans le cas de *minima capitis deminutio*, d'adrogation par exemple, une obligation naturelle subsistait à la charge de l'adrogé. Le préteur accordait même
une action contre lui *rescissâ capitis deminutione*. L'adrogeant
était obligé de défendre à cette action, sinon le préteur envoyait

les créanciers en possession de tout ce qui aurait constitué le patrimoine de l'adrogé, s'il fût resté *sui juris* (G., III, n° 83, L. 2, § 1, *de capite minutis*, IV, 5). En cas de *maxima* ou de *media capitis deminutio*, celui qui prend les biens de la personne qui en est frappée est soumis à des actions utiles (LL. 2 et 7, §§ 2 et 3). S'il ne défend point *in solidum* à ces actions, les créanciers sont envoyés en possession des biens qui appartenaient à leur débiteur avant sa *capitis deminutio*. A l'égard des fidéjusseurs de la personne qui a subi une *capitis deminutio*, l'obligation subsiste pleinement (L. 5, pr., *qui satisdare coguntur*. L. 20, C., *de fidéjussoribus*, 8, 41). Il n'est donc pas étonnant que ceux qui sont tenus corréalement avec cette personne restent obligés; et nous aurions dû donner cette décision lors même que nous n'aurions pas un texte formel qui la prononce.

Cession de biens.

Si l'un des *rei promittendi* a fait cession de biens, son *correus* n'en demeurera pas moins obligé pour tout ce qui restera dû au créancier (Argument du § 4 *in fine*, *de replicationibus*. Instituts); çelui-là même qui a fait cession de biens peut être poursuivi de nouveau « si tales facultates acquisitæ sunt debitori quibus præ- » tor moveri possit. » (L. 7, *de cessione bonorum*. L. 6, *eod.* Inst., § 40, *de actionibus*.)

SECTION III. — TEMPÉRAMENT AUX EFFETS DE LA SOLIDARITÉ.

Bénéfice de division.

Nous allons exposer d'abord la nature, le fonctionnement et les effets du bénéfice de division tel qu'il avait lieu entre fidéjusseurs. Ce ne sera point là sortir de notre matière, car le bénéfice de division fut étendu, comme nous le verrons, à certains débiteurs solidaires, *exemplo fidejussorum*. Quelques jurisconsultes paraissent même avoir proposé de faire participer à cette faveur tous les débiteurs solidaires, et d'après une opinion très-accréditée, les *correi promittendi* eux-mêmes auraient joui de ce bénéfice sous la législation de Justinien.

Ne s'appliquerait-il qu'entre fidéjusseurs, ce bénéfice se rattacherait encore d'une manière intime à notre sujet; car les cofidéjusseurs sont des *correi promittendi* (Ortolan, t. III, n° 1818), dont la situation est régie par des règles spéciales, parmi lesquelles se trouve justement le bénéfice de division.

Nous allons donc traiter sommairement du bénéfice de division tel qu'il a lieu entre cofidéjusseurs, en indiquant les règles qui sont également applicables aux débiteurs solidaires auxquels ce bénéfice fut étendu.

Les *adpromissores* en principe, étaient tenus *in solidum* de la dette qu'ils avaient cautionnée. La loi Furia était venue modifier ce principe à l'égard des *sponsores* et des *fidepromissores*; mais cette loi ne s'appliquait qu'en Italie, elle était d'ailleurs étrangère aux fidéjusseurs. Ce fut en faveur de ces derniers qu'Adrien introduisit le bénéfice de division. Ce bénéfice les protégeait moins énergiquement que la loi Furia ne protégeait les *sponsores* et les *fidepromissores*, car d'après la loi Furia, la dette se divisait *ipso jure* entre les *sponsores* ou *fidepromissores* vivants au moment de l'échéance, qu'ils fussent solvables ou non, tandis que le bénéfice d'Adrien n'empêchait point que la dette ne fût due *ipso jure in solidum* par chacun des fidéjusseurs. Ils avaient seulement le droit d'opposer une exception au moyen de laquelle ils obtenaient que la dette fût divisée entre tous les fidéjusseurs solvables au moment de la *litis contestatio* (Instituts de Just., *de fidejussoribus*, § 4; Gaius, III, § 121).

Le bénéfice de division n'opérait donc pas de plein droit. Il devait être opposé, de sorte que les fidéjusseurs qui en jouissaient étaient dans une situation bien différente de celle dans laquelle se trouvaient des débiteurs simplement conjoints, par exemple des héritiers tenus d'une dette de la succession. C'est ce que Papinien met en lumière en comparant entre elles les deux situations (L. 49, § 1, *de fidejussoribus*).

L'exception au moyen de laquelle les fidéjusseurs usaient du bénéfice de division doit être, selon la règle générale, demandée au magistrat qui délivre la formule. Elle ne peut donc plus être demandée après la *litis contestatio*. Cependant plusieurs des anciens auteurs (Pothier, Pandectes, *de fidejussoribus*, n° 59; Vinnius, *select. Quæst.*, lib. 2, § 4) ont cru que le bénéfice de division pouvait être invoqué jusqu'au jugement. Ils s'appuyaient sur la loi 10, § 1, *de fidejussoribus*, qui nous dit : « Ut autem is » qui cum altero fidejussit non solus conveniatur sed dividatur » actio inter eos qui solvendo sint ante condemnationem. » Cette opinion est contraire aux principes du droit romain. L'action dont est tenu le fidéjusseur est une action de droit strict. Or, dans une pareille action, du moment que la formule lui ordonne de condamner *in solidum*, si le créancier justifie de son droit, le juge n'a pas le pouvoir de suppléer une exception non insérée dans la formule. De plus, quand l'affaire arrive devant le juge, les cofidéjusseurs du fidéjusseur poursuivi sont déjà libérés par la *litis contestatio*. Comment, dès lors, la dette pourrait-elle être divisée entre eux. Quant à la loi 10, § 1, sur laquelle s'appuyaient les anciens interprètes, ils la comprenaient mal quand ils traduisaient ces mots : « Ante condemnationem, » par ceux-ci : « avant » la condamnation prononcée par le juge. » *Condemnatio* signifie ici cette partie de la formule dans laquelle le magistrat donnait au juge le pouvoir de condamner ou d'absoudre (Gaius, *Comment.*, 4, § 43).

Le bénéfice de division étant invoqué devant le préteur par le fidéjusseur poursuivi, il faut distinguer, selon que le créancier conteste ou non que le fidéjusseur se trouve dans les conditions qui lui permettent d'invoquer le bénéfice de division. Si le créancier reconnaît qu'il y a d'autres fidéjusseurs solvables, le magistrat ne lui donnera action contre le fidéjusseur poursuivi, que déduction faite des portions de la dette que le bénéfice de division doit mettre à la charge des autres fidéjusseurs. Dans le second cas, le créancier niant qu'il y ait d'autres fidéjusseurs solvables, le magistrat n'examinera point cette question de fait; il la renverra au juge, en insérant dans la formule qu'il déli-vrera l'exception : « Nisi et illi solvendo sint » (L. 28, *de fidej.*).

Par les notions générales qui précèdent, on voit que le béné-fice de division a pu être étendu aux débiteurs tenus d'une obli-gation solidaire, sans porter atteinte au caractère essentiel de cette obligation. Car les débiteurs qui peuvent se prévaloir du bénéfice de division n'en restent pas moins, comme nous l'avons vu, tenus *in solidum*. Cependant le bénéfice de division n'a point été le droit commun entre les débiteurs tenus *in solidum* autres que les fidéjusseurs. Nous avons donc à rechercher quels sont ceux auxquels il fut successivement étendu.

Il faut, tout d'abord, dans cette recherche, distinguer du béné-fice de division la règle de droit en vertu de laquelle, quand deux débiteurs ont été condamnés par une seule sentence à payer une certaine somme, l'obligation qui naît de cette condamnation se divise entre eux (L. 10, § 3, *de appellat.*; L. 43, *de re judicatâ*). Ainsi, si j'ai poursuivi à la fois deux personnes qui étaient tenues envers moi *in solidum*, de *l'actio mandati contraria*, et que le juge les ait condamnées l'une et l'autre par une sentence unique à me payer le montant de ce que je réclame, je ne pourrai de-mander à chacune par l'action *judicati* que sa part virile dans la somme à laquelle elles ont été condamnées. « Paulus respondit » unum ex mandatoribus in solidum eligi posse etiamsi non sit » concessum in mandato, post condemnationem autem in duo-» rum personam collatam necessario ex causa judicati singulos » pro parte dimidiâ conveniri posse et debere. » (L. 59, § 3, *mandati*). Mais le juge peut condamner les défendeurs de telle sorte qu'ils seront tenus *in solidum* de la somme portée dans la sentence (L. 1., C., *si plures unâ sent. condemn. sunt.*, 7, 55).

Parmi les débiteurs solidaires auxquels fut étendu successi-vement le bénéfice de division, les premiers furent les *mandatores pecuniæ credendæ.* Justinien nous dit même que le rescrit d'Adrien qui introduisit le bénéfice de division, s'appliquait aux *mandatores pecuniæ credendæ,* aussi bien qu'aux fidéjusseurs. Toutefois, Cujas (*In lib.* III *responsorum Papiniani. Comment.* de la L. 7, *de fidejussoribus et nominatoribus*), conclut des termes de la loi 7, *de fidejussoribus et nominatoribus,* que le rescrit d'Adrien ne s'appliquait qu'aux fidéjusseurs et qu'il fut étendu aux *mandatores pecuniæ credendæ* par une raison d'équité ; extension dont Papinien fut, selon Cujas, le principal auteur. Les mêmes motifs d'équité qui avaient déterminé l'application du bénéfice de division en faveur des *mandatores pecuniæ credendæ* firent étendre ce bénéfice aux personnes qui faisaient le pacte de constitut pour la dette d'un tiers. Ce dernier progrès ne fut réalisé que sous Justinien. (L. 3, C., *de pecuniâ constitutâ.*)

Les débiteurs solidaires auxquels nous venons de voir étendre le bénéfice de division présentent ce caractère commun, qu'ils accèdent à la dette d'un tiers, et se rapprochent par là des *fidejussores,* en faveur desquels avait été introduit directement ce bénéfice. Les extensions du bénéfice de division ne se bornèrent pas là. Ainsi si plusieurs tuteurs ont administré en commun, l'administration n'ayant point été divisée entre eux, ou s'ils ont commis la faute de ne point administrer, ces tuteurs peuvent être poursuivis *in solidum,* sauf le bénéfice de division qui leur sera accordé. (L. 1, §§ 11 et 12, *de tutelæ et rationibus distrahendis,* 27, 3. L. 38, *de administratione et periculo tutorum,* 26, 7.)

Il est à remarquer que les fidéjusseurs d'un tuteur ne jouissent pas du bénéfice de division. C'est dans l'intérêt du pupille que ce bénéfice leur a été refusé. Le pupille, nous dit Papinien, pour motiver cette faveur, n'a pas choisi son tuteur : « Non ipse contraxit » sed in tutorem incidit. » (L. 12, *rem pupilli salvam fore,* 46, 6.) Toutefois, Papinien nous présente une espèce dans laquelle il accorde le bénéfice de division à des personnes qui ont cautionné un tuteur. (L. 7, *de fidejussoribus et nominatoribus,* 27, 7.) Deux fidéjusseurs qui « rem salvam fore pupillo caverunt, » voyant l'ex-pupille prêt à les poursuivre lui donnent mandat d'actionner d'abord le tuteur, en lui promettant de lui payer ce qu'il ne pourra recouvrer de ce tuteur. L'ex-pupille n'ayant pu se faire payer intégralement par le tuteur, recourt contre les fidéjusseurs. Ceux-ci pourront alors invoquer le bénéfice de division, et le jurisconsulte nous en donne cette raison : « Quod onus fide- » jussorum susceptum videretur. » Ces expressions ont soulevé des difficultés d'interprétation, mais tout le monde est d'accord sur le fond de la décision, tel que nous venons de l'analyser.

Outre le bénéfice de division dont nous venons de nous occuper, l'obligation *in solidum* dont étaient tenus plusieurs tuteurs, était tempérée par un certain bénéfice de discussion. Le tuteur qui s'est abstenu de gérer les affaires du pupille, peut exiger que l'ex-pupille discute d'abord ceux de ses collègues qui ont géré. (L. 3, C., *de dividendâ tutelâ*. L. 38, § 2 et L. 39, §11, *de administratione et periculo tutorum*.)

Nous voyons une autre classe de débiteurs solidaires auxquels fut accordé le bénéfice de division. Ce sont les magistrats des cités (L. 48), *de administratione et periculo tutorum*. L. 3, C., *de magistralibus conv*.). Nous retrouvons aussi, entre ces débiteurs, un bénéfice de discussion analogue à celui que nous avons signalé entre co-tuteurs. (L. 11 et 13, *ad municipalem*. L. 4, C., *quo quisque ordine convenitur*.)

Nous venons de voir les extensions successives du bénéfice de division à certaines classes de débiteurs solidaires. Nous trouvons même, au Digeste, un texte de Marcellus qui expose une opinion d'après laquelle il faudrait accorder le bénéfice de division à plusieurs acheteurs et plusieurs locataires. Mais Marcellus hésite à se ranger à cette opinion. Car, dit-il, il est plus conforme au droit, *justius*, de laisser au créancier le droit de poursuivre celui qu'il voudra, en lui cédant ses actions contre les autres. (L. 47, *locati*.)

Nous n'avons parlé jusqu'ici du bénéfice de division que dans son application entre codébiteurs simplement solidaires. S'appliquait-il aussi entre *correi promittendi ?* Il n'y a pas de trace, jusqu'à Justinien, d'une semblable modification de la position des *correi promittendi.* Cette modification a-t-elle été introduite par Justinien ? On a prétendu qu'il en était ainsi, en se fondant sur la novelle 99, qui aurait, dit-on, apporté cet adoucissement à la position des *correi promittendi.* Nous avons donc à rechercher quel est le véritable sens et la portée de cette novelle.

Elle ne s'occupe, croyons-nous, que des *correi promittendi* dont la position présente ceci de particulier, qu'ils se sont cautionnés les uns les autres. Cela résulte de la suite des idées qui sont exposées dans ce texte.

Justinien commence par annoncer que cette novelle est un complément de la loi qu'il a déjà portée à propos des fidéjusseurs, des *mandatores* et des constituants. On s'accorde à reconnaître que cette loi à laquelle Justinien se réfère, est la novelle 4, par laquelle le bénéfice de discussion est accordé aux *fidéjussores et mandatores.* De cette observation que Justinien place au début de sa novelle, il résulte que le contenu de cette novelle est en relation intime avec la novelle 4. Il importe de ne pas perdre de vue ce point dans l'explication de notre texte.

Après cette observation préliminaire, la nouvelle s'occupe du cas où plusieurs personnes se sont engagées conjointement en se cautionnant les unes les autres. Ce cas n'est prévu, comme le remarque M. de Savigny (*des Obligations,* § 26, note *l*), que pour faire ressortir par le contraste l'hypothèse traitée ensuite. Car en lui-même, ce premier cas ne présente guère de difficultés; aussi Justinien ne fait-il que l'indiquer et le laisse-t-il sous l'empire des règles de droit déjà posées qui suffisent à le régir. C'est donc à tort que Donneau a cru que cette partie de la novelle 99 contenait une décision spéciale et nouvelle. Cette décision, selon lui, serait que des débiteurs qui se sont cautionnés les uns les autres sans addition de la clause de solidarité ne doivent jamais être tenus que pour partie, alors même que quelques-uns d'entre eux seraient insolvables ou absents : « ut proinde nihil refera,

» dit-il, utrum uterque solvendo sit annon, sed quamvis unus
» solvendo non sit, aut non sit præsens, tamen alter non tenea-
» tur nisi pro parte » (Donneau, tit. *de duobus reis*, cap. 13, n° 8).
Mais ce ne sera pas là évidemment la situation des débiteurs
dont parlent les premières lignes du § 1 de notre novelle. Ce sont,
comme nous l'avons déjà dit, des débiteurs conjoints qui se sont
cautionnés les uns les autres. Voici quelle sera leur position. Soit
Primus, Secundus et Tertius, qui se sont obligés conjointement
pour une somme de 60, et se sont cautionnés réciproquement.
Chacun d'eux doit 20, comme débiteur principal, et 40 comme
fidéjusseur des deux autres. Le créancier demandant 60 à Primus, celui-ci devra lui payer immédiatement 20 ; mais il pourra,
pour les 40 dont il est tenu en qualité de fidéjusseur de ses codébiteurs, opposer au créancier le bénéfice de division, conformément à la novelle 4. Si Secundus est insolvable, Primus
pourra demander la division des 20, qu'il doit comme fidéjusseur de Secundus, avec Tertius qui est son cofidéjusseur. Mais si
Secundus et Tertius sont tous les deux insolvables, Primus devra
payer le montant intégral de la dette. C'est à tort, comme on le
voit par là, que Donneau croit que, dans le cas prévu en premier lieu par la novelle 99, la dette se divisera entre les débiteurs, de telle sorte que l'un d'eux n'aura point à souffrir de
l'absence ou de l'insolvabilité des autres.

La seconde hypothèse prévue par la novelle 99, a ceci de commun avec celle que nous venons d'examiner, qu'elle se réfère à
des débiteurs qui se sont cautionnés réciproquement. Mais elle en
diffère en ce que, dans cette seconde hypothèse, ces débiteurs
sont obligés solidairement, tandis que dans la première, ils
étaient obligés conjointement. Il s'agit donc, dans cette partie de
la novelle, de personnes qui se sont obligées solidairement, en
se cautionnant les unes les autres. Cette hypothèse est déjà prévue par Papinien, dans la loi 11, *de duobus reis*. Papinien donne
au créancier le droit de ne pas tenir compte de la qualité de fidéjusseur, qui dans chaque débiteur concourt avec la qualité de

débiteur principal, et d'invoquer exclusivement cette dernière.

Quant à Justinien, il s'attache à combiner d'une manière équitable les avantages que la solidarité doit procurer au créancier et les bénéfices qui dérivent de la qualité de fidéjusseur, que chacun de ces débiteurs cumule avec celle de débiteur principal. Afin d'arriver à ce but, Justinien établit que le créancier, pour obtenir condamnation pour le tout, n'aura qu'à poursuivre l'un de ces débiteurs solidaires qui se sont cautionnés les uns les autres. Sur la demande que lui en fera le débiteur poursuivi, le juge citera ceux de ses codébiteurs qui sont présents et solvables, et ils seront condamnés tous ensemble à satisfaire le créancier, la part des insolvables et des absents retombant sur ceux qui sont présents et solvables. Ainsi le créancier est à peu près dans la même position que s'il avait à faire à des débiteurs solidaires dont l'engagement ne serait point modifié par une fidéjussion réciproque. Nous disons à peu près, car le créancier aura à subir un retard, par suite du délai qui sera accordé au débiteur qu'il poursuit pour mettre en cause ses codébiteurs. Donneau (*loc. cit.*, n° 7) pense que, si l'un des débiteurs était absent, le débiteur poursuivi pourrait obtenir du juge un délai pour le représenter. Donneau appuie cette décision sur une décision analogue donnée par la novelle 4 pour le cas où le fidéjusseur serait poursuivi en l'absence du débiteur principal. Ainsi, le créancier pourra être obligé de subir des délais qu'il n'aurait point à subir, s'il était en présence de débiteurs obligés solidairement sans fidéjussion réciproque. Mais c'est là un inconvénient peu grave : « neque enim magnum damnum est in morà modici temporis » (L. 21, *de judiciis*). Et moyennant cette incommodité assez légère imposée au créancier, on fait participer les codébiteurs solidaires cautions les uns des autres aux bénéfices ordinaires dont jouissent les fidéjusseurs. En effet, celui des débiteurs qui sera poursuivi aura l'avantage de faire contribuer au payement ceux de ses codébiteurs qui sont présents et solvables, avantage analogue à celui que procure le *beneficium excussionis*.

L'interprétation que nous avons donnée de la novelle 99, interprétation indiquée par Donneau, adoptée et développée par M. de Savigny et par M. Demangeat; cette interprétation est loin d'être admise par tout le monde. Nous allons indiquer sommairement les principales parmi les interprétations différentes qui ont été proposées.

Nous avons déjà dit que la novelle 99 avait été considérée comme établissant au profit des débiteurs tenus *correaliter* ou solidairement un bénéfice de division analogue à celui qui avait été introduit par Adrien en faveur des *fidejussores*. Mais cette opinion ne tient point compte de ce que les débiteurs tenus solidairement dont s'occupe la novelle 99, sont en même temps fidéjusseurs les uns des autres. De plus, dans cette opinion, la novelle 99 ne se réfèrerait point à la novelle 4, avec laquelle cependant elle doit avoir quelque rapport, puisque Justinien nous dit qu'elle en est le complément.

Une autre opinion consiste à dire que les débiteurs dont il s'agit dans notre novelle sont des débiteurs obligés solidairement, et qui, de plus, ont tous profité de l'opération par suite de laquelle l'obligation solidaire a été contractée.

Les débiteurs qui se trouveraient dans cette situation, devraient, dans cette opinion, être regardés comme se cautionnant virtuellement les uns les autres. Et c'est en vertu de cette idée que Justinien leur aurait accordé, dans ce cas, un certain bénéfice de division. Cette opinion s'appuie sur cette circonstance que la novelle semble prévoir, l'hypothèse ou l'obligation solidaire résulte d'un prêt dont tous les débiteurs ont profité. Mais on peut répondre que cette hypothèse n'est présentée qu'*exempli causâ*. De plus, quand la novelle nous parle de débiteurs solidaires qui se sont cautionnés les uns les autres, il est arbitraire de dire qu'elle suppose un cautionnement virtuel, résultant du profit que les débiteurs ont retiré de l'opération, alors qu'on est obligé de convenir que, dans sa première partie, la novelle désigne, par les mêmes termes, une fidéjussion réciproque formellement établie.

Remarquons, en terminant sur la novelle 99 que, pour que le cautionnement mutuel des débiteurs solidaires produise l'effet que nous avons indiqué, il faut que cette clause de cautionnement réciproque ait été conhue et acceptée par le créancier. C'est ce que nous fait entendre Justinien: «At licet illi ignorante eo qui » obligatos eos habet, pactum aliquod inter se fecerint, tamen » unusquisque tenebitur sicut ab initio scripsit, nec licentiam » habebit artibus, dolis, aut transactionibus pacta violandi. »

CHAPITRE III.

Recours entre co-débiteurs et entre co-créanciers.

C'est, comme nous l'avons vu, le caractère fondamental de l'obligation solidaire, que le droit pour chaque créancier de recevoir et de poursuivre le payement intégral, et la nécessité, pour chaque débiteur, d'acquitter la dette entière sur les poursuites du créancier commun. L'un des débiteurs ayant effectué, ou l'un des créanciers ayant reçu un payement égal au montant intégral de l'obligation, nous nous trouvons en présence de la question de savoir si les autres débiteurs ou créanciers ne devront point participer à ce payement. Les débiteurs libérés avec l'argent de l'un d'eux ne seront-ils point tenus de rembourser à ce dernier ce qu'il a déboursé pour eux; les créanciers qui ont vu s'éteindre leur créance par son exécution au profit de l'un d'eux, n'auront-ils pas le droit de se faire tenir compte du produit de la créance commune, par celui entre les mains duquel il a été versé?

Cette question a donné lieu à des opinions fort divergentes parmi les interprètes du droit romain. Les textes ne la traitent nulle part dans son ensemble. Ils ne font qu'en signaler quelques points de vue particuliers. Nous allons exposer sur ce point quelles sont les voies de recours, soit entre créanciers, soit entre débiteurs, qui nous sont indiquées par les textes ou qui ont été proposées par les interprètes, comme dérivant des principes généraux du droit romain.

§ 1. — *Action* pro socio.

Quand l'obligation existant au profit ou à la charge de plusieurs, se combine avec des relations sociales existant entre les mêmes personnes, le recours du débiteur qui a payé le tout contre ses codébiteurs, ou le recours des créanciers solidaires contre celui d'entre eux qui a reçu le tout, s'exercera au moyen de l'action *pro socio*. C'est là une proposition incontestable qui résulte si directement des principes généraux que nous devrions l'admettre, même ne la trouverions-nous pas spécialement mentionnée dans les textes; au reste, les jurisconsultes, dans plusieurs passages, se réfèrent à ce mode spécial de recours (L. 62, *a princ.*, *ad leg. Falcidiam;* L. 10, *de duob. reis;* L. 29, *de liberatione legatâ*). Mais si ce moyen de fonder le recours est incontestable, il est aussi très-insuffisant. Car l'existence d'une obligation au profit ou à la charge de plusieurs personnes, n'entraîne et n'implique nullement une société entre ces personnes. L'existence d'une société entre créanciers ou débiteurs solidaires est donc un fait accidentel qui peut venir se combiner avec leur situation de codébiteurs ou de cocréanciers, mais qui ne naît point de cette situation même, et qui, par conséquent, est loin de l'accompagner toujours.

Une voie de recours qui se rapproche de la précédente est celle que peuvent fournir les actions *communi dividundo et familiæ erciscundæ*. Par exemple : deux personnes sont copropriétaires d'une maison sans qu'il y ait société entre elles. Si elles contractent, pour séparer la maison commune, une dette solidaire, et que l'une d'elles la rembourse seule, elle pourra contraindre l'autre au moyen de l'action *communi dividundo*, à supporter sa part de cette dépense faite dans l'intérêt commun (L. 4,

§ 3; L. 0, § 2, *de communi dividundo*). Si les débiteurs solidaires étaient cohéritiers et avaient contracté, pour réparer une maison ou un objet quelconque faisant partie de l'hérédité, le même résultat serait atteint au moyen de l'action *familiæ erciscundæ* (L. 18, § 3; L. 25, § 14 et 15, *familiæ erciscundæ*). De même, si des cohéritiers ou des copropriétaires avaient acquis une créance solidaire à l'occasion d'une chose commune, ils pourraient agir par l'une ou l'autre des actions dont nous venons de parler, contre celui d'entre eux qui aurait reçu le payement; car ces actions servent à faire répartir entre tous les intéressés, et les préjudices éprouvés, et les bénéfices réalisés par l'un d'eux au moyen des choses communes (L. 19, *familiæ erciscundæ*).

§ 2. — *Actions* mandati et negotiorum gestorum.

L'application de l'action *mandati* au recours entre codébiteurs solidaires peut se concevoir comme possible dans deux hypothèses distinctes.

D'abord, si les débiteurs solidaires se sont portés fidéjusseurs les uns des autres (ad leg. 11, *de duobus reis*), un résultat de ce cautionnement réciproque sera, nous dit Cujas (ad lib. 11 *Responsorum Papiani;* et sur la L. 17, § 2, *ad senat. Vellei. In Africanum tractatus,* IV), que celui d'entre ceux qui aura payé le tout pourra recourir contre les autres au moyen de l'action *mandati.*

De plus, on peut concevoir l'engagement solidaire commun comme le résultat d'un mandat réciproque que se sont donné les débiteurs, afin que le contrat, dont la solidarité était une condition, pût se réaliser. De là naîtrait une action *mandati* au profit de celui qui aurait satisfait le créancier commun. Cette idée est exacte au fond, mais nous ne la voyons pas mentionnée dans les textes; et, du reste, cette idée d'un mandat réciproque devrait être restreinte au cas où l'obligation solidaire naît d'une convention. Elle serait donc loin de pouvoir être une base de recours s'étendant à tous les cas d'obligations de ce genre.

Un fondement plus général pour le recours serait l'action *negotiorum gestorum*. Pour établir le droit de celui des débiteurs solidaires qui a payé à recourir contre ses codébiteurs par l'action *negot. gestorum*, on peut dire qu'il a libéré ses codébiteurs pour la quote-part qu'ils devaient supporter dans la dette; que, par conséquent, il a fait leur affaire. Nous avons un texte qui paraît conçu dans cette idée, car il permet à un tuteur ou à un magistrat, dont la responsabilité a été engagée par la mauvaise gestion de son collègue, de recourir contre celui-ci par l'action *negotiorum gestorum*, « ut ei salvum esset quod causâ ejus damnum ce- » pisset » (L. 30, *de negot. gest.*). Bien des controverses se sont élevées sur la portée de ce texte. Cujas restreint la décision donnée par ce texte au cas où il s'agit de codébiteurs solidaires dont l'obligation dérive de la gestion d'une charge à laquelle tous prennent part en qualité de collègues. Il ne faut point, dit-il, étendre la décision de cette loi : par exemple, à des cofidéjusseurs, car des cofidéjusseurs ne sont point collègues, « collegæ sunt » qui commune officium gerunt veluti curatores reipublicæ et » tutores quorum officium est munus publicum. Singulos fide- » jussores obligat propria obligatio singulos collegas individua et » communis obligatio » (Cujas, lib. III, *Digestor. Juliani.* Ad L. 30, *de negot. gest.*). De cette indivisibilité de la gestion des deux collègues Cujas conclut que celui qui est en faute gère mal une affaire qui est celle de son collègue en même temps que la sienne, et, par conséquent, il se trouve tenu envers ce collègue de l'action *negot. gestorum directa* qui compète au *dominus negotii* contre le gérant. L'action *negot. gestorum*, que notre texte accorde au magistrat contre son collègue, est, dans ce système, non l'action contraire mais l'action directe.

Des auteurs modernes (V. Molitor, *Traité des Obligations*, n° 1172) distinguent pour l'application de l'action *negot. gestor.* entre les obligations corréales et les obligations simplement solidaires. S'agit-il de ces derniers, le débiteur qui désintéresse le créancier commun éteint, en même temps que son obligation, celle de ses codébiteurs; et dès lors, il doit avoir contre eux l'action en question. S'agit-il d'une obligation corréale, dans ce cas il n'y a pas, comme dans le cas d'une obligation simplement *in solidum*, plusieurs obligations, il n'y en a qu'une seule : dès lors on ne peut pas regarder le débiteur qui paye comme éteignant, en même temps que sa propre dette, celle des autres, puisqu'il n'y a qu'une dette unique. Cette opinion nous paraît forcer les conséquences de cette idée, qu'il n'y a en cas de corréalité, qu'une obligation unique. Cette idée peut bien être la base de certaines décisions plus ou moins rigoureuses et subtiles du droit romain ; mais elle nous paraît inapplicable quand il s'agit d'apprécier, d'après la bonne foi et l'équité, l'action *negot. gestor.*, étant une action *bonæ fidei*, si une personne a réellement, en fait, géré utilement l'affaire d'une autre. Or, en se plaçant à ce point de vue, n'est-il pas clair que celui des codébiteurs qui éteint la dette commune fait une opération utile à l'autre, aussi bien en cas de corréalité qu'en cas de simple solidarité. C'est bien, en effet, ici le cas de dire avec Ulpien : « De bonâ fide enim agitur » cui non congruit de apicibus juris disputare, sed de hoc tan- » tùm, debitor fuerit, necne. » (L. 20, § 4, *mandati.*)

Nous avons vu jusqu'ici des opinions qui font une part à l'action *negot. gestorum*, dans les rapports du débiteur solidaire qui a payé avec ses codébiteurs, qui admettent cette action dans certains cas et la repoussent dans certains autres. D'autres auteurs vont plus loin soit dans un sens, soit dans l'autre : les uns niant que l'action en question puisse jamais naître du payement effectué par l'un des débiteurs solidaires, et les autres, au contraire, l'admettant comme règle générale.

La première opinion (V. en ce sens M. Demangeat, p. 230) se trouve en présence de la loi 30, *de negot. gestis*, qui lui paraît bien formellement contraire. M. Demangeat écarte cette loi au moyen d'une explication historique. Elle n'est point l'expression de la doctrine qui prévalut chez les jurisconsultes romains en matière de gestion d'affaires. Cette doctrine se fixa en ce sens que l'action *negotiorum gestorum contraria* ne fut donnée qu'à celui qui avait agi dans l'intention de faire l'affaire d'autrui, et non à celui qui, en faisant sa propre affaire, avait été utile à un autre. Ainsi, quand je fais des dépenses pour une chose appartenant à autrui, la croyant mienne, pour rentrer dans mes déboursés : « tantùm » retentionem habeo quia neminem mihi obligare volui. » (L. 14, § 1, *communi dividundo*; L. 14, *de except. doli mali*, 44, 4). Cette théorie qui paraît avoir définitivement triomphé, ne s'établit pas immédiatement. Nous avons un texte d'Africain qui semble bien lui être contraire (L. 40, *de negot. gestis*). Or, il est à remarquer que le texte (L. 30, *de negot. gestis*) qui accorde au tuteur ou au magistrat qui a payé la dette qui lui était commune avec son collègue, une action *negotiorum gestorum* contre celui-ci, il est à remarquer que ce texte exprime l'opinion de Valerius Severus et de Julien, jurisconsultes contemporains d'Africain. On peut conclure qu'ils partageraient l'opinion émise par Africain, quant a la *negotiorum gestio*. La décision qu'ils donnent dans notre loi 30, ne serait dès lors que l'application à un cas particulier de leur théorie générale sur la gestion d'affaires. Et comme cette théorie fut abandonnée, on dut abandonner aussi la solution qu'ils en faisaient dériver pour notre hypothèse. Cette solution contenue dans la loi 30 ne peut donc être regardée comme l'expression définitive du droit romain sur notre question. Et il faut dire, au contraire, puisqu'il fut admis que celui qui, en faisant sa propre affaire, procurait un avantage à autrui, n'avait pas droit à l'action *negot. gestorum*; il faut dire, en partant de ce principe, que le débiteur solidaire qui paye la dette commune ne peut point se faire indemniser par ses codébiteurs au moyen de l'action *negot. gestorum*.

On peut faire à ce système quelques objections. D'abord, le jurisconsulte Julien, qu'il représente comme suivant la théorie d'Africain, en matière de *negotiorum gestio*, paraît bien avoir enseigné l'opinion contraire, comme cela résulte de la loi 33 *de condict. indebiti*.

On peut encore objecter à l'opinion qui refuse l'action *negot. gesto-rum* au débiteur solidaire, une constitution de Dioclétien et Maximien (L. 2, C., *de duobus reis*, 8, 40), dans laquelle ces empereurs reconnaissent le droit à un recours au profit de celui des *rei promittendi* qui a payé. Mais ce texte n'est pas très-probant, pouvant être entendu, nous le verrons, comme donnant aux *correi promittendi* le droit d'exercer comme action utile, l'action du créancier qu'ils auraient négligé de se faire céder, comme ils en avaient le droit.

L'opinion qui admet le recours au moyen de l'action *negotiorum gestorum* au profit des débiteurs solidaires qui a payé, peut se présenter sous deux points de vue. On peut voir une gestion d'affaires donnant ouverture à une action en recours dans le fait de s'être constitué débiteur solidaire. Mais en partant de ce point de vue on arrive, comme le fait remarquer M. de Savigny (§ 23, n° 3), à reconnaître dans les rapports qui ont existé entre les débiteurs solidaires, un mandat plutôt qu'une gestion d'affaires. Et ensuite, cette idée d'une gestion d'affaires réciproque contenue dans la formation même de l'obligation solidaire, reste sans application pour les cas dans lesquels cette obligation naît en dehors de tout acte volontaire des débiteurs.

Le second point de vue consiste à voir une gestion d'affaires dans le fait du payement de la dette commune par l'un des débiteurs, de quelque manière d'ailleurs que la solidarité ait pris naissance. A cette manière de voir on peut opposer les textes nombreux dans lesquels nous voyons les jurisconsultes donner des solutions différentes, selon qu'il y a ou non société entre les débiteurs solidaires, à cause du recours que la société rend possible (L. 10, *de duobus reis;* L. 71, *de fidejussoribus;* L. 3, § 3, *de liberat. legatâ*). Or, si un recours était possible, même en l'absence d'une société, quel serait le motif de distinguer s'il y a ou non société entre les débiteurs? Il est vrai qu'à cette objection le système que nous exposons en ce moment pourrait peut-être répondre. En effet, soit un pacte de *non petendo* fait avec l'un des *corret promittendi :* s'ils sont associés, celui avec qui ce pacte n'a pas été conclu pourrait, s'il était obligé de payer, recourir contre son codébiteur. Mais le pourra-t-il si, au lieu de fonder son recours sur l'action *pro socio,* il ne peut la baser que sur une action *negotiorum gestorum ?* Il ne le pourra point, car il ne peut recourir par cette dernière action que s'il a fait une opération utile à son codébiteur. Or, le pacte qui existait au profit de celui-ci fait disparaître à son égard l'utilité du payement effectué. Donc, lors même qu'on admettrait comme règle générale que celui des débiteurs solidaires qui a payé a contre ses codébiteurs l'action *negotiorum gestorum,* l'existence de cette voie ordinaire de recours ne ferait pas disparaître l'intérêt qu'il y a à distinguer si les débiteurs solidaires sont ou non associés.

Du reste, le système précédent devrait excepter de la règle qu'il pose le cas où le débiteur solidaire encourt une condamnation pour un dol auquel il a lui-même participé. La L. 30, en effet, n'accorde l'action *negot. gestorum* au tuteur ou au magistrat, dont la responsabilité est engagée par une fraude de son collègue, que s'il est lui-même étranger à cette fraude : « si non sit cons- » cius fraudis. » Quant à nous, il nous semble impossible d'ériger en règle générale le droit pour le débiteur qui a payé, d'exercer contre ses codébiteurs l'action *negotiorum gestorum.*

Ainsi donc nous croyons qu'il faut admettre que le seul fait du payement reçu par l'un des créanciers ne fait pas naître contre lui au profit de ses cocréanciers une action en recours, de même que le seul fait du payement effectué par l'un des débiteurs ne lui donne pas le droit de recourir contre ses codébiteurs. Ces décisions choquent nos idées pratiques. On comprend sans doute que, si tel a été le caprice des parties, chacun des créanciers ait un droit éventuel, et en quelque sorte aléatoire au bénéfice tout entier de la créance, que chacun des débiteurs soit éventuellement soumis, au risque de supporter toute la dette sans pouvoir y faire contribuer ses codébiteurs. Mais on comprend difficilement comment on érige, en principe général, que le payement fait par l'un des débiteurs ou reçu par l'un des créanciers, ne donne pas lieu à un recours en l'absence d'une société ou d'un rapport de droit pouvant servir de fondement à une action.

« Comment concevoir, dit M. Valette (*loc. cit.*, p. 448), des bé-
» néfices ou des pertes dépendant uniquement du hasard de la
» poursuite exercée par tel ou tel créancier contre tel ou tel dé-
» biteur. » Le résultat signalé paraît, il faut en convenir, tout à fait bizarre et inexplicable. Toutefois, il nous semble que l'on peut présenter sur ce point les observations suivantes :

Les Romains ne présumaient pas, comme l'a fait notre législateur, l'existence d'un intérêt commun entre cocréanciers et entre codébiteurs solidaires. Dans notre droit, du moment que l'un des débiteurs solidaires a payé la dette, il peut recourir en vertu de ce seul fait contre ses coobligés, sauf à ceux-ci à prouver qu'en réalité il n'y avait pas intérêt commun, que le débiteur qui a payé était en réalité le seul intéressé dans l'opération d'où est née la dette solidaire, et que les autres débiteurs ne doivent être considérés, par rapport à lui, que comme ses cautions (art. 1216). Le droit romain n'admettait pas une semblable présomption. En droit romain, sans doute, comme chez nous il pouvait se faire que la créance ou la dette solidaire résultât d'une opération qui ne concernait que l'un des créanciers ou l'un des débiteurs, les autres ne se portant *correi stipulandi* ou *promittendi* avec lui que sur son mandat et pour lui rendre service ; soit s'il s'agit de *correi stipulandi* pour éviter les inconvénients de la règle antique, et successivement atténuée, qu'on ne peut agir en justice par le ministère d'un mandataire, soit s'il s'agit de *correi promittendi* pour donner au créancier une sûreté qu'il exige (1). Il pouvait se faire, en un mot, que le bénéfice de la créance

---

(1) On peut conjecturer qu'anciennement il arrivait assez souvent que les cocréanciers ou les codébiteurs n'étaient pas tous également intéressés dans la créance ou dans la dette. La corréalité est un rapport juridique fort ancien dans le droit romain (V. M. de Savigny, *des Obligations,* p. 310 de la traduct.). Or on

ou la charge de la dette dût, d'après les conventions intervenues entre les *correi stipulandi* ou les *correi promittendi*, être

---

sait que d'après une règle antique du droit romain, successivement atténuée, on ne pouvait point agir en justice par le ministère d'un mandataire, il ne serait nullement étonnant que la corréalité eût fréquemment servi à éviter les inconvénients de cette règle. Ainsi il pouvait arriver souvent que la créance existant au profit de plusieurs *correi stipulandi* fût née à la suite d'une opération qui ne concernait qu'un seul d'entre eux, et qu'il fût entendu entre les cocréanciers que celui-là seul aurait droit en définitive au bénéfice de cette créance, les autres ne se portant *correi stipulandi* avec lui que pour être à même d'agir à sa place, le cas échéant.

Sans doute le rôle que rempliraient ces *correi stipulandi*, dans le cas que nous venons de signaler, pourrait être rempli aussi par un *adstipulator*; mais les règles relatives à l'*adstipulator* n'étaient pas les mêmes que celles relatives au *correus stipulandi*. Ainsi l'*adstipulator* ne transmettait pas à ses héritiers le droit résultant pour lui de l'adstipulation ; ainsi un esclave en se portant *adstipulator* n'acquérait point de créance au maître ; c'était là un acte sans effet. « In hoc autem » jure quædam singulari jure observantur, nous dit Gaius; nam adstipulatoris » heres non habet actionem; item servus adstipulando nihil agit, quamvis ex » cæteris omnibus causis stipulando domino acquirit (III, § 114).» Au contraire, le *correus stipulandi* transmettait son droit à ses héritiers, le maître pouvait être constitué *correus stipulandi* en vertu d'une stipulation faite par son esclave. On comprend que, pour éviter les inconvénients de la règle, que l'on ne peut agir par procureur, il fût préférable selon les circonstances de faire intervenir un *correus stipulandi* plutôt que d'adjoindre au créancier véritable un *adstipulator*.

De même, l'obligation corréale pouvait offrir au point de vue passif une situation analogue. Il pouvait se faire que la dette fût née à la suite d'une opération qui ne concernait que l'un des *rei promittendi*, et que les autres ne se fussent engagés avec lui que pour fournir une sûreté au créancier. C'était là aussi le but dans lequel anciennement on faisait intervenir des *sponsores* et des *fidepromissores*; mais des règles exceptionnelles avaient été introduites en faveur des *sponsores* et des *fidepromissores*, règles qui diminuaient la sûreté que procuraient au créancier ces engagements accessoires. Ainsi leur obligation ne passait point à leurs héritiers (Gaius, *Com.*, III, § 120); ils étaient libérés au bout de deux ans en vertu de la loi *Furia* (*ibid.*, § 121). L'engagement de plusieurs *correi promittendi* assurait donc au créancier une garantie à certains égards plus énergique que celle qu'il retirait de l'accession de plusieurs *sponsores* à l'obligation principale. S'il est vrai que la corréalité est un rapport de droit qui fut usité chez les Romains en même temps que la *sponsio* et la *fidepromissio*, et avant la *fidejussio*, opinion que paraît admettre notre savant maître, M. Demangeat (*loc. cit.*, p. 215); si cela est vrai, disons-

mis au compte de l'un d'entre eux ou de quelques-uns d'entre eux seulement, au lieu de se partager entre tous. C'est la dernière de ces situations que la loi française présume. Il en était autrement du droit romain. Y avait-il entre les cocréanciers ou les codébiteurs un intérêt commun ; l'un de ces créanciers ayant été payé, ou l'un de ces débiteurs ayant effectué le payement, y avait-il lieu à un recours, c'était là une question à résoudre uniquement en fait, d'après les circonstances.

Ainsi donc le droit romain ne tirait de l'existence de la corréalité aucune présomption touchant les rapports des *correi* entre eux. A la différence de notre loi, qui conclut de l'existence de la solidarité à l'existence d'un intérêt commun entre débiteurs ou créanciers solidaires, le droit romain n'admettait pas une semblable induction. Les relations des *correi* entre eux devaient être établies indépendamment du rapport de corréalité qui, par lui-même, n'impliquait pas l'existence de relations devant servir de base à un recours. Le droit à un recours existait-il, par quelle action devait-il s'exercer? on n'en savait rien *à priori*, on ne présumait rien. Aussi c'était à celui qui prétendait exercer ce droit, à en établir le fondement. Ainsi Primus, l'un des *correi stipulandi*, a reçu le payement de la créance, Secundus veut recourir contre lui pour l'obliger à lui tenir compte de ce payement, auquel il prétend qu'il a droit de participer. Secundus devra établir le fondement de son droit. Pour cela, il faudra qu'il prouve l'existence d'un rapport juridique d'où résulte à son profit une action déterminée : soit l'action *pro socio*, soit l'action *communi dividundo*, soit l'action *mandati* (M. de Savigny admet sans difficulté que le recours entre *correi stipulandi* peut s'exercer au

---

nous, il est permis de conjecturer que l'on recourut assez souvent à la corréalité pour éviter les inconvénients que présentaient la *sponsio* et la *fidepromissio*, inconvénients qui amenèrent à reconnaître une autre classe d'*adpromissores*, les fidéjusseurs. Du reste ces suppositions ne sont, nous le reconnaissons, que des conjectures.

moyen de l'action *mandati,* p. 201 de la traduct.). De même, le *correus promittendi* qui a payé et qui veut faire contribuer son codébiteur, devra prouver l'existence du rapport juridique, d'où résulte l'action au moyen de laquelle il veut exercer son recours.

En partant de cette idée qui venait sans doute des habitudes de la pratique romaine, que l'on ne doit pas poser de présomption touchant la nature des relations qui existent entre les *correi;* en partant de cette idée, les Romains devaient trouver moins choquante qu'elle ne nous paraît la règle d'après laquelle le seul fait du payement reçu par l'un des créanciers, ou effectué par l'un des débiteurs, ne donnait point lieu à un recours. Ils devaient trouver conséquent que celui qui prétendait à un recours fût obligé de se fonder sur un rapport juridique autre que la corréalité, et d'où résultait pour lui une action déterminée, soit une action *pro socio,* soit une autre. Du reste, il peut paraître rigoureux d'imposer la charge de cette preuve à celui qui ayant payé prétend recourir. On vint, avec le temps, au secours du *reus promittendi* qui avait payé, au moyen d'une institution juridique dont il nous reste à nous occuper : je veux parler de la cession d'actions.

§ 3. — *Cession d'actions.*

L'existence d'une action *negotiorum gestorum* au profit de celui des débiteurs solidaires qui a payé souffre, nous l'avons vu, de graves difficultés; et même en admettant que le débiteur solidaire qui a payé pût user de cette voie de recours, il lui serait plus avantageux de poursuivre l'indemnité à laquelle il a droit au moyen de l'action même du créancier qu'il a désintéressé, car cette action peut être garantie par des sûretés spéciales. Ce que l'intérêt de ce débiteur demande n'est en rien contraire à l'intérêt du créancier, auquel son action est désormais inutile, puisqu'il a obtenu satisfaction. Ce serait donc concilier équitablement tous les intérêts que de permettre à celui qui a payé d'user pour son recours des droits du créancier.

Nous trouvons cette idée équitable réalisée en droit romain au moyen du bénéfice *cedendarum actionum*. Ce bénéfice, du reste, n'était pas spécial à la situation qui nous occupe, et nous le rencontrons dans d'autres hypothèses dans lesquelles il s'agit d'assurer un recours d'une équité évidente. Donnons-en d'abord une idée générale et voyons comment il fonctionne.

On sait comment les jurisconsultes romains échappèrent par un de ces expédients juridiques qui leur étaient familiers, à l'impossibilité de céder une créance, impossibilité qui paraissait résulter logiquement de la nature même de l'obligation, rapport de droit entre deux personnes déterminées, dont l'une ou l'autre dès lors ne pouvait être changée sans que le rapport lui-même fût altéré dans son essence. Cet expédient consistait à charger celui auquel le créancier voulait transporter le bénéfice de sa créance d'en poursuivre en justice le remboursement en qualité de mandataire (G., II, 39; L. 3, C., *de hereditate vel actione vendita*), de sorte que sans transporter d'une personne à une autre le droit de créance lui-même, comme ce mandataire auquel on remettait l'exercice de l'action était dispensé de rendre compte, on arrivait en pratique au même résultat que par une cession directe. Ce sera au moyen de ce procédé que l'action du créancier commun pourra être transportée au débiteur qui l'a désintéressé. Mais ce transport de l'action du créancier au débiteur qui a payé, restera-t-il subordonné à la volonté du premier? Il n'en était pas ainsi. Les textes nous représentent le créancier comme forcé de céder ses actions (L. 17, *de fidejussoribus*). Et ils ajoutent que le moyen de contraindre le créancier sera l'exception de dol (L. 65, *de evictionibus*; L. 57, *de legatis*, 1°). Nous verrons plus bas quel était précisément, dans notre matière, le rôle et l'effet de cette exception. Mais avant de voir comment le créancier peut être contraint à effectuer la cession, il faut se demander comment cette cession est possible. Le débiteur n'a droit à la cession que s'il paye. Or, le payement éteignant la créance, comment peut-il être question de céder une créance qui n'existe plus ? Les jurisconsultes romains avaient aperçu l'objection, et pour y échapper, ils avaient eu recours à une fiction. Ils avaient considéré le payement effectué par le débiteur, comme un achat qu'il aurait fait de la créance. Et ils avaient ainsi sauvegardé les règles établies, en altérant le caractère de l'opération intervenue entre les parties. Le créancier, disaient-ils, non *in solutum accepit sed quodammodo nomen debitoris vendidit* (L. 36, *de fidejussoribus*). Ce qui a été payé, ce n'est point l'objet de la créance, c'est le prix de cette créance : « Pro parte non condemnati tutoris non tutela » reddita sed nominis pretium solutum videtur. » (L. 21, *de tutelæ et rationibus;* ajout. L. 5, *de censibus*; L. 76, *de solutionibus*).

Nous allons traiter successivement du bénéfice de cession d'actions en ce qui concerne les débiteurs simplement solidaires, et en ce qui concerne les *correi promittendi*.

A. Cession d'actions en ce qui concerne les débiteurs simplement solidaires.

Nous avons vu que parmi les débiteurs solidaires quelquesuns jouissaient du bénéfice de division, et que certains jurisconsultes paraissent même avoir conclu à une extension encore plus large de ce bénéfice (l. 47, *locati*). On peut se demander en quoi le bénéfice de cession d'actions sera utile à ces débiteurs qui ont déjà le bénéfice de division. Au lieu de commencer par payer le créancier pour recourir ensuite contre leurs codébiteurs par l'action qu'il leur cédera, n'obtiendront-ils pas un résultat plus satisfaisant en contraignant le créancier à diviser ses poursuites. A cela on peut répondre d'abord que s'il s'agit de débiteurs solidaires qui jouent le rôle d'*intercessores*, la cession de l'action du créancier aura pour eux cet avantage que, grâce aux sûretés spéciales dont elle peut être munie, ils pourront recouvrer, contre le débiteur principal, l'intégralité de leurs déboursés. Le bénéfice de cession d'actions pourra donc leur être plus utile que le bénéfice de division, qui laisse toujours à la charge de celui qui l'invoque une partie de la dette.

De plus, même en faisant abstraction de l'efficacité que le bénéfice de cession d'actions peut donner à leur recours contre le débiteur pour lequel ils *intercèdent*, ce bénéfice pourra encore être fort avantageux pour les débiteurs solidaires qui jouissent du bénéfice de division : si au moment où l'un de ces débiteurs est poursuivi, ses codébiteurs sont insolvables, le bénéfice de division ne pourra être appliqué. Dans ce cas le débiteur poursuivi acquerra, par la cession d'actions, une chance de rentrer dans ses déboursés, si ses codébiteurs reviennent à meilleure fortune.

Le débiteur solidaire peut refuser de payer si le créancier, de son côté, se refuse à lui céder ses actions. Si le créancier le poursuit en justice, le débiteur pourra demander la cession, soit *in jure*, soit *in judicio*, sans que dans ce dernier cas il ait besoin, pour autoriser sa demande, que la formule contienne une exception qui donne au juge le pouvoir de la prendre en considération ; car les débiteurs simplement solidaires étant, le plus souvent, tenus d'une action de bonne foi, le juge peut, en vertu des pouvoirs que lui confère la nature même de cette action, tenir compte des prétentions du défendeur qui se fondent sur l'équité. Dans le cas où les débiteurs solidaires seront tenus d'une action *in factum*, la question de savoir si la cession d'actions pourra être demandée devant le juge, en l'absence de toute exception insérée dans la formule, cette question revient à se demander si l'exception de dol est sous-entendue dans les formules *in factum conceptæ*. (Voir sur cette question, M. Ortolan, *Explication historique des Instituts*, 3ᵉ volume, p. 365.) Si le créancier à qui la cession d'action est demandée *in jure* s'y refuse, le magistrat pourra ne pas lui accorder la formule d'action ; nous verrons plus bas dans quel cas, suivant quelle distinction. Si c'est *in judicio* que le créancier résiste à la prétention équitable du défendeur, le juge de l'action de bonne foi ne condamnera pas le défendeur, du moins *in solidum*.

Jusqu'à quel moment le débiteur poursuivi peut-il invoquer le bénéfice de cession d'actions? Le débiteur solidaire peut demander la cession soit après la *litis contestatio*, ce qui constitue, comme nous le verrons, une différence entre lui et le *correus promittendi*, soit même après la sentence prononcée contre lui (L. 1, § 18, *de tutelæ et rationibus*). En effet, les débiteurs simplement solidaires n'étant point, à la différence des *correi promittendi*, libérés par la poursuite dirigée contre l'un d'eux, rien n'empêche que l'un d'eux puisse réclamer la cession d'actions même après la *litis contestatio*. S'il s'est laissé condamner sans invoquer le bénéfice en question, il pourra le réclamer quand le créancier intentera contre lui l'action *judicati*. (L. 41, § 1, *de fidejussoribus*.)

Mais si la cession d'actions peut encore être demandée par un débiteur solidaire, après la condamnation prononcée contre lui, elle ne peut pas l'être après le payement effectué, car le payement fait avant que la cession soit intervenue, a éteint l'action qui, dès lors ne peut plus être cédée. C'est en effet un principe que nous avons vu, que le payement fait par l'un des débiteurs solidaires éteint la dette à l'égard de tous : « Omnes liberantur pecu- » nia solutâ. » (L. 52, § 3, *mandati*.) La conséquence de cette règle, quant au moment où la cession d'actions cesse d'être possible, est d'ailleurs formellement énoncée par les textes. Modestinus respondit : « Si post solutum sine ullo pacto omne quod ex causâ » tutelæ debeatur actiones post aliquod intervallum cessæ sint ; » nihil eâ cessione actum cum nulla actio superfuerit. Quod si » ante solutionem hoc factum est ; vel cum convenisset ut man- » darentur actiones tùm solutio facta esset, mandatum subsecu- » tum est : salvas esse mandatas actiones cum novissimo quoque » casu pretium magis mandatarum actionum solutum quam » actio quæ fuit, perempta videatur. » (L. 76, *de solut.* — L. 1, C., *de contr. judic. tutelæ*.)

Nous venons de voir que quand un débiteur solidaire demande la cession d'actions contre celui qui est tenu avec lui d'une même dette, il doit avoir soin de réclamer cette cession avant de satisfaire le créancier, car elle n'est plus possible après le payement intervenu. Il en est différemment dans le cas où un débiteur demande la cession d'actions contre une personne qui n'est point tenue avec lui d'une même dette, mais dont au contraire l'obligation est distincte de la sienne, tellement que le payement par lequel il éteint celle-ci laisse subsister la première. Ainsi, quand un *mandator pecuniæ credendæ* a remboursé au créancier ce que sur son mandat il avait prêté à un tiers, l'action du créancier contre l'emprunteur subsiste. Sans doute, s'il intente lui-même cette action, l'emprunteur pourra la paralyser au moyen de l'exception de dol; mais cette exception de dol sera évidemment impuissante contre le mandant auquel le créancier cédera son action pour exercer son recours contre l'emprunteur.

Papinien compare au cas précédent celui d'un tuteur qui aurait négligé de poursuivre un débiteur du pupille, et qui serait tenu d'indemniser celui-ci. Le payement fait par le tuteur ne libérera pas le débiteur. L'action du pupille contre lui subsistera, et le tuteur pourra en réclamer la cession au moyen de l'action *contraria tutelæ* (L. 95, § 10, *de solutionibus.* Comp. L. 28, *mandati*). La décision donnée par Papinien dans notre loi 95, § 10, repose, comme nous l'avons vu, sur ce que les obligations dont il s'occupe, sont distinctes; l'une dérivant d'un mandat ou du quasi-contrat de tutelle, et l'autre d'un prêt ou de quelque autre cause qui n'a rien de commun avec l'obligation du tuteur. C'est donc à tort que Donneau (*Donellus ad Codicem, ad tit. de fidejussoribus*, L. 11, n° 7) étend la décision de Papinien au payement qui serait fait par un fidéjusseur, prétendant que ce payement n'éteint l'obligation du débiteur principal que *exceptionis ope;* que dès lors, l'action du créancier payé subsiste contre le débiteur principal et les confidéjusseurs de celui qui a payé, et qu'ainsi le créancier peut céder cette action à ce dernier après un payement fait sans au-

cune réserve. Donneau se trompe en prétendant que le payement
fait par un des fidéjusseurs ne libère le *reus* et les autres fidéjusseurs que *per exceptionem*. Il reconnaît en présence de la loi 98,
de solutionibus, que le payement fait par l'un des tuteurs libère
les autres *ipso jure*, parce que, dit-il : « Etsi plures debitores sint
» una tamen obligatio est omnium. » Mais ce caractère d'unité est
encore bien plus prononcé dans l'obligation du fidéjusseur et du
débiteur principal.

Si le créancier s'est mis par son fait dans l'impossibilité de
faire une cession d'actions efficace au débiteur qu'il poursuit,
ce débiteur sera-t-il néanmoins tenu de lui faire un payement
dont il ne pourra être indemnisé? Nous avons là-dessus des
textes qui nous disent que si un pupille a, devenu pubère, libéré
l'un de ses tuteurs : « improbè alterum illius nomine conabitur
» interpellare » (L. 48, *de admin. et periculo tutorum*). De même,
Papinien nous dit (L. 95, § 11, *de solutionibus*) que si un créancier *a debitore culpâ suâ ceciderit*, ce créancier ne pourra rien obtenir du *mandator pecuniæ credendæ*, parce que sa faute a rendu
impossible une cession d'actions au profit de ce *mandator*. Quelle
est la raison de cette décision donnée contre le créancier qui a
libéré l'un de ces débiteurs ou qui a perdu son action par suite
de plus-pétition (1). C'est que, entre le tuteur et l'ex-pupille, entre le prêteur et le *mandator pecuniæ credendæ*, il existe des
obligations réciproques. Si le *mandator pecuniæ credendæ* s'est
engagé à indemniser le créancier de ce que pourrait lui coûter
l'exécution du mandat qu'il lui a donné de prêter, le créancier,
de son côté, s'est engagé, en vertu du contrat intervenu entre
eux, à lui rendre compte des actions qu'il aurait acquises par
l'exécution de son mandat, et à ne rien faire qui pût empêcher

---

(1) L'expression *causâ cadere* paraît usitée dans les textes pour désigner la déchéance qui résulte de la plus-pétition. Voy. Gaius, 4, 53 et 58; Paul, *Sent.*, liv. II,
tit. 5, § 3; liv. I, tit. 10; Instituts, *de actionibus*, § 33.

le recours du *mandator* contre l'emprunteur. Le créancier n'a pas rempli ses obligations; dès lors, le *mandator* peut se dispenser de remplir les siennes. On voit que la base de cette décision se trouve dans la réciprocité des obligations nées du contrat de bonne foi intervenu entre le créancier et le *mandator*. Il est donc logique de ne pas étendre cette solution au cas où un créancier poursuivrait un fidéjusseur après s'être mis dans l'impossibilité de lui céder son action contre son cofidéjusseur. Aussi la loi 15, § 1, *de fidejussoribus*, nous dit-elle que si le créancier a fait un pacte de *non petendo* avec l'un des fidéjusseurs, il pourra poursuivre l'autre sans qu'il ait à craindre d'être repoussé par une exception : « Nullâ exceptione summoveris. » C'est qu'entre le créancier et le fidéjusseur il n'existe pas, comme entre le créancier et le *mandator*, d'obligations réciproques. Telle est la raison de la différence des décisions des lois 95, § 11, *de solutionibus*, et 15, § 1, *fidejussoribus*. C'est à tort que Cujas (lib. 28, *Quæstionum Papiniani*) et Pothier (n° 47, *de fidejussoribus*) ont assimilé sur ce point le fidéjusseur au *mandator pecuniæ credendæ*, et ont vu la raison de la différence des solutions données pour les deux cas dans cette circonstance : que la loi 15, § 1, suppose que le créancier a libéré son débiteur, tandis que la loi 95, § 11, suppose qu'il est déchu de son action par sa faute. Or, disent Cujas et Pothier, sa faute doit lui préjudicier. Mais on ne peut lui imputer à faute sa libéralité; on ne peut lui reprocher d'avoir fait un pacte de remise avec l'un et de n'en avoir pas fait avec l'autre, d'avoir plus d'affection pour l'un que pour l'autre. A cela on peut répondre que sans doute une libéralité ne peut pas être regardée comme une faute, quand son auteur la fait à ses dépens. Mais la question change quand il la fait au préjudice d'autrui, comme dans notre espèce.

Faut-il étendre ce que les textes nous disent à propos du *mandator pecuniæ credendæ* à tous les cas d'obligations simplement solidaires, de telle sorte que le créancier qui est, par exemple, déchu de son action à l'égard de l'un des débiteurs solidaires par suite d'une faute de procédure, puisse se voir repoussé par l'autre qui lui opposera qu'il ne peut pas lui faire une union d'actions efficace. Nous admettrions cela quand le créancier était tenu envers le débiteur solidaire d'une obligation corrélative, comme, par exemple, un ex-pupille que son tuteur peut poursuivre au moyen de l'action *contraria tutelæ*. Parmi les obligations réciproques qui naissent de la tutelle, se trouve à la charge du pupille celle de conserver ses actions de manière à ménager au tuteur qu'il poursuit un recours utile. Mais il nous paraît difficile d'étendre la même solution au cas où le créancier n'était tenu d'aucune obligation envers le débiteur solidaire, par exemple au cas prévu par les LL. 1, § 10, 2, 3 et 4, *de his qui effud. vel dejec.* Au reste, même dans ces derniers cas, si le créancier avait perdu ses actions, non point par l'effet d'une négligence, d'une imprudence, mais avec le dessein de nuire à celui des débiteurs solidaires qu'il poursuit, en le privant de ces actions pour son recours, il pourrait y avoir lieu, comme nous le verrons, à l'exception de dol.

B. Cession d'actions en ce qui concerne les *correi promittendi*.

Le droit d'exiger la cession des actions du créancier existe-t-il au profit des *correi promittendi?* Nous le croyons. D'abord, les textes semblent bien formels pour accorder ce bénéfice aux fidéjusseurs (L. 17, *de fidejussoribus.* L. 2, 11, 14, C., *de fidejussoribus,* 8, 41). Nous devons dire toutefois que M. de Savigny pense que les fidéjusseurs n'avaient point le droit d'exiger la cession d'actions contre leurs cofidéjusseurs. Sans doute ils peuvent profiter de la cession que le créancier leur fera volontairement, mais ils n'ont pas le droit de le contraindre à cette cession. Il s'appuie sur un passage des Instituts (Instituts, § 4, *de fidejussoribus*), qui nous dit que si un fidéjusseur poursuivi a négligé d'invoquer le bénéfice de division et s'il a ainsi payé le tout, il supportera toute la dette si le débiteur principal est insolvable, car « sibi imputare » debet cum potuerit adjuvari ex epistolâ divi Adriani et deside-

» rare ut pro parte in se detur actio. » Il invoque, en outre, un texte de Modestin, ainsi conçu : « Ut fidejussor adversus confi-
» dejussorem suum agat danda actio non est » (L. 30, *de fidejus-*
soribus). Modestin ajoute, il est vrai. « Si nec ei cessæ sint actio-
» nes; » mais M. de Savigny entend ces derniers mots comme se rapportant à une cession volontairement consentie par le créancier. Enfin, quand Paul dit d'un créancier qu'il est obligé de céder ses actions au fidéjusseur, « quia tenetur ad id ipsum ut præstet
» actiones » (L. 36, *de fidejussoribus*); quand l'empereur Alexan-
dre, s'adressant à un fidéjusseur, lui dit : « Cum alter ex fidejus-
» soribus in solidum. debito satisfaciat actio ei adversus eum qui
» unâ fidejussit non competit. Potuisti sane cum fisco solveres
» desiderare ut jus pignoris quod fiscus habuit in te transferre-
» tur; et si hoc ita factum est cessis actionibus uti poteris » (L. 11,
C., *de fidejussoribus*). M. de Savigny suppose que les actions que le fidéjusseur, d'après ces textes, a le droit de se faire céder, sont les actions qui compètent au créancier contre le débiteur princi-
pal; mais cette interprétation nous semble arbitraire. D'ailleurs, le dernier texte que nous avons cité y répugne sensiblement. C'est après avoir dit que le fidéjusseur qui a payé toute la dette n'a point de recours contre son cofidéjusseur, que l'empereur Alexandre ajoute comme un tempérament, comme une correction à cette règle, qu'il peut se faire céder les actions du créan-
cier. De plus, M. de Savigny est forcé de reconnaître que le fidé-
jusseur a, du moins, le droit d'exiger du créancier la cession d'actions contre le débiteur principal. « L'action dont on men-
» tionne ici la cession forcée, dit-il en parlant de la L. 11, C., *de*
» *fidejussoribus*, n'est pas l'action contre le fidéjusseur, mais l'ac-
» tion contre le débiteur principal (p. 304). » Dès lors, si la théorie de M. de Savigny était exacte; s'il était vrai que tous ceux qui peuvent contraindre, au moyen de l'exception de dol, le créancier à leur céder ses actions; si tous ces débiteurs avaient par là même l'action *utile de cession*, il en résulterait que le fidéjusseur qui a payé pourrait exercer cette action utile, du moins contre le débi-

teur principal. Il le pourrait, puisqu'il a le droit de se faire céder les actions du créancier contre le débiteur qu'il a cautionné. Or, le peut-il en effet ? Une réponse affirmative nous paraît bien difficile à concilier avec la loi 14, C., *de fidejussoribus*, qui nous dit : « Mandati actio personalis est ; quæ si nomine fidejussoris vel » adversus debitorem seu heredes ejus competit præses provin- » ciæ quæ deberi compererit reddi jubebit ; pignora etiam quæ » reo stipulandi nexa fuerunt ita demum ad vos transeunt si » factâ nominis redemptione solutio celebrata est, vobisque man- » datæ sunt actiones. »

Pothier conclut de ce texte, et avec raison, il me semble, que si les actions du créancier n'ont point été cédées au fidéjusseur, celui-ci ne peut recourir contre le débiteur principal qu'au moyen de l'action qu'il a contre lui de son propre chef : l'action *mandati* ou *negotiorum gestorum* (Poth., ad tit. *de fidejussoribus,* nº 49).

Enfin, le système de M. de Savigny a contre lui un texte dont il est impossible de dire que les actions qu'il donne au fidéjusseur le droit de se faire céder sont les actions contre le débiteur prin- cipal : « Fidejussoribus succurri solet ut stipulator compellatur » et qui solidum solvere paratus est vendere cæterorum nomina » (L. 17, *de fidejussoribus*). M. de Savigny a été conduit à soutenir cette opinion contraire aux textes par une autre de ses théories, d'après laquelle celui qui a le droit d'exiger au moyen de l'excep- tion de dol la cession d'une action peut intenter cette action comme action utile. Et comme les textes prouvent qu'un fidéjus- seur qui a payé n'a pas d'action utile contre ses cofidéjusseurs, M. de Savigny a été amené à soutenir que le fidéjusseur n'avait point le droit d'exiger la cession d'actions contre son cofidéjus- seur; car ce droit, s'il eût été accordé au fidéjusseur, aurait dû, d'après le système de M. de Savigny, entraîner pour le fidéjusseur le droit à une action utile.

Si les fidéjusseurs ont le droit d'exiger la cession d'actions, comme nous avons essayé de le prouver, on peut en conclure

par analogie, que les *corref promittendi* ont aussi ce droit. D'ailleurs, nous trouvons la justification de cette opinion dans un fragment de Papinien (L. 65, *de evictionibus*) qui mérite d'être cité : « Rem hereditariam pignori obligatam heredes vendide-
» runt et evictionis nomine pro partibus hereditariis sponde-
» runt. Cum alter pignus pro parte suâ liberasset rem creditor
» evicit. Quærebatur an uterque heredum conveniri possit; id-
» que placebat propter indivisam pignoris causam; nec reme-
» dio locus esse videbatur ut per exceptionem doli actiones ei
» qui pecuniam creditori dedit præstarentur, quia non duo rei
» facti proponerentur. » Il s'agit, on le voit, de deux héritiers qui ont vendu une chose héréditaire hypothéquée à une dette de la succession, et qui se sont engagés, sans doute par la *stipulatio duplæ* (L. 37, 21, 2, *de evictionibus*), à répondre de l'éviction *pro partibus hereditariis*. L'un des héritiers paye le créancier ; mais, celui-ci n'étant pas payé par l'autre, vend la chose pour la totalité, comme il en a le droit. Car l'hypothèque étant indivisible ne cesse pas de grever toute la chose, tant qu'une fraction quelconque reste à payer. L'acheteur est donc évincé pour le tout, et par conséquent il peut agir contre chacun des héritiers par l'action *ex stipulatu duplæ*. Il peut agir même contre celui qui a payé sa part de la dette au créancier commun, et cet héritier ne pourra pas obtenir la cession d'actions contre son cohéritier, parce que, nous dit Papinien : « Non duo rei facti proponeren-
» tur (1). » Le motif de Papinien pour refuser la cession d'actions, c'est que les héritiers ne sont pas *duo rei*. Donc, peut-on dire *à contrario*, il l'accorderait s'ils se trouvaient dans cette situation. On a contesté cette conclusion par un raisonnement spécieux : Quand Papinien, a-t-on dit, refuse le droit d'exiger la

---

(1) Au reste, Papinien accorde à l'héritier qui a payé l'action *familiæ erciscundæ* pour se faire indemniser par son cohéritier du tort que lui cause, en le soumettant à l'action de l'acheteur, l'inexécution de son obligation envers le créancier héréditaire.

cession d'actions, par ce motif qu'il ne s'agit point de deux *rei*, il ne veut point dire que ce droit devra toujours exister dans le cas d'obligation corréale. Il veut dire simplement que, dans le cas d'une obligation corréale, on peut concevoir l'existence de ce droit, sans s'occuper, au reste, de la question de savoir s'il existe en réalité, tandis que dans l'espèce de la loi 65, on ne peut comprendre le droit, pour le cohéritier poursuivi, d'exiger la cession d'actions contre son cohéritier, puisqu'ils ne sont obligés que chacun pour moitié, et que, par conséquent, le créancier ayant besoin de conserver ses actions contre le cohéritier de celui qu'il poursuit, il ne peut être question, pour celui-ci, du droit de se les faire céder. On pourrait encore opposer à l'opinion qui accorde aux *correi promittendi* le droit d'exiger la cession d'actions, un texte de Julien ainsi conçu : « In lege Falcidiâ hoc esse » servandum Julianus ait, ut, si duo rei promittendi fuerint vel » duo rei stipulandi, si quidem socii sint, in câ re dividi inter eos » debere obligationem, atque si singuli partem pecuniæ stipulati » essent vel promisissent. Quod si societas inter eos nulla fuisset, » in pendenti esse in utrius bonis computari opporteat id quod » debetur, vel ex cujus bonis detrahi. » (L. 62, *ad leg. Falcid.*, 35, 2.) On le voit, Julien supposant que le défunt était *correus stipulandi* ou *promittendi* avec un tiers, décide que, s'il y a société entre eux, la créance ou la dette doit définitivement compter dans son patrimoine, au point de vue de la Falcidie, pour la moitié de cette créance ou de cette dette. S'ils ne sont point *socii*, il pourra se faire que la dette ou la créance doive être comprise tout entière dans les biens du testateur ; il pourra se faire aussi qu'elle n'y soit comprise pour aucune partie, *in pendenti est.* Cela dépendra de l'événement. Cette décision paraît bien supposer que celui des *correi* qui payera n'aura pas de recours contre son *correus.* Or, comment concilier cela avec le droit qu'aurait le *correus* qui paye d'exiger la cession d'actions contre son codébiteur. M. Demangeat (p. 201, *loc. cit.*) pense que si Julien fait ainsi abstraction du bénéfice de cession d'actions, c'est que la jurisprudence n'était pas encore arrivée, de son temps, à reconnaître ce bénéfice d'une manière bien certaine au profit du *correus promittendi* qui payait le créancier. Il remarque d'ailleurs que Julien traite à la fois des *correi promittendi* et des *correi stipulandi*. Or, au profit de ces derniers, il ne pouvait être question du bénéfice de cession d'actions. Peut-être serait-il plus simple de dire que, bien que Julien reconnût au profit du *correus promittendi* le droit d'exiger la cession d'actions, cependant il pouvait dire que la charge de la dette corréale pourrait, selon l'événement, tomber tout entière sur l'un ou sur l'autre des *correi promittendi*. En effet, le droit d'exiger la cession d'actions était loin de constituer, au profit des *correi promittendi*, un recours assuré, puisqu'il dépendait, comme nous allons le voir, du créancier, de les priver de ce recours en rendant inefficace l'action qu'il avait contre l'un d'eux. Même en admettant à leur profit le bénéfice *cedendarum actionum*, on pouvait donc dire que l'un d'eux pourrait avoir à supporter toute la dette, tandis que, s'ils étaient associés, leur recours n'était subordonné à aucune éventualité de ce genre.

Nous venons de dire que le créancier pouvait rendre inefficace le bénéfice *cedendarum actionum*. Cela résulte de la L. 18, § 1, *de fidejussoribus*, dont nous avons déjà parlé. Cette loi nous dit : « Si ex duobus qui apud te fidejusserant in viginti, alter ne ab » eo peteres quinque tibi dederit vel promiserit, nec alter libe- » rabitur. Et si ab altero quindecim petere institueris nullâ excep- » tione summoveris. » Ainsi, d'après cette loi, si le créancier ayant reçu 5 de l'un des fidéjusseurs, le tient quitte des 15 qui restent encore dus, et s'engage, par un pacte de *non petendo*, à ne pas les lui réclamer, ce créancier pourra demander cette somme de 15 au cofidéjusseur de celui qu'il a ainsi libéré ; et cependant il s'est mis hors d'état, par le pacte qu'il a conclu, de faire une cession d'actions efficace au fidéjusseur, de qui il exige l'intégralité de ce qui lui reste dû. Donc, l'impossibilité dans laquelle se trouve le créancier de céder ses actions au fidéjusseur qu'il poursuit pour lui permettre d'exercer son recours, cette impossibilité ne fait pas déchoir le créancier de ses droits contre ce fidéjusseur. (Ajoutez L. 23, *de pactis*.)

La décision qui nous est donnée à propos des fidéjusseurs peut être étendue aux *correi promittendi*, qui sont, comme les fidéjusseurs, tenus d'actions de droit strict. Entre ces débiteurs et le créancier commun il n'existe, en effet, aucun lien d'obligations réciproques en vertu duquel le créancier soit tenu de leur conserver ses actions. Celui qu'il poursuivra ne pourra donc pas se dispenser de payer, en opposant à ce créancier l'impossibilité où il se trouve de lui faire une cession efficace.

Mais il importe de remarquer que l'exception de dol ayant été insérée dans la formule sur la demande du défendeur, le juge est investi d'un pouvoir d'appréciation fort large, en vertu duquel il peut examiner si c'est par son dol que le créancier s'est mis dans l'impossibilité de céder ses actions. Ainsi, le débat s'engagera sur la question de savoir si les faits par lesquels le créancier s'est mis hors d'état de céder son action, ne constituent pas un dol de sa part, s'il n'a pas agi méchamment, n'ayant d'autre but que de nuire au débiteur qu'il poursuit. S'il lui est démontré qu'en se mettant dans l'impossibilité de céder ses actions, le créancier a commis un dol, le juge pourra fort bien ne pas condamner le débiteur, du moins *in solidum*.

Il nous reste à voir de quelle manière la cession d'actions était demandée dans une action de droit strict. Les textes nous disent que le créancier y était contraint au moyen de l'exception de dol (L. 68, *de evictionibus*. L. 57, *de legatis* 1°). Mais, peut-on objecter, l'exception de dol, comme toute autre, est destinée, du moment qu'elle est insérée dans la formule, à être portée devant le juge. Or, dès qu'on arrive devant le juge, la *litis contestatio* a eu lieu et a éteint l'action du créancier contre les *correi* de celui qu'il poursuit. Dès lors il ne peut plus céder à ce dernier une action qui n'existe plus. Mais voici sans doute comment les choses se passaient. Deux hypothèses peuvent se présenter : ou bien le dol du créancier est manifeste, ou bien il faut, pour constater ce dol, une appréciation de fait. Quand le dol du créancier est évident, quand il avoue, par exemple, avoir des actions qu'il refuse de céder, le préteur, comme en général dans les cas où le fait qui sert de fondement à l'exception est reconnu devant lui, refusera de délivrer la formule d'action au créancier. Si le dol de celui-ci n'est pas constant, s'il demande à être vérifié en fait, le préteur n'entrera pas dans l'examen de cette question et la renverra au juge, en insérant l'exception de dol dans la formule qu'il délivrera au créancier. Si le juge reconnaît que c'est, en effet, de mauvaise foi que le créancier refuse de céder ses actions ou s'est mis dans l'impossibilité de les céder, il absoudra le défendeur, ou du moins il ne le condamnera pas *in solidum* (si l'on admet que l'exception de dol puisse n'avoir pas toujours comme effet d'entraîner l'absolution du défendeur, et qu'elle puisse faire seulement réduire la condamnation). Ainsi, le créancier sera contraint à la cession par l'exception de dol, en ce sens qu'il cédera ses actions pour ne pas voir sa demande repoussée par cette exception.

Au moyen de la cession d'actions, le débiteur qui a payé pourra recourir contre ses codébiteurs. Mais il ne pourra pas, sans doute, recourir contre chacun d'eux *in solidum*, en déduisant seulement la part qu'il doit supporter dans la dette. S'il en était ainsi, celui auquel il s'adresserait supporterait seul la perte résultant de l'insolvabilité des autres, comme le fait remarquer M. de Savigny (*loc. cit.*, § 24). Or, cela est contraire à l'équité qui a fait introduire le bénéfice de cession d'actions. On peut d'ailleurs argumenter en ce sens d'un texte de Papinien (L. 5, *de censibus*, 50, 15) et de l'analogie du bénéfice de division (L. 26, *de fidejussoribus*, L. 1, § 12, 27, 3).

Nous avons vu que le *correus promittendi* poursuivi obtient la cession d'action au moyen de l'exception de dol, en ce sens que, si le créancier a des actions qu'il refuse de céder, ou s'il s'est mis par son dol dans l'impossibilité de les céder, le magistrat donnera ces faits à vérifier au juge en insérant dans la formule l'exception de dol, et, s'ils sont prouvés, le résultat sera que le créancier n'obtiendra point condamnation, du moins *in solidum*. Le droit du créancier aura ainsi été déduit en justice, et, partant, sera consommé sans avoir abouti à une satisfaction. Ce n'est là qu'une conséquence de la mauvaise foi que le créancier a à s'imputer, conséquence qui ne peut être regardée comme inique.

Mais il peut se présenter, comme le remarque notre savant maître, M. Demangeat (p. 284), des hypothèses dans lesquelles le créancier se refusera, sans qu'il y ait nullement mauvaise foi de sa part, à la cession que le *correus* poursuivi lui demande. Il n'y aura pas de difficulté si le magistrat auquel le créancier demande de lui délivrer la formule d'action, reconnaît quel est celui qui est dans l'erreur, du créancier qui prétend de bonne foi qu'il n'a pas d'actions à céder, ou du défendeur qui soutient qu'une cession est possible et qui la réclame. Le magistrat reconnaissant que le créancier se trompe, l'invitera à faire la cession qu'on lui demande. Mais si le magistrat n'ayant pas aperçu de quel côté se trouve l'erreur, les parties ont été renvoyées devant un juge; comment les choses vont-elles se passer, si le juge reconnaît que le créancier se trompait, et qu'en réalité le débiteur était dans son droit en réclamant la cession d'actions? D'une part, en effet, il serait bien dur de condamner ce débiteur *in solidum*, alors que la cession d'actions qu'il demandait à bon droit, et grâce à laquelle il aurait pu se faire indemniser par ses codébiteurs, alors, disons-nous, que cette cession n'est plus possible, l'action du créancier ayant été éteinte par l'effet de la *litis contestatio*. D'un autre côté, il serait bien dur aussi que le créancier vît son action éteinte sans avoir pu obtenir satisfaction, et cela à raison d'une erreur peut-être fort excusable. N'y avait-il pas un moyen d'éviter ce qu'il y avait de fâcheux dans l'un et dans l'autre de ces résultats. Les textes ne nous signalent directement aucun procédé tendant à cette fin.

Toutefois, peut-être pourrait-on trouver dans la procédure romaine, telle que nous la connaissons, un procédé apte à remplir ce but. Ne pourrait-on pas, par exemple, employer pour cela une *præscriptio*. Gaius nous apprend que, lorsque d'une seule et même obligation dérivait le droit à des prestations distinctes, devant venir successivement à échéance, le créancier qui voulait poursuivre le payement de ce qui était actuellement exigible, devait faire insérer dans la formule une clause spéciale dite *præscriptio*, afin de conserver son droit relativement à ce qui était *in futurâ præstatione*. Cette *præscriptio* qui tirait son nom de la place qu'elle occupait dans la formule, était conçue en ces termes : *Ea res agatur cujus rei dies fuit* (G., IV, § 131). Au moyen de cette *præscriptio*, le demandeur évitait que son droit ne fût déduit tout entier en justice, et par conséquent consommé ce qui serait arrivé si aucune restriction n'avait été mise à la portée générale de cette *intentio* : « quidquid paret. » De même, l'acheteur qui intentait l'action *ex empto*, afin d'obtenir la mancipation du fonds qui lui avait été vendu, devait, dit Gaius (*ibidem*), faire insérer dans la formule la *præscriptio* : « Ea res agatur de fundo manci- » pando, » afin que l'obligation entière, dérivant de la vente, ne fût pas déduite *in judicium*, en vertu de la portée générale de l'*intentio* de l'*actio empti*; de telle sorte que l'acheteur pût renouveler cette action pour réclamer la *vacua possessio* de la chose vendue, dont le vendeur s'était réservé la jouissance pendant un certain temps (V. M. Machelard, *des Obligations naturelles*, p. 300 et 301).

On voit que l'insertion d'une *præscriptio* dans la formule sert à restreindre ce qui est déduit *in judicium*, à le borner à ce qui peut être actuellement obtenu. Le demandeur évite par là de comprendre dans ce qu'il déduit *in judicium*, ce que ne pourrait lui accorder la sentence du juge; il évite ainsi de consommer son droit d'agir en pure perte. M. de Savigny fait l'application de ces idées touchant le but et l'usage de la *præscriptio pro actore*, en employant cette *præscriptio*, par une raison d'analogie et sans qu'aucun texte autorise directement cette décision, dans l'hypothèse suivante. On sait que chacun des héritiers du créancier

d'une obligation indivisible (par exemple, l'obligation de *dare viam*), peut et doit agir *in solidum*, et que cependant le défendeur n'est condamné qu'à une partie du tout, correspondante à la portion héréditaire du demandeur (L. 25, § 9, *familiæ erciscundæ*). Si donc, un de ces héritiers agit contre le débiteur, l'*intentio* de la formule portera sur l'obligation tout entière; « par consé-
» quent, dit M. de Savigny, elle déduisait *in judicium* toute l'obli-
» gation et la consommait : donc à ce qu'il semble, les autres
» créanciers ne pouvaient plus agir. » M. de Savigny pense que pour éviter un pareil résultat, on pourrait restreindre la portée de l'*intentio* par une *præscriptio* qui limiterait ce que le deman-deur déduirait *in judicium* à ce qu'il pouvait obtenir, c'est-à-dire à une part correspondante à sa portion héréditaire (Savigny, *des Obligations*, p. 104 de la traduct.)

De même, dans la situation qui nous occupe, si le débiteur poursuivi prétend devant le magistrat qu'il est débiteur *corréa-liter* avec un tiers, contre lequel le créancier a des actions qu'il doit lui céder; si en conséquence, il veut faire insérer dans la formule l'exception de dol, le créancier ne pourrait-il pas de-mander une *præscriptio* au moyen de laquelle il restreindrait ce qu'il déduit *in judicium* à la portion de la dette relativement à laquelle il n'a pas d'actions à céder au défendeur. De cette ma-nière, on arriverait, il nous semble, à un résultat assez satisfai-sant. Si le juge reconnaît que le créancier a des actions qu'il peut et qu'il doit céder, il ne condamnera pas le défendeur *in so-lidum*, mais seulement déduction faite de la partie de la dette dont la cession d'actions lui permettrait de se décharger sur un autre. D'un autre côté, le droit du créancier relativement à cette partie de la dette, n'aura pas été éteint par la *litis con-testatio*, puisqu'il a évité de déduire *in judicium* son droit quant à cette partie, au moyen de la *præscriptio* par laquelle il a limité ce qu'il déduisait *in judicium*, à la portion de dette relativement à laquelle le défendeur ne peut pas exiger de cession d'action; par là, on éviterait ce qu'il y aurait de fâcheux dans l'alternative où l'on se trouverait de condamner le défendeur *in solidum*, alors qu'une cession d'actions n'est plus possible à son profit, la *litis contestatio* ayant éteint le droit du créancier, ou de ne pas condamner ce défendeur *in solidum*, alors que le créancier croyant de bonne foi n'avoir pas d'actions à céder, a déduit son droit tout entier *in judicium*, et par conséquent l'a consommé. Ainsi la *præscriptio pro actore* servirait, dans notre hypothèse comme dans celles que signale Gaius (*Com.*, 4, § 131), à éviter les inconvénients de l'effet extinctif de la *litis contestatio*. Toutefois, peut-être, notre hypothèse ne présente-t-elle pas, avec celles que signale Gaius, une analogie parfaitement exacte ? Aussi, n'oserions-nous affirmer, en l'absence d'un texte, que les Romains aient fait usage d'une *præscriptio pro actore* dans le but et de la manière que nous avons indiqués. Tout ce que nous pouvons dire, c'est que nous n'apercevons pas de procédé plus convenable pour remédier à l'inconvénient que nous avons signalé. A moins qu'on ne dise qu'on pouvait encore obvier à cet inconvénient au moyen d'une *formula præjudicialis*, qui est, comme on le sait, une sorte de formule par laquelle le juge est appelé à constater un fait ou un droit sans avoir à condamner ou à absoudre (Gaius, *Com.*, 4, § 44). On examinerait dans une instance préliminaire de ce genre, si le créancier a ou n'a pas des actions à céder. Enfin on pourrait recourir à la voie de la *restitutio in integrum*.

§ 4. — *Action utile.*

Nous voyons dans les textes que si un tuteur condamné pour un fait de son cotuteur ou pour un fait commun à l'un et à l'autre ne s'est pas fait céder les actions du créancier, il pourra néanmoins exercer son recours contre son cotuteur au moyen d'une action *utile* (L. 1, § 13, *de tutelæ et rationibus*, 27, 3. L. 2, C., *de aut. judic. tutelæ*, 5, 58). Qu'est-ce que cette action utile ? Suivant quelques auteurs, ce serait l'action *utilis negotiorum ges-*

torum. Suivant une autre opinion qui nous paraît plus probable, ce serait l'action même du pupille que le tuteur avait le droit de se faire céder, et que, en l'absence d'une cession expresse, il exerce comme action utile.

Il s'était établi en effet comme règle en droit romain que quand une personne avait le droit de se faire céder une action, elle pourrait user de cette action sous la forme d'action utile. La première application expresse de cette règle paraît avoir été faite par Antonin le Pieux pour le cas de la vente d'une hérédité. Par suite de ce contrat, le vendeur était tenu de céder à l'acheteur les actions comprises dans l'hérédité. Au lieu d'exiger que la cession eût lieu effectivement, on permit à l'acheteur d'agir sans qu'elle fût intervenue au moyen d'actions utiles (L. 16, *de pactis*, 2, 14). Nous trouvons ce même principe appliqué dans beaucoup d'autres cas particuliers; ainsi dans le cas où une créance était léguée (L. 18, C., *de legatis*, 6, 37), donnée en payement (L. 5, *quando fiscus vel privatus*, 4, 18) ou constituée en dot (L. 2, C., *de obligationibus et actionibus*). Ces applications diverses autorisent à généraliser la règle dont l'existence ne peut guère être révoquée en doute dans la dernière période du droit romain. D'après une opinion qui, nous l'avons dit, nous paraît la plus probable, ce serait en vertu de la règle que nous venons d'exposer que les textes accorderaient l'action utile dont il est fait mention en notre matière. C'est ce que Donneau admettait déjà. Après avoir constaté que le tuteur condamné qui ne s'était point fait céder les actes de pupille pouvait agir par une action utile contre ses cotuteurs, il se demande : « At quomodo obligentur contutores, » tutori cum quo nihil contraxerunt, » et il répond : « Sane ex » personâ suâ non obligantur. Sed tutor hic incipit actionem » habere ex personâ pupilli. » Et cette action, c'est l'*actio tutelœ* » quâ nunc utili experitur non cessâ sed lege tributâ » (Donneau, liv. 8, chap. 44, n° 27).

Cette action utile existe-t-elle au profit de tous ceux qui avaient le droit d'exiger la cession et qui ne l'ont point exigée ? M. de Savigny admet l'affirmative. Selon lui, dès qu'une personne avait soit une action, soit même une exception pour exiger la cession, elle doit pouvoir, sans cession effective, intenter l'*utilis actio*. Mais il résulte des textes que le fidéjusseur qui a payé sur la poursuite du créancier « electus a creditore » n'a point d'action utile contre ses cofidéjusseurs (L. 39, *de fidéjussoribus*). M. de Savigny, pour prévenir l'objection que l'on pourrait tirer de là contre son opinion, a soutenu que le fidéjusseur n'avait point le droit d'exiger la cession d'actions (*des Obligations*, § 28). Nous avons essayé déjà de réfuter cette opinion. Il faut donc reconnaître que les fidéjusseurs, quoique pouvant contraindre le créancier au moyen de l'exception de dol à leur céder ses actions, n'ont pas droit à l'action utile. Donneau (*ad tit.* 41, lib. 8, C., *de fidejussoribus*, n° 3) avait déjà remarqué qu'un fidéjusseur n'avait point d'action contre ses cofidéjusseurs, en l'absence d'une cession faite par le créancier, à la différence du tuteur qui avait en pareil cas contre ses cotuteurs une action utile; et il expliquait cette différence en disant que c'était là un droit exceptionnel introduit pour le tuteur, non pas précisément en sa faveur, mais en faveur du pupille, afin que le tuteur sachant qu'il avait la ressource d'une action utile, payât sans délai et sans difficulté son ex-pupille. Cette explication ne peut guère se concilier avec la loi 70 *de solutionibus*, de laquelle il résulte que le tuteur qui a payé spontanément ce qu'il devait au pupille sans se faire céder les actions de ce dernier, n'a point d'action utile contre ses cotuteurs.

Cette loi 70 *de solutionibus*, rapprochée des textes qui accordent au tuteur une action utile (L. 1, § 13, 27, 3. L. 2, C., 5, 58), montre que le tuteur n'a contre ses cotuteurs une action de cette nature que quand il a payé sur les poursuites dirigées contre lui, et qu'il ne l'a pas quand il a payé spontanément sans exiger la cession.

Les textes nous laissent donc en présence de ces deux questions. Pourquoi l'action utile est-elle accordée au tuteur contre ses co-

tuteur, quand il a payé sur les poursuites dirigées contre lui, sans exiger la cession, et pourquoi est-elle refusée en pareil cas au fidéjusseur contre ses fidéjusseurs ? (Et ce qui nous est dit à propos des fidéjusseurs, il n'y a point de raison de ne pas l'étendre aux *correi promittendi* tenus d'une action de droit strict.) D'un autre côté, pourquoi n'accorder l'action utile au tuteur que quand il paye sur des poursuites dirigees contre lui, et la lui refuser quand il paye spontanément? Notre savant maître, M. Demangeat, résout ainsi ces deux questions : Ce que les textes nous disent à propos du tuteur doit être étendu à tous les débiteurs simplement solidaires; tous ces débiteurs, s'ils ont négligé d'exiger la cession de l'action du créancier qui les poursuivait, ont le droit d'exercer cette action comme action utile contre leurs codébiteurs. C'est ainsi qu'il faut expliquer un texte de Paul (L. 4, *de his qui effuderint*) qui, supposant que de l'appartement habité par deux personnes un objet est tombé sur la voie publique, permet à celle qui a payé sur la poursuite *in solidum* exercée contre elle de recourir contre l'autre par une action utile, à défaut de l'action *pro socio*. Cela tient à la nature même des actions par lesquelles sont poursuivis les débiteurs solidaires. Le caractère éminemment équitable de ces actions ne permet pas qu'un simple oubli du défendeur le prive de tout recours. Les *correi promittendi*, au contraire, n'ont pas d'action utile, quand l'action du créancier ne leur a pas été cédée. « Car nous ne voyons pas
» qu'en général on ait égard, dans l'intérêt de celui qui est tenu
» d'une *condictio*, à ce que réclamerait l'équité, que par exemple
» on sous-entende à son profit les conventions qui interviennent
» habituellement, ou qu'on le relève des conséquences rigou-
» reuses d'un simple oubli. » (Demangeat, *loc. cital.*, p. 287.)

Si les débiteurs solidaires eux-mêmes n'ont l'action utile que quand ils payent sur les poursuites du créancier, et ne l'ont pas quand ils payent spontanément sans exiger la cession, c'est que « celui qui paye spontanément a dû réfléchir à l'acte dont il
» prend l'initiative : tant pis pour lui, il s'est présenté comme

» voulant éteindre l'action et non comme voulant se la faire
» céder. »

Cette explication concorde avec la théorie d'après laquelle les
correi debendi sont tenus d'actions de droit strict, tandis que les
débiteurs simplement solidaires sont tenus d'actions de bonne
foi ou *in factum*. Cette théorie dont la science est redevable à
notre maître, M. Demangeat, nous la croyons exacte. Toutefois,
l'explication que nous venons de rapporter, quoique s'appuyant
sur cette théorie, pourrait peut-être donner lieu à quelques objections. En effet, quand un débiteur solidaire a oublié, lorsqu'il
a été actionné, de requérir la cession d'actions, il n'y a pas là,
pourrait-on dire, un oubli qui ne puisse être réparé que par la
concession d'une action utile. Ce débiteur, en effet, ne pourrait-
il pas refuser de payer le créancier qui a obtenu condamnation
contre lui, jusqu'à ce que celui-ci cède ses actions, et si le créancier intente contre lui l'action *judicati*, ne pourrait-il pas obtenir, dans cette nouvelle instance, la cession d'actions qu'il a
oublié de requérir dans la première ? Il est certain, en effet, que
la cession d'actions peut être demandée par un débiteur poursuivi par l'action *judicati*. C'est ce que nous dit Modestin : « Idem
» respondit : Si in solidum condemnatus est unus ex mandatori-
» bus, cum judicati conveniri cœperit posse eum desiderare, ut
» adversus eos qui idem mandaverunt actiones sibi mandentur »
(L. 41, § 1, *de fidejussoribus*).

Si le droit de recourir au moyen d'une action utile, en vertu
d'une cession sous-entendue, ne fut pas accordé dans le principe
aux *correi promittendi*, ce droit ne fut-il pas étendu jusqu'à eux
dans le dernier état du droit romain ? Notre savant maître, M. Demangeat, admet l'affirmative, en se fondant sur un rescrit de
Dioclétien et de Maximien ainsi conçu : « Creditor prohiberi non
» potest exigere debitum, quum sint duo rei promittendi ejus-
» dem pecuniæ à quo velit ; et ideo, si probaveris te conventum
» in solidum exsolvisse, rector provinciæ juvare te adversus

» cum cum quo communiter mutuam pecuniam accepisti non
» cunctabitur » (L. 2, C., *de duobus reis*).

Du reste, nous devons dire que ce rescrit a donné lieu aux interprétations les plus divergentes. Quelques auteurs croient que les empereurs font allusion à l'action *negotiorum gestorum*. D'autres pensent que le rescrit se réfère à l'action *pro socio*, les mots *communiter accepisti* indiquant une société entre les emprunteurs ou tout au moins une affaire commune, par exemple une chose appartenant aux deux emprunteurs et sur laquelle l'argent emprunté a été dépensé de telle sorte qu'il y aurait lieu à l'action *communi dividundo* (Vinnius, *select, quæst.*, lib. I, c. 6, et Poth., Pand., Just., tit, *de duobus reis*, n. 8). M. de Savigny, dans l'opinion duquel le droit pour les *corrci promittendi* de recourir par l'action utile, aurait existé même du temps des jurisconsultes classiques, opinion que nous ne pouvons admettre, M. de Savigny pense que « ceux qui s'éloignent le plus de la vérité sont
» ceux qui admettent que le droit au recours n'a pas existé avant
» ce rescrit, et que c'est cette nouvelle loi qui l'a introduit »
(p. 289 de la traduct.), et il conclut en ces termes sur la valeur du texte dont nous nous occupons : « Il faut que chaque opinion
» s'abstienne d'invoquer le rescrit en sa faveur. Elle doit se con-
» tenter de ne pas se voir contredite par lui, en ce sens que cha-
» cune peut l'expliquer d'une manière satisfaisante (p. 290). »

Si le droit de recourir au moyen d'une action utile fut accordé dans le dernier état du droit romain à celui des *corrci promitten-di* qui avait payé, il faut reconnaître qu'il est difficile d'expliquer comment un droit semblable n'aurait pas été accordé au fidéjusseur contre ses cofidéjusseurs. Nous voyons pourtant au Digeste des textes qui refusent au fidéjusseur qui a payé toute action contre ses cofidéjusseurs quand les actions du créancier ne lui ont pas été cédées : « Ut fidejussor adversùs confidejusso-
» rem suum agat danda actio non est, si... nec ei cessæ sint ac-
» tiones » (L. 39, *de fidejussoribus*). Cum alter ex fidejussoribus in

» solidum debito satisfaciat, actio ei adversus eum qui unà fide-
» jussit non competit. Potuisti sane cum fisco solvere, desiderare
» ut jus pignoris quod fiscus habuit in te transferretur, et, si hoc
» ita factum est, cessis actionibus uti poteris » (L. 11, C., *de fide-*
jussoribus, 8, 41). (Ajoutez Instituts, ad tit. *de fidejussoribus*, § iv).
Ces textes nous semblent fort difficiles à concilier avec l'opinion
qui admet que l'action utile fut accordée dans le dernier état du
droit romain au *correus promittendi* qui avait payé, pour exercer
son recours contre ses codébiteurs. Si cette opinion était admise
en réalité du temps de Justinien, il eût mieux valu ne pas conserver les textes que nous venons de citer.

Si l'on admet que, dans le dernier état du droit romain, le
correus qui avait payé pouvait recourir contre ses débiteurs par
une action *utile* en vertu d'une cession sous-entendue, faut-il
dire que dès lors il n'y a plus aucun intérêt à distinguer si les
correi promittendi sont ou ne sont pas *socii*. Il semble qu'il en est
ainsi ; car, du moment qu'il y a une cession d'actions sous-entendue au profit du *correus promittendi* qui paye le créancier,
ce *correus* aura un recours contre ses codébiteurs, qu'il y ait ou
non société entre eux. Toutefois, il serait peut-être trop absolu
de dire qu'il n'y a plus aucun intérêt à distinguer, au point
de vue de l'existence du recours, si les *correi promittendi*
sont ou ne sont pas *socii*. En effet, s'il est exact de dire avec M. de
Savigny que, même dans le cas où le *correus promittendi* agit
par une action utile, « il agit *exemplo creditoris*, c'est-à-dire avec
» les mêmes droits et les mêmes restrictions que le créancier
» lui-même, exactement comme il agirait dans le cas de cession
» véritable. » (Savigny, *des Obligations*, p. 275 de la traduct.) Si
cela est exact, il y a intérêt à distinguer, au point de vue qui
nous occupe, si les *correi* sont ou ne sont pas *socii*. En effet, si
le *correus* qui a payé n'a pour recourir contre ses codébiteurs
qu'une action utile de cession ; et si, comme le dit M. de Savigny,
il ne peut agir par cette action que *exemplo creditoris*, avec les
mêmes droits et les mêmes restrictions que le créancier lui-

mème, comme au cas de cession véritable, il en résulte que ce débiteur qui a payé pourra se trouver privé de son recours par le fait du créancier. Pour que le cas se présente, il suffit de supposer que le créancier a fait un pacte de *non petendo* avec l'un des *duo rei*. L'autre ayant payé, l'action utile résultant à son profit de la cession feinte, se trouvera paralysée par l'exception que son codébiteur tirera du pacte conclu avec lui par le créancier. Il ne dépendrait pas au contraire du créancier d'enlever à l'un des *rei promittendi* le recours qui résulte de la société existant entre les *correi*. Le recours est donc, dans ce dernier cas, plus assuré au profit du débiteur qui payera, que le recours qui s'exerce au moyen d'une action utile de cession.

Remarquons, en finissant, que pour qu'un débiteur solidaire puisse exiger la cession d'actions ou exercer une action utile contre ses codébiteurs, après avoir payé toute la dette sur les poursuites du créancier, il faut qu'il n'ait pas occasionné lui-même ces poursuites par son propre dol ou par sa propre faute (L. 2, C., 8, 88), et même si c'était pour un dol commun à tous les débiteurs que l'un d'eux eût été poursuivi, il ne pourrait pas, après avoir payé, recourir contre ses codébiteurs : « Nec enim » nulla societas maleficiorum vel communicatio justa damni ex » maleficio est. »

APPENDICE.

Des fidéjusseurs des *correi promittendi*.

Si chacun des *rei promittendi* a séparément donné un fidéjusseur, ces fidéjusseurs cautionneront la même dette, mais chacun un débiteur différent, et de là il résulte qu'ils ne pourront point demander la division de la dette entre eux, car le bénéfice de division n'a lieu qu'entre les fidéjusseurs du même débiteur. (L. 51, § 2, *de fidejussoribus*.)

Nous savons que l'un des *correi promittendi* peut donner des fidéjusseurs sans que l'autre en donne de son côté. (L. 6, § 1, *de duobus reis*. L. 40, *de fidejussoribus*.) En supposant un fidéjusseur qui est intervenu seulement pour l'un des *correi promittendi*, quelle sera sa position? Quant à ses rapports avec celui des *rei promittendi* qu'il a cautionné, ils sont régis par les règles du droit commun. Quant à celui des *rei promittendi* qu'il n'a pas cautionné, son obligation lui sera étrangère, et les faits qui pourront éteindre ou modifier cette obligation n'auront d'influence sur la position du fidéjusseur qu'indirectement seulement et par suite de l'influence qu'ils pourront avoir sur l'obligation qu'il a cautionnée. Ainsi, un fidéjusseur est intervenu pour l'un seulement des *correi promittendi*, Primus. Si l'obligation de Secundus est nulle, cette nullité n'affectera en rien l'obligation du fidéjusseur, puisqu'elle laisse pleinement subsister l'obligation principale de Primus. (L. 6, *de duobus reis*.) Si Primus et Secundus n'étant point associés, le créancier fait un pacte de *non petendo* avec Secundus ou lui lègue sa libération, le fidéjusseur ne pourra point invoquer ce pacte ou ce legs de libération; car Secundus n'a point d'intérêt à ce qu'il l'invoque, puisque s'il paye il n'aura recours que contre Primus et non point contre Secundus; mais si Primus et Secundus étaient associés, le fidéjusseur de Primus pourrait opposer le pacte de *non petendo*, fait par le créancier avec Secundus, comme pourrait le faire Primus lui-même, parce que, s'il était contraint de payer, il recourrait contre Primus, qu'il a cautionné, et Primus, à son tour, recourrait contre Secundus par l'action *pro socio*, de sorte que le recours du fidéjusseur de Primus réfléchirait indirectement contre Secundus. Donc Secundus a intérêt, dans ce cas, à ce que le pacte de *non petendo*, qui lui a été consenti, profite au fidéjusseur de Primus. Il peut dire : « Dùm ab illo petitur ego inquietor. »

Si le corps certain qui forme l'objet de l'obligation de Primus et de Secundus périt après la mise en demeure de celui-ci, le fidéjusseur de Primus est libéré, puisque l'obligation de Primus qu'il a cautionné est éteinte (L. 32, § 4, *de usuris*; L. 173, *de regulis juris*). Mais si Secundus fait périr le corps certain promis, comme ce fait ne libère pas Primus (L. 18, *de duobus reis*), son fidéjusseur resterait tenu.

Si le fidéjusseur succède à Primus, qu'il a cautionné, son obligation s'éteindra par suite de la règle d'après laquelle une obligation accessoire s'éteint quand elle se trouve réunie dans la même personne avec l'obligation principale (L. 93, §§ 1 et 2, *de solutionibus*; L. 14, *de fidejussoribus*). Mais si le fidéjusseur de Primus succède à Secundus, son obligation subsistera; car si cette obligation est accessoire, et partant doit s'éteindre quand elle se réunit à l'obligation principale, l'obligation qui joue par rapport à elle le rôle d'obligation principale, c'est l'obligation de Primus et nullement celle de Secundus. On peut dans cet ordre d'idées fournir une explication d'un fragment d'Africain dans lequel il nous dit qu'il est de l'intérêt du créancier que le fidéjusseur ait cautionné les deux *rei promittendi*, au lieu d'être intervenu pour l'un d'eux seulement : « Cum et tu et Titius ejusdem » pecuniæ rei essetis eum qui pro te fidejussit posse et pro Titio » fidejubere respondi : quamvis eamdem pecuniam eidem debi- » turus sit. Nec tamen inanem eam creditori futuram. Nonnullis » enim casibus emolumentum habituram; veluti si ei pro quo » ante fidejussisset, heres existat, tunc enim confusâ primâ » obligatione posteriorem duraturam (L. 21, § 4, *de fidejussori-* » *bus.*) » D'Après Africain, l'intérêt qu'a le créancier à ce que le fidéjusseur ait cautionné les deux *rei promittendi* au lieu de ne cautionner qu'un seul d'entre eux, cet intérêt apparaît quand le fidéjusseur succède à l'un des *rei promittendi*. En quoi consiste cet intérêt? On peut le trouver, croyons-nous, dans un autre texte d'Africain tiré, comme notre L. 21, du livre 7 de ses *Questions*. Nous voulons parler de la loi 38, § 5, *de solutionibus*, dans laquelle Africain nous dit que le résultat de la confusion qui s'opère, quand le fidéjusseur succède au débiteur principal, c'est que le certificateur qui a cautionné l'obligation du fidéjusseur est libéré. On peut voir par là l'avantage pratique qui résultera pour le créancier de ce que le fidéjusseur qui succède à l'un des *correi promittendi*, Primus, a cautionné non-seulement Primus, mais encore Secundus. Si ce fidéjusseur n'avait cautionné que Primus, son obligation s'éteindrait du moment qu'il succède à Primus et, par conséquent, le certificateur qu'il aurait donné serait libéré. Si, au contraire, il a cautionné non-seulement Primus, mais encore Secundus, succédant à Primus, il reste tenu comme fidéjusseur de Sécundus, et par conséquent le certificateur qu'il a pu donner reste aussi obligé. Voilà une différence pratique entre le cas où le fidéjusseur a cautionné les deux *rei promittendi* ou a cautionné seulement l'un d'entre eux, différence que fait apparaître, comme le suppose Africain, la circonstance que le fidéjusseur succède à l'un des *rei promittendi*.

Nous avons interprété la loi 21, § 4, *de fidejussoribus*, comme prévoyant le cas où le fidéjusseur succède à l'un des *correi promittendi*; c'est ainsi que l'entendent Cujas et Pothier. Mais on peut donner de ce fragment une autre interprétation, dans laquelle nous voyons surgir un autre intérêt pour le créancier à ce que le fidéjusseur ait cautionné les deux *rei promittendi*, au lieu de cautionner l'un d'eux seulement. En effet, on peut entendre la loi 21, § 4, comme s'occupant non pas du cas où le fidéjusseur succède à l'un des *rei promittendi*, mais bien du cas où le créancier succède à l'un d'eux (c'est ainsi que M. Demangeat entend la loi 21, § 4, *de fidejussoribus*). Dans cette dernière hypothèse, si le fidéjusseur n'a cautionné que celui des *rei promittendi* auquel le créancier succède, il est libéré par suite de la confusion qui frappe l'obligation qu'il a garantie. S'il a cautionné les deux *rei promittendi*, libéré en tant que fidéjusseur de celui d'entre eux auquel le créancier a succédé, il reste tenu comme fidéjusseur de l'autre.

On voit que de nombreux avantages résultent pour le créancier de ce que le fidéjusseur a cautionné les deux *correi promit-*

tendi et non pas seulement l'un d'entre eux. Pour résumer sous ce point de vue le parallèle entre les deux situations, si le fidéjusseur a cautionné seulement Primus, l'un des *rei promittendi*, il sera libéré *exceptionis ope* par le pacte de *non petendo* fait par le créancier avec Primus; il pourra repousser le créancier en lui opposant en compensation la créance que Primus a contre lui; il sera libéré si le corps certain, objet de l'obligation, périt durant la demeure de Secundus; l'obligation accessoire dont il est tenu s'éteindra si le créancier succède à Primus, ou bien s'il lui succède lui-même. Si au contraire le fidéjusseur a cautionné Primus et Secundus, le pacte de *non petendo* fait avec Primus, la créance de Primus contre le créancier commun ne donneront point à ce fidéjusseur le droit de repousser la poursuite intentée contre lui, du moment qu'il en sera l'objet, en qualité de fidéjusseur de Secundus. Il sera tenu, quel que soit celui des *rei promittendi* durant la *mora* duquel le corps certain objet de l'obligation ait péri; quel que soit celui des *rei promittendi* auquel il succède ou auquel succède le créancier commun, il restera obligé en qualité de fidéjusseur de l'autre.

Nous avons signalé jusqu'ici des avantages qui résultent pour le créancier, de ce que le fidéjusseur a cautionné les deux *rei promittendi* et non pas seulement l'un d'entre eux. Le fidéjusseur, de son côté, a intérêt, sous certains rapports, à être le fidéjusseur des deux *rei promittendi*, et non pas de l'un d'entre eux seulement. S'il a cautionné les deux *rei promittendi*, il aura recours par l'action *mandati* ou *negotiorum gestorum* contre les deux. S'il n'a cautionné que l'un d'eux, il ne pourra recourir que contre celui-là (LL. 21 et 53, *mandati*). S'il a cautionné Primus et Secundus, il pourra, en payant le créancier, se faire céder ses actions contre chacun d'eux pour le tout (L. 38, *de fidejussoribus*); tandis que s'il n'a cautionné que l'un des *rei promittendi*, il ne peut se faire céder les actions du créancier pour le tout que contre celui qu'il a cautionné, et contre l'autre, il ne peut se les faire céder que, tout au plus, pour la part pour laquelle celui des *rei promittendi* dont il est caution, pourrait lui-même se les faire céder.

Enfin, si le fidéjusseur a cautionné les deux *rei promittendi*, il pourra sans difficulté renvoyer le créancier à discuter l'un et l'autre; tandis que s'il n'a cautionné que l'un d'eux, il ne pourra exiger la discussion que de celui-là seulement. Pothier, toutefois, pense que le fidéjusseur peut demander la discussion même du débiteur qu'il n'a pas cautionné (*Traité des obligations*, n° 412).

DROIT FRANÇAIS.

La solidarité peut exister en droit français comme en droit romain, soit entre créanciers, soit entre débiteurs. La solidarité entre créanciers est, en droit français comme en droit romain, une modalité de la créance, en vertu de laquelle plusieurs créanciers d'une même chose peuvent demander chacun la totalité de l'objet dû, sans que cet objet doive être payé par le débiteur plus d'une seule fois. La solidarité entre débiteurs est, en droit français comme en droit romain, une modalité de la dette, en vertu de laquelle plusieurs débiteurs d'une même chose peuvent être poursuivis chacun pour la totalité de l'objet dû, sans que cet objet doive être payé au créancier plus d'une seule fois. En droit français comme en droit romain, on peut dire : « Stipulan- » tibus solidum singulis debetur et promittentes singuli in soli- » dum tenentur. In utraque tamen obligatione una res vertitur.»

En droit français, enfin, de même qu'en droit romain, la solidarité est tout à fait distincte de l'indivisibilité. L'indivisibilité résulte de la nature de l'objet qui n'est pas susceptible de prestation partielle. L'objet de l'obligation solidaire, au contraire, peut être parfaitement divisible. La solidarité est tout à fait indépendante de cette circonstance. Elle résulte de la convention des parties ou de la loi. Aussi l'article 1210 nous dit : « La soli-

» darité stipulée ne donne pas à l'obligation le caractère d'indi-
» visibilité. » D'où il suit que l'obligation solidaire se divise entre
les héritiers du créancier ou du débiteur. Au contraire, c'est en
vain qu'on multiplierait les sujets actifs ou passifs d'une obligation indivisible; du moment que l'objet de l'obligation ne change
pas, l'obligation reste indivisible.

Si la solidarité du droit français et celle du droit romain se
ressemblent par les traits fondamentaux que nous venons de signaler, il y a, sous d'autres rapports, entre les deux législations,
des différences nombreuses qui ressortiront de la suite de cette
étude.

Dans ces différences, se manifeste la différence des caractères
généraux du droit romain et du droit français. Le résultat que
le législateur français doit atteindre, c'est que ses décisions soient,
pour chacun des cas particuliers auxquels elles s'appliquent,
l'expression de l'équité. Et sans doute, ce but n'est et ne sera
jamais qu'incomplétement atteint, parce que l'équité c'est la justice appliquée aux faits particuliers et que la loi ne peut être que
la justice appliquée à la généralité des faits. Mais enfin, c'est là
le but que la loi française a à poursuivre, et qu'elle peut poursuivre, en toute liberté. Elle n'a à vaincre que les difficultés
inhérentes à la nature des choses, la difficulté de concilier
tous les droits, la difficulté de trouver les solutions générales
qui réalisent l'équité dans le plus grand nombre possible
de cas particuliers. Il n'en est pas ainsi de la loi romaine : elle
se trouve en présence de règles et d'institutions qu'il lui faut
respecter, alors même qu'elles sont directement opposées au
but que l'équité lui marque, ses dispositions doivent nécessairement se concilier avec ces règles préétablies quelque contraires qu'elles leur soient. Cette nécessité de les combiner
avec des principes qui leur répugnent donne aux rapports juridiques une forme compliquée et souvent bizarre. Les bizarre-

ries que l'on peut remarquer dans le système de la corréalité que nous avons exposé ne viennent sans doute pas d'une autre cause.

La loi française procédant dans la matière de la solidarité comme à son ordinaire, s'efforce de mettre les effets juridiques de ce rapport de droit en harmonie avec son but pratique : ce but, c'est la sûreté et la commodité pour le payement. C'est là le résultat que les parties ont eu en vue. Il s'agit de tirer les consé-quences implicites de leur intention. C'est ce que fait la loi fran-çaise, en reconnaissant l'existence entre créanciers solidaires d'un mandat tacite en vertu duquel chacun d'eux peut exécuter le contrat, conserver et améliorer la créance commune, mais non l'anéantir ou la transformer. C'est ce qu'elle fait en reconnais-sant également, entre débiteurs solidaires, l'existence d'un man-dat tacite à l'effet de se représenter mutuellement vis-à-vis du créancier commun, avec cette limite que le fait de l'un des dé-biteurs ne peut aggraver la condition des autres. C'est en vertu des mêmes idées que le payement donne lieu à un recours au profit de celui des débiteurs qui l'a fait, ou contre celui des créanciers qui l'a reçu.

Le droit romain, on a pu le remarquer, est loin de se plier avec la même flexibilité à exprimer sous toutes ses faces l'inten-tion des parties. Les effets de la corréalité sont dominés par ce principe : que chacun des créanciers peut agir comme s'il était seul créancier, que chacun des débiteurs peut être traité comme seul débiteur, et que, malgré la pluralité des créanciers ou des débiteurs, l'obligation est *una*. Les conséquences logiques de cette formule se traduisent souvent en résultats bizarres et con-traires à l'intention des parties. Aussi l'on peut se demander quelles raisons avaient pu déterminer la jurisprudence romaine à l'adopter : « Réfléchissant un peu sur ces effets de la corréalité » proprement dite, on se demande quel genre de relations, quelle » combinaison d'affaires avaient pu introduire dans la pratique

» romaine des résultats qui paraissent si bizarres (1). » C'est là un point sur lequel les textes et les interprètes du droit romain nous donnent bien peu de lumières.

Quoi qu'il en soit, il nous suffit d'avoir donné cet aperçu rapide des rapports du droit français et du droit romain, quant à notre matière. Ces rapports, dont nous n'avons pu ici qu'indiquer très-sommairement le principe, se dégageront de l'ensemble de notre travail.

----

(1) Valette, *loc. cit.*, p. 448.

DE LA SOLIDARITÉ ENTRE LES CRÉANCIERS.

CHAPITRE I.

Caractères de la solidarité entre créanciers. Comment elle s'établit.

L'art. 1107 nous donne en ces termes la définition de la solidarité entre créanciers : « L'obligation est solidaire entre plusieurs créanciers, lorsque le titre donne à chacun d'eux le droit de demander le total de la créance, et que le payement fait à l'un d'eux libère le débiteur. » Nous allons développer cette définition en exposant les caractères constitutifs de la solidarité entre créanciers.

Le premier de ces caractères, c'est qu'une même chose est due à plusieurs. Ainsi, il n'y aurait point solidarité entre les créanciers si c'étaient des choses différentes qui faisaient l'objet de la créance de chacun d'eux. Cela est trop évident dans le cas où les deux créances sont, comme disaient les Romains, *alia atque alia obligatio*, de sorte que le débiteur est soumis à deux obligations complétement indépendantes, et qu'en payant l'une il ne se libère pas de l'autre. Ce qui empêche la solidarité d'exister en pareil cas, ce n'est pas seulement le défaut d'identité d'objet, c'est encore l'absence d'un autre caractère de la solidarité, à savoir : l'efficacité du payement fait à l'un des créanciers pour éteindre l'obligation à l'égard de tous. Mais quand même ce dernier caractère se rencontrerait en vertu de la convention des parties d'après laquelle le débiteur, quoique devant à chacun de ses créanciers une chose différente, se libérerait à l'égard de tous en payant l'un d'eux, même dans ce cas la différence des objets dus suffirait pour empêcher qu'il y eût solidarité entre les créanciers. Ainsi, les effets de la solidarité ne se produiraient pas. Par exemple, la poursuite de l'un des créanciers n'interromprait pas la prescription en faveur des autres.

Le second caractère de la solidarité qui nous est indiqué par l'art. 1107, c'est que chacun des créanciers a le droit de demander le payement intégral de la créance commune, et que le payement fait à l'un d'eux libère le débiteur à l'égard de tous. En d'autres termes, l'objet de la créance solidaire est dû à chacun des créanciers pour le tout, et n'est dû à tous qu'une seule fois.

Enfin, un autre caractère de la solidarité active, c'est l'existence entre les créanciers d'un mandat réciproque à l'effet de poursuivre le remboursement de la créance commune, et de faire les actes propres à la conserver et à l'améliorer.

Nous verrons en étudiant la solidarité entre débiteurs, qu'elle a quelquefois lieu de plein droit, en vertu d'une disposition spéciale de la loi. Il n'en est pas de même de la solidarité entre créanciers. Aucune disposition de la loi ne la prononce. Elle ne peut donc résulter que du titre d'où naît la créance à laquelle elle est attachée. Dans la pratique des affaires on voit assez rarement la convention des parties établir la solidarité entre créanciers. Cette solidarité est infiniment moins fréquente que la solidarité entre débiteurs, et cela se conçoit : la solidarité entre débiteurs présente une excellente garantie que le créancier est toujours très-disposé à attacher à sa créance. Tandis que la solidarité entre créanciers, sans présenter de grands avantages ni pour le débiteur, ni pour le créancier, modifie assez gravement les droits de ce dernier par l'adjonction d'un cocréancier qui pourra recevoir le payement, et lui faire courir ainsi, pour la part qui lui revient, les risques de son insolvabilité. On comprend que dans la plupart des cas le créancier préfère conserver pour lui seul le droit de poursuivre et de recevoir le payement de sa créance, sauf à constituer un mandataire, si les circonstances le demandent, pour l'exercice de ses droits. Cette combinaison lui procurera cet avantage qu'il pourra à tout moment reprendre, par la révocation de ce mandataire, le droit exclusif au recouvrement de sa créance.

Examinons à quelles conditions le titre de la créance établira la solidarité entre les créanciers. Le point dont il faut partir, c'est que la solidarité est une exception. Quand une personne contracte envers plusieurs la dette d'une seule et même chose, la règle est que chacun des créanciers n'a droit à cette chose que pour sa part. Pour déroger à cette règle de la division de la créance entre les stipulants, il faut que l'acte contienne une clause expresse. C'est ce que nous dit l'art. 1197 : « L'obligation est solidaire entre » plusieurs créanciers lorsque le titre donne *expressément*, etc. » Ainsi, l'obligation sera solidaire quand, d'après une clause expresse du titre, les créanciers auront chacun le droit de demander le payement du tout, et que le payement fait à l'un d'eux devra éteindre la créance à l'égard de tous. Du reste, il est clair qu'il n'est point nécessaire que le titre entre dans ces détails sur les droits des créanciers, sur l'obligation du débiteur. Il n'y a point, pour exprimer la volonté des parties d'établir une créance solidaire, de formules sacramentelles. Pourvu que cette volonté soit exprimée, cela suffit. Ainsi, la solidarité serait suffisamment exprimée si le titre, au lieu de dire que chaque créancier aura le droit de demander le tout, portait : que la chose est due à chacun d'eux pour le tout. Ces dernières expressions se rapportent au principe, tandis que les premières énoncent ses effets, mais évidemment les unes manifestent aussi clairement que les autres l'intention de créer la solidarité. De même les créanciers pourraient certainement se borner simplement à déclarer qu'ils stipulent solidairement sans définir cette solidarité par quelques-uns de ses caractères ou de ses effets essentiels tels qu'ils sont réglés par la loi (1).

La solidarité ne se présumant pas, elle doit être renfermée strictement dans les termes dans lesquels les parties l'ont établie. Ainsi, si dans une vente où figurent plusieurs vendeurs il a été dit qu'ils pourront demander solidairement le prix convenu, ces vendeurs seront créanciers solidaires du prix, sans être pour cela tenus solidairement des obligations que leur impose cette qualité de vendeur. La volonté des parties n'étant exprimée que quant à la solidarité active, c'est cette solidarité seule qui sera établie, et non la solidarité passive, relativement à laquelle leur intention ne peut être connue, sinon par voie de présomption. De même, si deux personnes promettent solidairement à une autre de lui prêter une somme, il n'en résulte pas que, le prêt une fois réalisé, elles deviennent créanciers solidaires pour le remboursement.

Il n'est point nécessaire, pour établir la solidarité entre créanciers, qu'ils stipulent en même temps par le même acte ; il suffit qu'ils manifestent bien expressément l'intention d'être dans la situation de créanciers solidaires. Ainsi, si j'ai stipulé de Paul, il est bien clair qu'un tiers dont il n'a point été parlé au contrat, ne pourra pas, par un acte postérieur, se porter créancier solidairement avec moi, et s'attribuer ainsi le droit de toucher le payement de ma créance. Mais si entre moi et Paul il a été convenu que Paul pourrait promettre le même objet qu'il me promet à Pierre, de manière à le rendre créancier solidairement avec moi, Pierre stipulant ensuite de Paul, en exprimant l'intention de devenir mon cocréancier solidaire, rien n'empêche que la volonté des parties produise tout son effet, et que la solidarité se trouve établie.

La solidarité active pourrait résulter d'un testament. Rien

____

(1) Duranton, t. 11, n° 164. — Larrombière sur l'art. 1107, n° 18.

n'empêche que le testateur puisse, en faisant un legs à deux personnes, les constituer créanciers solidaires de son héritier (1). Quant aux légataires entre eux, la répartition aura lieu dans la proportion que le testament établira. Mais rien n'empêche la volonté du testateur de faire que l'un d'eux, quoique ne devant pas en définitive bénéficier de tout le legs, puisse cependant en réclamer le montant intégral à l'héritier.

Il ne faut pas confondre avec la clause de solidarité l'indication qui peut se trouver dans le contrat d'une personne entre les mains de laquelle il est convenu que le débiteur pourra effectuer le payement. Ces tierces personnes à qui le contrat donne qualité pour recevoir le payement, étaient connues en droit romain sous le nom d'*adjecti solutionis gratiâ*. Il y a des différences essentielles entre le cas d'une *adjectio solutionis gratiâ* et le cas de deux créanciers solidaires. Dans ce dernier cas il y a deux créanciers, quoique le payement ne doive en définitive être fait qu'à l'un ou à l'autre. Dans l'hypothèse d'une *adjectio solutionis gratiâ*, au contraire, il n'y a qu'un seul créancier, quoique le payement puisse être fait valablement à deux personnes. *L'adjectus solutionis gratiâ* n'étant pas créancier, ne peut pas poursuivre le débiteur, comme le pourrait l'un quelconque des créanciers solidaires. Il n'a qualité que pour recevoir le payement. En outre, cette qualité lui est purement personnelle, de sorte que le payement ne pourrait être fait à ses héritiers (2). Il est clair, au contraire, que les droits d'un créancier solidaire passent à ses héritiers.

---

(1) Poth., n° 259.
(2) Poth., *Obligations*, n° 523.

CHAPITRE II.

Effets de la solidarité dans les rapports des créanciers avec le débiteur.

Le premier effet de la solidarité entre créanciers, c'est le droit pour chacun d'eux de poursuivre et de recevoir le payement intégral de l'obligation. Le débiteur a le droit corrélatif de payer la dette entière entre les mains de l'un d'entre eux de manière à se libérer envers tous. Tous les créanciers ayant un droit égal à recevoir le payement, le débiteur a le choix de payer à l'un ou à l'autre. Ce droit de payer emporte nécessairement le droit de faire des offres ; ainsi le débiteur peut se libérer en faisant à l'un des créanciers des offres suivies de consignation. Il faudrait, bien entendu, que ces offres fussent de la totalité de la somme due, et elles ne pourraient pas être restreintes à la part que doit avoir dans le bénéfice de la créance, le créancier auquel elles sont faites.

Ce droit pour le débiteur de payer à celui des créanciers qu'il choisira cesse quand il a été prévenu par les poursuites de l'un d'entre eux. Dans ce cas, il perd la faculté de payer à un autre qu'à celui qui l'a poursuivi, car « ce débiteur ne pourrait pas par » sa faute intervertir le droit de celui qui a poursuivi, et le créan- » cier qui aurait formé sa demande le second ne pourrait pas se » prévaloir d'un droit dont l'autre serait déjà dans une sorte de » possession par ses poursuites (1). »

L'art. 1108 parlant des poursuites en général, il nous semble

---

(1) Bigot-Préameneu, *Exposé des motifs.* — Locré, p. 347.

que l'on doit entendre par là non-seulement une demande en
justice, mais encore un commandement, et même une simple
sommation de payer (1). Des poursuites faites avant terme ne
devraient pas priver le débiteur de la faculté de payer à l'un ou
à l'autre des créanciers à son choix; elles ne pourraient même
lui enlever le droit de payer à l'un d'eux par anticipation.

Au payement fait à l'un des créanciers solidaires, il faut certainement assimiler la compensation qui aurait été opposée à
l'un d'eux; ainsi, quand l'un des créanciers solidaires est devenu
débiteur du débiteur commun, celui-ci lui ayant opposé la compensation sur la poursuite qu'il a dirigée contre lui, il est certain
que l'obligation sera éteinte à l'égard des autres créanciers solidaires, comme elle le serait par un payement réel. Mais en supposant que le débiteur n'ait point été poursuivi par celui des
créanciers qui est devenu son débiteur, pourra-t-il cependant opposer à un autre créancier qui le poursuivrait, que sa dette est
éteinte par l'effet de la compensation, tel qu'il est réglé par l'art.
1290 ? On convient généralement qu'il pourra opposer ce moyen
de défense jusqu'à concurrence de la part qui doit revenir dans
la créance, à celui des créanciers qui est son débiteur. Mais, en
supposant que la dette de ce dernier est égale ou supérieure à la
créance solidaire, la compensation pourra-t-elle être opposée pour
le tout? La question est controversée. Dans une première opinion
on prétend que la compensation ne peut être opposée que jusqu'à
concurrence de la portion de celui des créanciers solidaires qui
est débiteur du débiteur commun. En effet, dit-on, pour les portions qui doivent revenir à ses cocréanciers chaque créancier solidaire n'est que le mandataire des autres. Or, on ne peut pas
opposer au mandant la compensation de ce qui n'est dû que par
son mandataire (2). On invoque en outre dans cette opinion un

---

(1) Duranton, t. II, n° 113. — Larrombière, sur l'art. 1108, n° 2.
(2) Marcadé, sur l'art. 1108.

argument d'analogie tiré de l'art. 1204, n° 3 (1). Mais il nous
semble que l'art. 1294, n° 3 fournit plutôt un argument *à contrario*. Le principe, en effet, c'est que la compensation s'opère de
plein droit, du moment que deux personnes sont respectivement
débitrices l'une de l'autre. L'art. 1294 déroge à cette règle; mais,
du moment que nous ne sommes point dans les termes de l'exception, nous devons rentrer dans la règle. Or, nous ne sommes
ici ni dans les termes de l'art. 1294, ni dans les motifs qui l'ont
dicté. Si l'un des débiteurs solidaires pouvait opposer au créancier commun la compensation de ce qu'il doit à son codébiteur,
celui-ci se trouverait faire l'avance de la dette, alors que ce n'est
point lui que le créancier a poursuivi, et il courrait les risques de
l'insolvabilité de son consort. La loi n'a pas voulu que la compensation introduite dans un but de justice et d'utilité pratique
aboutît à ce résultat ; mais, une considération de ce genre ne
se présente pas pour empêcher le débiteur d'opposer à l'un des
créanciers solidaires la compensation de ce que l'autre lui doit.
Le premier en effet ne peut pas se plaindre de ce que, par l'effet
de cette compensation, il se trouve réduit à un recours contre
son cocréancier, et exposé par conséquent aux risques de son insolvabilité ; un payement fait à ce dernier l'aurait mis dans la
même position. Or, qu'importe que le débiteur ait payé ou qu'il
ait compensé? La compensation est-elle autre chose qu'un payement
abrégé (2) ?

Il faut, du reste, pour que la compensation dont nous parlons
puisse avoir lieu, que les deux dettes aient réuni les conditions
requises, avant que les cocréanciers de celui qui est devenu débiteur du débiteur commun aient intenté des poursuites contre
celui-ci. Dans ce cas, il ne pourrait pas payer à un autre qu'à

---

(1) Delvincourt, t. II, p. 500.

(2) Duranton, n° 178, t. II. — Aubry et Rau sur Zachariæ, t. III, p. 12. — Larrombière, sur l'art. 1198, n° 8.

l'auteur de ces poursuites (art. 1108); il ne pourra pas non plus compenser. La compensation ne peut pas avoir lieu au préjudice des droits acquis à des tiers (art. 1208).

Chacun des créanciers est, avons-nous dit, mandataire des autres, à l'effet d'améliorer et de conserver la créance commune. Nous allons étudier les conséquences de cette proposition.

L'art. 1100 nous signale une application remarquable de cette idée dans l'effet que produit l'acte qui interrompt la prescription à l'égard de l'un des créanciers. Un pareil acte, nous dit cet article, profite aux autres créanciers; ainsi les poursuites exercées par l'un des créanciers, la reconnaissance de la dette faite envers lui par le débiteur interrompent la prescription en faveur de tous les créanciers.

Faut-il décider même que la suspension de la prescription en faveur de l'un des créanciers, qui est par exemple mineur, doit profiter aux autres. Cette opinion est soutenue (1); mais nous ne pouvons l'adopter. La maxime qu'en fait de prescription « *minor relevat majorem* », n'est appliquée par la loi qu'en matière de droits indivisibles, et elle nous paraît, sans raison d'être dans notre matière. C'est en vain que l'opinion que nous combattons s'appuie sur une assimilation établie entre la suspension et l'interruption de prescription. Cette assimilation n'est point exacte, car nous avons vu que si l'acte interruptif de prescription émané de l'un des créanciers profite aux autres, c'est en vertu du mandat réciproque qui existe entre eux. Or, cette idée d'un mandat réciproque ne peut pas conduire à étendre aux autres créanciers le bénéfice de la suspension de prescription existant au profit de l'un d'eux. Le mandant ne peut évidemment pas se prévaloir de la minorité du mandataire pour prétendre la prescription suspendue à son égard. Nonobstant ces raisons, M. Larrombière (2) pré-

---

(1) Duranton, t. II, n° 180. — Delvincourt, t. II, n° 400.
(2) Sur l'art. 1100, n° 3.

tend que la prescription suspendue à l'égard de l'un des créanciers doit l'être à l'égard de tous, parce que, dit-il, « à l'égard du débiteur par l'effet de la solidarité, ils sont tous ensemble, comme un seul l'est séparément, réputés n'être qu'un seul et unique créancier d'une seule et unique dette, » mais il admet lui-même que la suspension de la prescription contre l'un des débiteurs solidaires, n'empêche point la prescription de courir au profit des autres contre le créancier commun. Or, ne pourrait-on pas opposer à cette décision exactement le même argument qu'il oppose à la nôtre et dire : que par l'effet de la solidarité les débiteurs sont réputés à l'égard du créancier n'être qu'un seul et unique débiteur d'une seule et unique dette.

Ainsi donc la suspension de la prescription ne profite qu'à celui à l'égard duquel existe la cause de cette suspension (1), et il ne faut pas distinguer, croyons-nous, entre le cas où cette suspension est fondée sur un privilége personnel à l'un des créanciers, par exemple sa minorité, et le cas où elle a une autre cause, par exemple le terme qui fait que la créance n'est pas encore exigible par rapport à l'un des créanciers (2257). Dans ce dernier cas, la prescription ne sera pas suspendue au profit de ceux des créanciers dont la créance est pure et simple.

Dans tous ces cas, la prescription éteint la créance, sauf la part du créancier au profit duquel existe la suspension. Celui-ci ne peut donc exiger le payement que déduction faite de la part de ceux qui ont laissé prescrire leurs droits.

Quand l'un des créanciers solidaires laisse plusieurs héritiers, il faut, pour déterminer les effets de l'acte interruptif de prescription qui émanerait de l'un d'eux, combiner les principes de la solidarité avec la division de l'obligation entre les héritiers. C'est ce que fait l'art. 2249 en se plaçant au point de vue de la division de l'obligation entre les héritiers du débiteur ; mais comme

---

(1) En ce sens, M. Valette, Aubry et Rau, § 29, note 15.

la créance se divise entre les héritiers du créancier aussi bien que la dette entre les héritiers du débiteur, nous pouvons appliquer *mutatis mutandis* les décisions que nous donne l'art. 2240. Ainsi l'acte qui interrompra la prescription à l'égard de l'un de ces héritiers ne l'interrompra point au profit de ses cohéritiers. C'est que dans les rapports des héritiers entre eux, la créance n'est pas solidaire, elle est divise. La solidarité existe au contraire dans les rapports de chacun des héritiers, créancier pour partie, avec les cocréanciers de celui auquel ils ont succédé ; de là résulte que l'acte qui interrompt la prescription à l'égard de l'un de ces héritiers, l'interrompra pour la part de cet héritier dans la créance, au profit des créanciers solidaires survivants. L'acte qui interrompt la prescription à l'égard de l'un de ces derniers l'interrompra au profit de tous les héritiers du créancier décédé.

Du principe que chacun des créanciers est mandataire des autres pour améliorer la créance commune, nous conclurons que la demande d'intérêts formée par l'un d'eux fait courir les intérêts au profit des autres (arg. de l'art. 1207) (1).

Nous en conclurons également que si le débiteur a été mis en demeure par l'un des créanciers, cette mise en demeure profitera aux autres, en chargeant le débiteur des risques de la chose due (art. 1138 et 1139).

De ce principe il résulte encore que la novation, la transaction conclue par l'un des créanciers solidaires, pourra profiter aux autres, s'ils trouvent avantageux de s'en prévaloir, tandis que ces actes ne pourraient pas, comme nous le verrons, leur être opposés sinon jusqu'à concurrence de la part du créancier de qui ils émanent.

En un mot chaque créancier a mandat des autres à l'effet de

---

(1) MM. Duranton, t. II, n° 181. — Valette, Aubry et Rau sur Zachariæ, t. III, p. 12. — Larrombière, sur l'art. 1198, n° 9.

faire exécuter, de conserver la créance commune et de la rendre plus avantageuse.

Nous venons d'étudier les effets des actes de l'un des créanciers quant à la conservation et à l'amélioration de la créance commune. Nous allons examiner les effets de ces actes à un point de vue opposé, et nous demander si les actes émanés de l'un des créanciers, peuvent avoir pour effet d'étpindre la créance solidaire.

Et d'abord l'un des créanciers peut-il éteindre la créance commune par la remise qu'il ferait au débiteur ? L'art. 1198 répond négativement à cette question, et en cela cet article s'écarte de l'opinion de Pothier, qui admettait que l'un des créanciers peut, en faisant remise au débiteur, le libérer envers tous. Pothier (1) avait puisé sa doctrine dans les décisions des lois romaines relatives à l'acceptilation qui, comme nous l'avons vu, émanant de l'un des créanciers, éteignait l'obligation d'une manière absolue. Les rédacteurs du Code ont plutôt comparé la remise au pacte de *non petendo* qui n'éteignait point l'obligation et fournissait seulement au débiteur une exception qui ne pouvait nuire aux créanciers autres que celui avec lequel le pacte avait été fait.

Du reste, cette décision qui avait contre elle avec l'autorité de Pothier celle de Domat (2), ne fut pas admise sans opposition. La section du Tribunat vota la disposition inverse de celle du projet (3). Elle partait de cette idée que chaque créancier est par rapport au débiteur commun comme s'il était seul créancier, que par conséquent tous les moyens de libération doivent être à sa disposition. Et d'ailleurs, ajoutait-on, est-ce que le créancier ne pourra pas donner quittance au débiteur comme ayant reçu de lui le payement alors qu'il n'aura rien reçu en effet, et le résul-

---

(1) *Obligations*, n° 260, 4°.
(2) *Lois civiles*, liv. III, tit. III, n° 4.
(3) Locré, t. XII, p. 265.

lat, dans ce cas, ne sera-t-il pas le même que s'il avait éteint la créance commune par une remise gratuite ? Mais ces considérations ne prévalurent pas, parce que « la solidarité ne s'établit vé-
» ritablement entre créanciers que pour autoriser chacun d'eux
» à faire au besoin l'affaire de tous, et pour les établir à cet effet
» mandataires réciproques ; il faut conclure de là que la remise
» étant un acte étranger à l'intérêt commun, un acte de bienfai-
» sance personnel à celui qui veut exercer, c'est un acte complé-
» tement en dehors de la mission de chacun » (1). Chaque créancier solidaire a le droit d'exécuter le contrat et par conséquent de recevoir le payement, mais la remise est certes tout autre chose que l'exécution du contrat. Sans doute ce droit pour chaque créancier de recevoir le payement pourra donner lieu à des fraudes. L'un des créanciers pourra donner quittance au débiteur, sans avoir rien reçu ou après avoir reçu seulement une partie de la dette. Mais les autres créanciers auront alors la ressource de prouver cette fraude, qui dès lors ne pourra paralyser leur action que dans les cas où il leur sera impossible d'en établir l'existence. On comprend, du reste, tout l'intérêt qu'auront à faire cette preuve les cocréanciers de celui qui a donné une quittance mensongère : sans doute ils pourraient recourir contre ce dernier et lui réclamer les parts qui leur reviennent dans la créance, mais il peut être insolvable, et la perte de leur action contre le débiteur pourrait équivaloir ainsi à la perte complète de leur créance.

C'est là, pareillement, croyons-nous, qu'il faut voir l'intérêt et la portée de la décision de l'art. 1198 *in fine*. Cette disposition qui défend à l'un des créanciers de faire remise au débiteur commun a pour but d'empêcher que l'un des créanciers ne puisse priver les autres de leur action contre ce débiteur; aussi ne pouvons-

---

(1) Discours du tribun Mouricault. — Locré, p. 584, n° 33.

nous adopter l'opinion de MM. Aubry et Rau (1) d'après lesquels:
« l'unique objet de l'art. 1198 est d'empêcher que l'un des créan-
» ciers ne puisse, en faisant remise de la totalité de la dette, pri-
» ver les autres de toute action contre le débiteur, et de tout re-
» cours contre lui. » On voit que dans cette opinion, si l'art. 1198
n'avait pas été inséré dans le Code, et que le droit de faire remise
de la dette eût été reconnu à l'un des créanciers, cette remise
aurait eu pour effet de priver les autres créanciers de leur action
contre le débiteur sans autoriser un recours de leur part contre
leur cocréancier qui par son fait leur aurait causé ce dommage.
C'est, dit-on, pour éviter ce résultat, que la loi n'a pas voulu que
l'un des créanciers solidaires pût faire remise de la dette au préjudice des autres; mais quand le débiteur invoque la présomption
d'un payement qu'il aurait fait à l'un des créanciers, lorsque celui-
ci, par exemple, lui a fait remise du titre de la créance (art. 1282,
1283). Dans ce cas, le résultat que l'art. 1198 *in fine* a eu pour but
d'empêcher, n'est pas à craindre; car si l'on déclare le débiteur
libéré en vertu de la présomption qu'il a payé le créancier duquel
il a obtenu la délivrance du titre, ce dernier sera soumis au recours de ses cocréanciers en vertu de cette même présomption.
Et l'on conclut de là que si l'un des créanciers a livré au débiteur
le titre de la créance, celui-ci peut opposer aux autres créanciers la
présomption de payement qui résulte de ce fait, sans qu'ils soient
admis à prouver qu'en réalité il n'y a point eu de payement. Et
ce n'est point là, dit-on, porter atteinte aux droits de ces créanciers
puisqu'ils conservent leur recours contre leur cocréancier qui a
livré le titre au débiteur (2). Évidemment cette opinion devait
arriver à la même solution pour le cas où c'est, non pas la délivrance du titre, mais une quittance émanée de l'un des créanciers

---

(1) Sur Zachariæ, t. III, § 323, note 27.
(2) Aubry et Rau sur Zachariæ, *loc. cit.*

que le débiteur invoque comme prouvant qu'il est libéré par
l'effet d'un payement; car dans ce cas comme dans le précédent,
les cocréanciers de celui qui a délivré la quittance auraient leur
recours contre ce dernier pour qu'il leur rendît compte du
payement qu'il serait censé avoir reçu.

Cette opinion ne nous paraît pas exacte. Le but de l'art. 1198-2°
n'a point été, comme elle le prétend, d'empêcher l'un des créanciers de priver ses cocréanciers de leur action contre le débiteur,
par un acte qui ne devait leur donner contre lui aucun recours.
Il nous semble, au contraire, que si chacun des créanciers eût
pu éteindre la créance par la remise faite au débiteur, celui d'entre
eux qui l'eût fait aurait dû indemniser ses cocréanciers du préjudice qu'il leur causait par cet acte. Sans doute, en droit romain
le *correus stipulandi* qui libérait par acceptilation le débiteur
commun, n'était soumis à aucun recours de la part de ses *correi*.
Mais si, au lieu de faire remise de la dette, il eût reçu le payement, il n'eût point été davantage soumis à un recours. L'un des
créanciers pouvait donc, en droit romain, priver les autres de
toute part dans le produit de la créance, et dès lors on comprend
que peu importait à ceux-ci que ce fût en recevant le payement
ou en faisant remise au débiteur, que leur cocréancier leur eût
enlevé le bénéfice de la créance. Mais dans le cas où les *correi*
stipulandi étaient associés, si l'un d'entre eux avait libéré par
acceptilation le débiteur commun, les autres auraient pu intenter contre lui l'action *pro socio*. De même en droit français, si
l'on eût attribué à la remise faite par l'un des créanciers solidaires l'effet absolu de l'acceptilation romaine, celui d'entre eux
qui aurait éteint par ce moyen la créance commune, aurait dû
être soumis à un recours de la part des autres pour le préjudice
qu'il leur avait causé par là (1). Cette idée se trouve formellement exprimée dans les travaux préparatoires. « On peut ajouter,

____

(1) Duranton, t. II, n° 174.

» dit le tribun Mouricault devant le Corps législatif (1), que de la
» part du créancier qui ferait la remise, l'obligation de compter
» à ses cocréanciers de leurs portions pourrait devenir illusoire,
» puisque prêt à devenir insolvable, il pourrait la concerter à vil
» prix avec le débiteur, et profiter seul ainsi de la dette. » Ces
paroles nous donnent le but et la portée de l'art. 1198. Sans
doute, si un effet absolu eût été attribué à la remise faite par l'un
des créanciers, celui d'entre eux qui aurait, par ce moyen, libéré
le débiteur, aurait été soumis au recours des autres. Mais ce recours aurait pu devenir illusoire par suite de son insolvabilité. Et
c'est ce danger que la loi a voulu éviter en décidant que la remise consentie par l'un des créanciers ne libérerait pas le débiteur à l'égard des autres.

Nous pouvons conclure, de ce qui précède, contrairement à
l'opinion de MM. Aubry et Rau, que si le débiteur commun allègue qu'il a payé, en se fondant sur une quittance émanée de
l'un des créanciers, ou sur la délivrance qu'il lui a faite du titre
de la créance, les autres créanciers pourront prouver qu'en réalité le payement n'a pas eu lieu, et qu'il n'y a eu qu'une remise
de la dette qui ne peut pas préjudicier à leurs droits. On ne peut
pas objecter que dans ce cas-ci ces droits seront suffisamment
sauvegardés par le recours auquel s'est soumis celui des créanciers qui a fait perdre leur action aux autres. Car ce recours aurait eu lieu également en cas de remise de la dette faite ouver-
tement. Si la loi n'a pas voulu que la remise consentie par l'un
des créanciers enlevât leur action aux autres, c'est qu'elle a vu
que leur recours contre ce dernier pourrait être illusoire, et que
la perte de leur action contre le débiteur pourrait ainsi leur cau-
ser un préjudice irréparable. Si c'est ce résultat que la loi a voulu
éviter, il est clair que l'un des créanciers ne peut point, en donnant
quittance ou en livrant le titre de la créance alors qu'il n'a point

---

(1) Locré, t. XII, p. 505.

reçu le payement, il est clair qu'il ne peut point dépouiller ainsi ses cocréanciers de leur action contre le débiteur. La circonstance qu'il sera lui-même soumis à leur recours ne peut pas conduire à une décision contraire. Cela résulte logiquement des développements qui précèdent.

L'art. 1198 attribuant effet à la remise consentie par l'un des créanciers, jusqu'à concurrence de la part de ce dernier, il faut en conclure que si, comme cela peut arriver, le bénéfice de la créance n'était pas partageable et devait appartenir à un seul d'entre eux, la remise que celui-là aurait consentie vaudrait pour la totalité de la créance.

La loi ne nous parle point de l'effet de la novation qui serait faite par l'un des créanciers solidaires. Mais cet effet ne doit pas être plus étendu que celui de la remise. Nous avons vu en droit romain que, tandis que l'acceptilation faite par l'un des créanciers éteignait la créance à l'égard de tous, la question de savoir si la novation faite par l'un d'eux devait avoir un pareil effet, semble avoir été controversée entre les jurisconsultes. D'après les principes adoptés par le Code civil, la novation faite par l'un des créanciers solidaires ne doit éteindre la créance à l'égard des autres que pour la part de ce créancier (1). Chaque créancier, comme le dit Bigot-Préameneu (2), a le droit d'exécuter le contrat. Mais c'est évidemment faire tout autre chose qu'exécuter le contrat, que d'en changer les conditions en substituant un nouveau débiteur ou un nouvel objet à l'objet ou au débiteur primitif. De plus, la novation peut gravement compromettre la créance, puisqu'elle a pour effet de faire évanouir les sûretés, par exemple les cautionnements et les hypothèques qui garantissaient la dette novée.

La novation faite par l'un des créanciers ne peut nuire aux

---

(1) MM. Aubry et Rau, t. III, p. 12.
(2) *Exposé des motifs.* — Locré, p. 348, n° 83.

autres. Mais elle peut-être invoquée par eux s'ils le trouvent bon ;
car, comme le dit fort bien le tribun Mouricault (1), la solidarité
établie entre les créanciers autorise chacun d'eux à faire l'affaire
de tous, et les établit, à cet effet, mandataires réciproques. Ainsi
ils peuvent ratifier la novation faite par l'un d'eux s'ils la trouvent avantageuse (2).

Le serment déféré par l'un des créanciers solidaires au débiteur, ne libère celui-ci que pour la part de ce créancier (art. 1365).
Cette décision est contraire à celle que donnait Pothier. D'après
lui, le serment déféré par l'un des créanciers et prêté par le débiteur, devait paralyser l'action des autres créanciers. La raison
qu'il en donnait était tirée du droit romain et consistait à regarder le serment comme équivalant au payement : *Nam jusjuran-
dum loco solutionis cedit* (3). Le Code, au contraire, a plutôt vu
dans cette délation de serment une remise de la dette qu'un
payement (4). La délation de serment est, en réalité, tout à fait
analogue à une offre de transaction.

Le jugement rendu pour ou contre l'un des créanciers solidaires a-t-il, à l'égard des autres, l'autorité de la chose jugée ? La
question est sérieusement controversée. Une première opinion
distingue entre les jugements rendus en faveur du créancier et
ceux rendus contre lui. Les autres créanciers peuvent se prévaloir des premiers ; mais le débiteur ne peut leur opposer ceux
qui lui ont donné gain de cause (5). Nous verrons cette même
distinction présentée au sujet des jugements rendus avec l'un des
débiteurs solidaires ; mais il est à remarquer que des auteurs qui
l'admettent dans ce dernier cas adoptent, quant aux jugements

---

(1) Discours prononcé devant le Corps Législatif. — Locré, p. 505, n° 33.
(2) Aubry et Rau sur Zachariæ, t. III, p. 12.—Larrombière, sur l'art. 1198, n° 14.
(3) Pothier, *Obligations*, n° 917.
(4) Bigot-Préameneu, *Exposé des motifs*. — Locré, p. 415.
(5) Aubry et Rau sur Zachariæ, t. III, p. 12, et t. VI, p. 487 et 488.

rendus avec l'un des créanciers solidaires, une décision plus absolue, et pensent qu'ils nuisent aux autres créanciers aussi bien qu'ils leur profitent (1). On dit, à l'appui de cette dernière opinion, que si chacun des créanciers représente les autres quand il obtient gain de cause, il doit les représenter également quand il succombe. L'art. 1365 n'est pas opposé à cette solution. Si la délation du serment par l'un des créanciers solidaires, ne peut être opposée aux autres que pour la part de ce dernier dans la créance, c'est que la loi n'a pas voulu permettre à l'un des créanciers de compromettre les droits des autres par un acte aussi dangereux qu'une délation de serment. Mais cette décision, loin d'entraîner cette conséquence que le jugement rendu contre l'un des créanciers ne peut pas nuire aux autres, fournit, au contraire, un argument pour la thèse opposée. L'art. 1365, en effet, vise le cas d'un serment déféré en justice par l'un des créanciers au débiteur, serment qui, prêté par celui-ci, déterminera un jugement en sa faveur. Or, il était bien inutile de dire que ce serment, et par conséquent le jugement qui sera rendu à la suite de ce serment, ne nuira point aux cocréanciers de celui qui l'a déféré, s'il était de règle que le jugement rendu contre l'un des créanciers solidaires, ne peut être opposé aux autres que jusqu'à concurrence de la part de celui qui a soutenu le procès. L'art. 1365 est une exception qui suppose que la règle générale est que le jugement rendu contre l'un des créanciers solidaires nuit aux autres, sauf pour ceux-ci, le cas échéant, la ressource de la tierce opposition.

Du reste, même n'admettrait-on pas que le jugement rendu contre l'un des créanciers solidaires fût opposable aux autres, ceux-ci cependant pourraient souffrir, sous certains points de vue, de ce que leur cocréancier a succombé. Ainsi, l'un des créanciers solidaires a, par une citation en justice, interrompu la prescrip-

---

(1) Marcadé sur l'art. 1108; compar. le même auteur sur l'art. 1351.

tion. Les autres profitent de cette interruption ; mais aux termes de l'art. 2247, l'interruption est regardée comme non avenue si la demande est rejetée. Par conséquent l'interruption de prescription sera non avenue, même à l'égard des cocréanciers de celui qui a succombé dans sa demande. C'est un résultat qui nous semble devoir être admis, même regarderait-on le jugement rendu contre l'un des créanciers solidaires comme non opposable aux autres, si ce n'est jusqu'à concurrence de la part de celui qui a succombé. Et même ce n'est guère que dans cette hypothèse que la disposition qui déclare l'interruption non avenue quand la demande est rejetée, présente de l'intérêt. Le débiteur n'a guère d'intérêt, en effet, à voir l'effet de l'interruption de prescription anéanti et à pouvoir, par conséquent, se prévaloir de la prescription vis-à-vis de ceux auxquels il peut opposer le jugement qui a rejeté la demande formée contre lui. Ceux auxquels il aura intérêt à opposer que l'interruption est non avenue, et que, par conséquent, la prescription a continué de courir, ce sont précisément ceux auxquels il ne pourrait opposer le jugement qui a rejeté la demande.

Quelle que soit l'opinion que l'on adopte relativement à l'autorité du jugement rendu contre l'un des créanciers solidaires à l'égard de ses cocréanciers, il faut reconnaître que la transaction faite par l'un d'eux ne pourrait être opposée aux autres que pour la part de celui qui a transigé (arg. de l'art. 2048 C. civ.). Il en serait de même du compromis consenti par un des créanciers (art. 1003 C. proc. civ.).

CHAPITRE III.

De la solidarité dans les rapports des créanciers entre eux.

Nous avons vu qu'en droit romain le bénéfice de la créance n'était point en règle partageable entre les divers créanciers; il n'en était autrement que dans le cas où celui d'entre eux qui avait reçu le payement était obligé d'en tenir compte à ses cocréanciers par suite de l'existence entre eux de relations indépendantes de la solidarité et qui ne l'accompagnaient pas toujours.

Ce système ne pouvait guère aller à nos idées et à notre manière de comprendre les affaires ; aussi notre droit a répudié le principe du droit romain, d'après lequel la créance commune était à la disposition de chacun des *correi stipulandi*, comme s'il était seul créancier (à la charge par lui de subir les effets des actes qui pouvaient émaner de son cocréancier). Chaque créancier solidaire, en droit français, est considéré par rapport à ses cocréanciers comme ayant reçu d'eux un mandat irrévocable à l'effet d'exiger et de recevoir les parts qui reviennent à ceux-ci dans la créance commune. Dès lors, quand l'un d'eux a touché la totalité de la créance, il en doit compte aux autres.

Donc en droit français la règle est que le bénéfice de l'obligation se partage entre les créanciers. Les expressions finales de l'art. 1107 : « encore que le bénéfice de l'obligation soit partageable et divisible entre les divers créanciers » sembleraient indiquer que c'est là un cas exceptionnel; il n'en est rien cependant : les expressions finales de l'art. 1107 ont simplement pour but de faire remarquer que la solidarité et la division du bénéfice de la créance entre les créanciers n'ont rien d'incompatible. Les dispositions de la loi se placent au point de vue du partage de la créance, en ne permettant à chaque créancier de disposer de la créance que pour la part qui lui revient (art. 1198-1368); elles supposent bien par là que le partage de la créance est la règle ordinaire. Du reste, il pourra arriver que le bénéfice de la créance ne doive revenir qu'à un seul créancier, de même qu'il peut arriver que la dette solidaire doive être supportée par un seul des débiteurs (art. 1216); de même il peut se faire que les créanciers aient droit à des parts inégales dans le bénéfice de la créance. Mais si un des créanciers prétend s'attribuer exclusivement le bénéfice de la créance, ou même prétend à une part plus grande que celle des autres, ce sera à lui à prouver son droit. Cette preuve ne pourra être administrée par témoins que dans le cas où la preuve testimoniale est admise conformément aux règles générales.

DE LA SOLIDARITÉ ENTRE DÉBITEURS.

La solidarité entre créanciers ne s'établit, comme nous l'avons vu, qu'en vertu de la volonté des parties; il en est autrement de la solidarité entre débiteurs : elle a lieu dans certains cas de plein droit, en vertu d'une disposition spéciale de la loi. Nous étudierons d'abord la solidarité résultant d'une manifestation de volonté, contrat ou testament, solidarité que nous désignerons par le nom générique de solidarité conventionnelle. Nous traiterons ensuite de la solidarité légale.

TITRE Ier. — SOLIDARITÉ CONVENTIONNELLE.

CHAPITRE Ier.

Caractères de la solidarité entre débiteurs. Comment elle s'établit.

L'art. 1200 nous dit : « Il y a solidarité de la part des débiteurs » lorsqu'ils sont obligés à une même chose, de manière que cha- » cun puisse être contraint pour la totalité et que le payement » fait par un seul libère les autres envers le créancier. » Cet ar- ticle en tant que définition n'est pas complet; une définition ne doit convenir qu'au seul défini. Or, l'art. 1200 pourrait rigoureusement été pris, comme la définition de l'indivisibilité, aussi bien que comme la définition de la solidarité. Il faudrait ajouter à l'art. 1200 que la solidarité est tout à fait indépendante de la nature de l'objet, de la possibilité ou de l'impossibilité d'une prestation partielle. L'art. 1219 complète sous ce rapport l'art. 1200.

La première condition pour qu'il y ait solidarité entre débiteurs, c'est, d'après l'art. 1200, qu'une même chose soit due par tous. Ainsi, du moment que les débiteurs seraient tenus de prestations différentes, il n'y aurait pas solidarité ; il n'y aurait pas solidarité alors même que d'après la volonté des parties le payement fait par l'un des débiteurs devrait libérer l'autre. Par exemple Pierre et Paul promettent au même créancier chacun une chose différente, et il est convenu que le créancier ne pourra recevoir en définitive que l'une de ces deux choses, de telle sorte que l'un des débiteurs ayant exécuté son obligation, celle de l'autre sera éteinte. Pierre et Paul ne seront point dans notre espèce des débiteurs solidaires; ainsi la prescription pourra être interrompue contre l'un d'eux sans l'être à l'égard de l'autre.

Un autre caractère essentiel de la solidarité, c'est, selon l'art. 1200, que chacun des débiteurs peut être contraint pour la totalité, et que le payement fait par un seul libère les autres envers le créancier. En d'autres termes, l'objet de l'obligation commune est dû par chacun des débiteurs pour le tout, et n'est dû par tous les débiteurs qu'une seule fois.

Les caractères de la solidarité que nous venons d'indiquer : identité de l'objet dû par plusieurs débiteurs, obligation de chacun de ces débiteurs pour le tout, et libération de tous, quand l'un d'eux a accompli son obligation, ces caractères rapprochent la dette solidaire de la dette indivisible:

Mais elle s'en distingue nettement en ce que, dans le cas d'une obligation indivisible, ce qui fait que chacun des débiteurs doit la totalité, c'est la nature même de la chose due qui n'est pas susceptible de parties. L'indivisibilité est donc, selon l'expression de Dumoulin et de Pothier, une qualité réelle de l'obligation, et l'obligation passant avec cette qualité aux héritiers du débiteur chacun d'eux est débiteur du total. Au contraire, la solidarité dérivant de la convention des personnes qui se sont obligées chacune pour le tout, ou de la loi, cette solidarité est, comme dit Pothier (1), une qualité personnelle qui n'empêche pas que cette obligation solidaire ne se divise entre les héritiers de chacun de ceux qui l'ont contractée. Au reste, il est bien clair qu'il n'est pas indifférent pour les héritiers que leur auteur ait été débiteur solidaire ou simplement conjoint; car s'il n'était que débiteur conjoint, ils ne supporteront chacun qu'une partie de la fraction de dette dont il était tenu, tandis que, s'il était débiteur solidaire, ils supporteront chacun une partie de la totalité de la dette. Du principe que l'indivisibilité dérive de la nature de la chose due, tandis que la solidarité dérive du fait des débiteurs qui se sont engagés chacun pour le tout, ou de la loi, il résulte que, si l'obligation indivisible se convertit par son exécution en une obligation à des dommages-intérêts, la circonstance qui faisait que chacun des débiteurs était obligé pour le tout ayant disparu, chacun n'est plus obligé que pour partie. Au contraire, si l'obligation solidaire vient à se résoudre en dommages-intérêts, chacun des débiteurs est tenu pour le tout de ces dommages-intérêts, comme il était tenu pour le tout de l'obligation principale (2).

Un troisième caractère de l'obligation solidaire, c'est un mandat réciproque en vertu duquel les débiteurs se représentent vis-à-vis du créancier commun. Nous verrons, dans la suite de ce travail, les conséquences en même temps que les limites de ce mandat.

Nous avons vu que, pour qu'une obligation fût solidaire, il fallait que tous les débiteurs fussent obligés à la même chose;

---

(1) *Obligations*, n° 323.

(2) Pothier, *Obligations*, n° 324. C'est donc une grave erreur que celle dans laquelle est tombée la Cour de cassation en jugeant qu'une obligation indivisible est toujours solidaire. — Sir., 25, 1, 285.

mais il n'est pas nécessaire qu'ils soient tous obligés de la même manière. Ainsi, l'un peut être obligé à terme ou sous condition et l'autre purement et simplement. C'est ce que nous dit l'art. 1201. Cette disposition nous vient du droit romain où elle avait été puisée par Pothier (1). Le créancier devra laisser à chaque débiteur le bénéfice du terme ou de la condition sous laquelle il s'est engagé.

La solidarité, nous dit l'art. 1202, ne se présume pas ; il faut qu'elle soit expressément stipulée, sinon dans les cas où elle a lieu de plein droit en vertu d'une disposition de la loi. C'est la décision qui était donnée par Dumoulin (2) et par Pothier (3). Sans doute il n'y a pas dans notre droit d'expression sacramentelle qu'il soit nécessaire d'employer pour établir la solidarité ; mais il faut que les termes dans lesquels a été fait le contrat, expriment bien clairement l'intention de créer cette modalité de l'obligation. Le motif de cette règle nous est donné par Dumoulin : « In dubio præsumitur quod est minus, » et par Pothier, qui la rattache au principe que l'interprétation des obligations se fait dans le doute en faveur du débiteur. C'est la raison qui a été reproduite dans l'exposé des motifs (4).

La règle est donc, quand plusieurs personnes promettent la même chose, qu'elles ne sont obligées que chacune pour sa part. Dans le doute, l'obligation est réputée simplement conjointe. Ainsi, les covendeurs d'une chose indivise ne sont point, à moins de stipulation formelle, tenus solidairement de l'obligation de garantie. Et même, nous dit Pothier (5), « un héritage apparte-» nant à quatre personnes, et trois l'ayant vendu solidairement

---

(1) *Obligations*, n° 263.
(2) *Traité dividui et individui*, pars 3°, n° 181.
(3) *Obligations*, n° 265.
(4) Locré, t. XII, p. 350. — *Exposé des motifs*, n° 88.
(5) *Obligations*, n° 265.

» en promettant de faire ratifier la vente par le quatrième pro-
» priétaire, il a été jugé que le quatrième, en ratifiant, n'était
» pas censé avoir vendu solidairement, parce que les trois autres
» avaient bien promis pour lui qu'il accéderait au contrat de
» vente, mais qu'il n'était pas exprimé qu'il y accéderait solidai-
» rement. »

Dumoulin pousse fort loin les conséquences de cette règle, que
la solidarité n'existe que quand elle a été formellement stipulée.
Ainsi, il pense que quand les débiteurs d'une chose indivisible
ont convenu qu'ils seraient tenus chacun pour le tout, ils n'ont
voulu par là exprimer qu'une conséquence de l'indivisibilité et
non point une solidarité proprement dite (1). Il nous semble que,
dans la plupart des cas, une pareille interprétation serait incompatible avec la règle posée dans l'art. 1156, que : une clause susceptible de deux sens doit plutôt s'entendre dans celui avec lequel elle peut avoir quelque effet, que dans celui avec lequel elle
ne peut en produire aucun.

La solidarité peut-elle exister entre personnes qui se sont engagées par des actes séparés? Toullier tient la négative en se
fondant sur la L. 12 *de duobus reis* (2). Mais la décision donnée
par cette loi se rattache au principe posé par Venuleius, L. 137,
*de regulis juris; continuus actus stipulantis et promittentis esse
debet.* C'est par application de cette règle que la L. 12 décide que
deux personnes ayant été interrogées par le stipulant, et l'une
d'elles n'ayant répondu que le lendemain, il ne se forme point
d'obligation corréale. L'obligation corréale ne peut pas se former,
en effet, puisque celui qui ne répond que le lendemain du jour
où il a été interrogé, n'est pas obligé, conformément à la règle
de la L. 137, *de regulis juris.* Il est bien clair qu'une décision semblable ne pourrait plus être donnée dans notre droit, et qu'une

---

(1) *Traité dividui et individui,* pars 3°, n° 152.
(2) Toullier, t. VI, n° 123.

personne est obligée du moment que sa volonté concourt avec celle du stipulant, abstraction faite de l'intervalle qui peut exister entre les manifestations de ces deux volontés. La décision de la L. 12 n'a donc plus de raison d'être dans notre droit. Est-ce à dire qu'il y aura solidarité entre deux personnes qui se sont obligées à la même chose par des actes séparés. Il nous semble qu'il faut user d'une distinction. Si, par exemple, Primus s'étant obligé, un tiers quelconque, Secundus, dont il n'a été fait aucune mention dans le contrat, s'engage par un acte postérieur, solidairement avec Primus, sans doute Primus et Secundus seront tenus chacun pour le tout. Mais ils ne seront pas codébiteurs solidaires. S'il y avait solidarité entre eux, en effet, l'interruption de la prescription à l'égard de Secundus aurait effet contre Primus, la demande d'intérêts formée contre Secundus les ferait courir également à l'égard de Primus. Et si l'objet de l'obligation était un corps certain, ce corps certain périssant par la faute de Secundus, Primus verrait sa dette se transformer en une dette de dommages-intérêts. Or, ce sont là des effets modifiant gravement l'obligation contractée par Primus, et qui ne peuvent pas se produire sans son consentement, parce qu'il aura plu à un tiers de déclarer qu'il s'oblige solidairement avec lui. Ce tiers, en pareil cas, ne pourrait être considéré comme obligé solidairement avec Primus, si ce n'est à titre de caution solidaire. Il en serait autrement, croyons-nous, si Primus, en s'obligeant, avait déclaré s'engager solidairement avec Secundus qui ne figurait pas au contrat, mais qui, par un acte postérieur, a déclaré à son tour s'obliger à la même chose solidairement avec Primus. Dans ce cas, nous verrions dans Primus et Secundus deux débiteurs solidaires, Ainsi, il ne nous paraît pas nécessaire, pour qu'il y ait solidarité, que les débiteurs s'engagent en même temps par le même acte. Mais ce qui nous paraît essentiel, c'est que chacun ait l'intention de s'obliger solidairement avec les autres.

La solidarité peut-elle résulter d'une disposition testamentaire par laquelle les héritiers seraient obligés solidairement à la prestation d'un legs. Dumoulin l'a nié en s'appuyant à tort sur les lois romaines, d'après lesquelles le testament pouvait donner naissance à une obligation corréale. Pothier le combat sur ce point (1), et pense que les testaments peuvent produire une obligation solidaire, quand le testateur a déclaré expressément qu'il chargeait solidairement ses héritiers de la prestation du legs. Cette opinion nous paraît, en effet, exacte (2).

La règle que nous venons d'étudier que la solidarité n'existe que quand l'intention de l'établir est formellement exprimée, ne s'applique pas dans les cas où la solidarité est établie par la loi elle-même. Nous étudierons plus loin ces cas de solidarité légale, et nous aurons à nous demander si, dans tous ces cas, il existe une solidarité véritable à laquelle s'appliquent les règles que nous allons voir posées pour la solidarité conventionnelle.

CHAPITRE II.

Effets de la solidarité dans les rapports des débiteurs avec le créancier.

SECTION Ire.—DROITS DU CRÉANCIER. — RESPONSABILITÉ COLLECTIVE DES DÉBITEURS.

L'art. 1203 nous dit : « Le créancier d'une obligation contractée solidairement, peut s'adresser à celui des débiteurs qu'il veut choisir, sans que celui-ci puisse lui opposer le bénéfice de division. » Cette liberté que l'art. 1203 donne au créancier de choisir celui qu'il veut poursuivre, n'existe évidemment qu'en supposant

---

(1) *Obligations*, n° 269.
(2) V. en ce sens Larrombière, sur l'art. 1202, n° 11. — Zachariæ, Aubry et Rau, § 298.

que les débiteurs solidaires sont tous obligés sous les mêmes modalités. Il est clair que si quelques-uns d'entre eux sont obligés à terme ou sous condition, le créancier ne peut choisir, pour exercer ses poursuites, que parmi ceux à l'égard desquels la dette est exigible. Du reste, le débiteur poursuivi peut demander un délai pour appeler en cause les autres débiteurs, de manière à faire statuer par un seul et même jugement sur la demande du créancier et sur le recours en garantie qu'il a droit de former contre ses codébiteurs (art. 1214 C, civ. et art. 183 et 175 C. procéd.) (1).

La loi prend soin de nous dire que le débiteur poursuivi ne pourra point opposer le bénéfice de division. La question de savoir si ce bénéfice devait être accordé aux débiteurs solidaires avait été débattue dans notre ancien droit. La majorité des interprètes du droit romain pensaient que dans le dernier état du droit les débiteurs solidaires jouissaient de ce bénéfice en vertu de la novelle 99. Aussi le rencontrons-nous surtout dans les pays de droit écrit. Ainsi, la coutume de Bayonne nous dit, titre xxi :

« Art. 1er. Si deux ou plusieurs voisins et habitants sont obli-
» gés envers aucun l'un pour l'autre, et chacun pour le tout, et
» le créancier fait convenir l'un desdits obligés par devant le
» maire ou son lieutenant ou autre juge, et lui demande toute la
» somme; si le convenu montre et fait apparoir que les autres
» obligés ses compagnons ont des biens pour payer leur part et
» portion, le convenu est quitte en payant sa portion seulement.

» Art. 3. Sinon qu'il eût expressément renoncé à la coutume
» de ladite ville en présence du maire ou son lieutenant. »

Au contraire, Loysel (2) nous dit : « Quand deux s'obligent
» ensemblement l'un pour l'autre et un chacun d'eux seul pour

---

(1) Zachariæ, § 298, note 34. — Edit. Aubry et Rau. — Larrombière, art. 1203, nᵒ 4. — Marcadé, art. 1203.

(2) Règle 367.

» le tout, ils renoncent en effet au bénéfice de division et de dis-
» cussion,»et Laurière fait observer que cette règle, fausse en droit
.romain depuis la novelle 99, est suivie en France. Dumoulin pro-
fessait la même opinion dans ses notes sur la coutume du Maine,
à l'art. 471 (1); aussi Pothier nous dit (2) que la renonciation au
bénéfice de division, qui était devenue de style comme l'atteste
Bretonnier sur Henrys (3), lui paraît inutile, et que même en
l'absence d'une pareille clause, les débiteurs solidaires n'auront
pas droit à l'exception de division. Le Code a consacré l'opinion
de Pothier.

Si le créancier ne peut être forcé de diviser sa poursuite, il
peut, si bon lui semble, demander à chaque débiteur une partie
de la dette. Ce procédé pouvait être fort utile en droit romain,
où, comme nous l'avons vu, la poursuite exercée contre l'un des
correi promittendi, éteignait l'action du créancier à l'égard des
autres; en ne poursuivant chacun d'eux que pour la part jusqu'à
concurrence de laquelle il était solvable, le créancier évitait de
consommer son action en pure perte. Cette précaution est aujourd'hui inutile en présence de la règle posée par l'art. 1204 :
« Que les poursuites faites contre l'un des débiteurs n'empêchent
» point le créancier d'en exercer de pareilles contre les autres. »
Le créancier peut donc poursuivre à son gré chacun des débiteurs,
soit pour partie, soit pour le tout, sans que dans ce dernier cas
il perde le droit de poursuivre les autres, aussi pour le tout, jusqu'à
parfait payement. Mais le créancier ne pourrait pas tirer du droit
qu'il a de diviser sa demande entre les débiteurs, la conséquence
qu'il peut refuser le payement intégral qui lui serait offert par
l'un d'eux. Il ne peut en effet enlever aux débiteurs le droit qu'a

---

(1) V. dans le même sens : art. 114 de la cout. de Bourbonnais, art. 10,
chap. 32, cout. de Nivernais, art. 163; de la coutume de Châteauneuf ; mais
voy. en sens contraire : cout. de Bretagne, art. 195 et 196, et cout. d'Anjou, n° 108.
(2) N° 210.
(3) T. II, p. 110.

chacun d'eux de payer la totalité de la dette, et de libérer les autres par ce payement intégral (1); chacun d'eux tire ce droit de la nature de l'obligation qui le constitue débiteur de la totalité.

La poursuite que le créancier a, comme nous venons de le voir, le droit d'intenter pour le tout contre l'un des débiteurs solidaires interrompt la prescription et perpétue la dette à l'égard de tous (art. 1206). Pothier motivait ainsi cette règle : Le créancier en interpellant l'un des débiteurs pour le total de la dette, « a inter- » rompu la prescription pour le total même à l'égard des débi- » teurs qu'il n'a pas interpellés, lesquels ne pourraient opposer » une prescription contre le créancier que sur ce qu'il n'aurait » pas usé de son droit pour la dette dont ils sont tenus; mais ils » ne peuvent le prétendre, puisque la dette dont ils sont tenus est » la même que celle pour laquelle leur codébiteur a été inter- » pellé pour le total (2). » Cette raison, comme le fait remarquer M. Bugnet, n'est pas suffisante. Nous verrons, en effet, en nous occupant des obligations *in solidum*, que plusieurs personnes peuvent être obligées chacune pour le tout, sans que l'interrup- tion de la prescription contre l'une ait effet à l'égard de l'autre. On ne peut donc pas conclure de cette seule circonstance que deux personnes peuvent être poursuivies chacune pour la totalité d'une dette, que la poursuite dirigée contre l'une interrompe la prescription à l'égard de l'autre. Pour que ce résultat se produise il faut qu'il existe entre ces personnes un mandat en vertu duquel les poursuites intentées contre l'une aient effet contre l'autre. C'est dans cette situation que se trouvent les débiteurs solidaires, qui sont mandataires les uns des autres *ad perpetuandam obli- gationem*.

Si l'un des débiteurs solidaires est mort laissant plusieurs hé-

---

(1) Zachariæ, Aubry et Rau, t. 3, p. 18. — Larrombière sur l'art. 1204, note 4. — Cass., req., 15 mars 1827. — Sirey, I, 328.

(2) N° 272.

ritiers, la dette se divise entre ces héritiers qui n'en sont tenus que chacun en proportion de sa part héréditaire. Comme il n'y a aucun lien de solidarité entre ces héritiers et qu'ils sont les uns par rapport aux autres dans la situation de débiteurs simplement conjoints, l'interpellation faite à l'un d'eux n'interrompt point la prescription à l'égard des autres. Mais l'interpellation faite à l'un de ces héritiers interrompt la prescription pour la part de cet héritier vis-à-vis des codébiteurs de leur auteur; pour interrompre la prescription pour le tout à l'égard des autres codébiteurs, il faut une interpellation faite à tous les héritiers du débiteur décédé (art. 2249). Par exemple, si j'ai deux débiteurs solidaires et que l'un d'eux laisse quatre héritiers, l'interpellation faite à l'un de ces héritiers, n'interrompra la prescription contre l'autre débiteur solidaire, que pour un quart de la dette, car dit Pothier : « En interpellant cet héritier qui n'était tenu que pour un » quart de la dette, je n'ai usé de mon droit que pour le quart; par » conséquent, la prescription est acquise pour le surplus à l'autre » codébiteur solidaire; et elle est acquise entièrement aux cohé- » ritiers de celui qui a été interpellé; n'ayant pas usé de mon droit » et de mon action pour les portions dont chacun d'eux était » tenu (1), » La prescription ne sera interrompue pour le tout contre le codébiteur du défunt, que si le créancier interpelle chacun des quatre héritiers.

L'art. 2249 met sur la même ligne que l'interpellation dirigée contre l'un des débiteurs solidaires, la reconnaissance de la dette commune faite par l'un d'eux ou, par ses héritiers; ainsi la reconnaissance de la dette qui émane de l'un des débiteurs solidaires interrompt la prescription à l'égard de tous. Mais, bien entendu, la renonciation de l'un des débiteurs solidaires à la prescription une fois accomplie ne peut préjudicier au droit qu'ont ses codébiteurs d'opposer cette prescription. La prescription a

---

(1) Pothier, *Obligations*, n° 697.

fondé au profit de chacun d'eux un droit acquis auquel les actes des autres ne doivent pas porter atteinte (1).

Nous pouvons rapprocher de l'interruption de prescription un effet analogue produit à l'égard de tous les débiteurs par les poursuites dirigées contre l'un d'eux. On sait que les jugements par défaut contre une partie qui n'a pas constitué d'avoué, doivent être exécutés dans les six mois de leur obtention, sinon ils sont réputés non avenus (art. 156, C. proc.). Si un pareil jugement a été rendu contre plusieurs débiteurs solidaires, les actes d'exécution exercés contre l'un d'eux en vertu de ce jugement, en empêcheront la péremption à l'égard de tous. Cette péremption pour défaut d'exécution dans les six mois, constitue en effet une sorte de prescription ou déchéance du bénéfice du jugement à laquelle doivent s'appliquer les dispositions des art. 1206 et 2249. C'est là une conséquence du principe que les débiteurs solidaires se représentent vis-à-vis du créancier *ad conservandam obligationem*. L'exécution du jugement contre l'un des débiteurs ne crée point en effet pour le créancier de nouveaux droits; elle ne fait que conserver l'efficacité du titre qu'il a obtenu et le mettre à l'abri d'une déchéance (2).

La suspension de la prescription à l'égard de l'un des débiteurs solidaires, produit-elle comme l'interruption, effet contre les autres ? Il ne s'agit pas, bien entendu, comme d'ailleurs l'énoncé même de la question l'indique, du cas où la cause de suspension de la prescription existerait vis-à-vis de tous les débiteurs; par exemple, s'ils étaient tous obligés sous la même condition ou le même terme, si le créancier commun était mineur ou interdit. Il est clair qu'en cas pareil la prescription serait suspendue à

---

(1) Pothier, *Obligations*, n° 699. — C. de Limoges, 17 déc., 1842. — Dalloz, Alph. *Oblig.*, n° 1404.

(2) Cass., 7 décemb. 1825. — Sirey, 26, 1, 207. — Civ., rej., 2 fév. 1841. — Sirey, 41, 1, 417. — Aubry et Rau sur Zachariæ, t. 3, p. 20. — Larrombière, sur l'art. 1208, n° 6.

l'égard de tous les débiteurs ; mais faut-il en dire autant en sup·
posant par exemple que la dette de l'un d'eux est à terme ou sous
condition, tandis que les autres sont obligés purement et simplement. La prescription suspendue à l'égard du premier (art. 2257)
l'est-elle aussi à l'égard des autres ? M. Rodière tient l'affirmative (1). Nous ne pouvons admettre cette opinion. Du moment que
le créancier pouvait agir contre ceux des débiteurs qui étaient
obligés purement et simplement, quel motif y a-t-il de le relever
des conséquences de son inaction ? Il n'y a aucun argument
à tirer de ce que les poursuites du créancier contre l'un des débiteurs interrompent la prescription à l'égard de tous ; car dans ce
dernier cas, le créancier a agi, et par l'effet du mandat existant
entre les débiteurs solidaires, il est réputé avoir agi à l'égard de
tous. En vertu de ce même mandat, le débiteur solidaire qui a
reconnu la dette est réputé avoir agi au nom de ses codébiteurs ;
mais, dans notre hypothèse, les conséquences du mandat existant
entre les débiteurs solidaires ne trouvent évidemment pas à s'appliquer ; dès lors, le motif en vertu duquel l'interruption de la
prescription à l'égard de l'un des débiteurs solidaires produit
effet contre les autres, manque quand il s'agit de la suspension.
Nous croyons donc sans fondement l'argument que M. Rodière
tire de l'art. 2250, dans lequel il ne s'agit que d'interruption et
non pas de suspension de prescription. Et nous pensons que de
même qu'un débiteur solidaire ne peut bénéficier des modalités
sous lesquelles a été contractée l'obligation de ses codébiteurs,
de même il ne doit pas en souffrir, et il ne doit pas voir la prescription suspendue à son préjudice par l'effet d'un terme
ou d'une condition qui ne le garantissent pas des poursuites du
créancier.

Il faut donner la même solution quand la suspension de la prescription résulte à l'égard de l'un des codébiteurs, non des moda-

---

(1) N° 102.

lités de son obligation, mais d'une autre cause, par exemple du mariage existant entre lui et la personne à qui appartient la créance (art. 2253).

De ce droit qu'a le créancier d'interrompre la prescription à l'égard de tous les débiteurs solidaires en agissant contre un seul d'entre eux, la loi (art. 1207) rapproche cet autre droit dont il jouit de faire courir les intérêts contre tous par la demande formée contre l'un d'eux. Les travaux préparatoires (1) présentent ces deux droits comme dérivant du même principe. Après avoir dit que la prescription interrompue à l'égard d'un des débiteurs solidaires, l'est à l'égard de tous, « parce que le créancier en » agissant contre l'un d'eux a usé de son droit contre tous. » M. Bigot-Préameneu ajoute : « C'est par le même motif que quand » le créancier forme une demande d'intérêts contre l'un des dé- » biteurs solidaires, ces intérêts lui sont adjugés pour la totalité » de la dette; et, dès lors, c'est comme si la demande avait été » formée contre tous. » Cette assimilation entre la demande d'in- térêts et l'interruption de la prescription manque d'exactitude ; l'interruption de la prescription ne fait que conserver et perpétuer la dette, la demande d'intérêts l'aggrave, l'augmente, car elle fait naître une obligation nouvelle. Dès lors, s'il est conforme aux principes des obligations solidaires, tels que le Code les a puisés dans Pothier et Dumoulin, que la prescription interrompue contre l'un d'eux le soit à l'égard de tous, il paraît contraire à ces mêmes principes que la demande d'intérêts formée contre l'un d'eux les fasse courir contre tous. Car, nous dit Pothier (2) : « l'obligation d'un débiteur solidaire peut bien être perpétuée, » mais non pas augmentée par la faute ou la demeure de l'un » d'eux. » Aussi Pothier, suivant en cela Dumoulin (3), pensait

(1) *Exposé des motifs* : Locré, t. XII, n. 91 et 92.
(2) *Des Obligations*, n° 273.
(3) *Traité dividui et individui*, 126, pars 3°.

que celui-là seulement qui avait été mis en demeure devait être tenu des intérêts et autres dommages dus pour le retard et la demeure. L'opinion de Dumoulin et de Pothier a été consacrée par le Code pour le cas où l'objet de l'obligation est un corps certain. Occupons-nous immédiatement des dispositions qui règlent ce dernier point pour les comparer avec le cas où l'objet de l'obligation est une somme d'argent.

Quand l'objet de l'obligation est un corps certain, si cet objet périt par la faute ou pendant la demeure d'un des débiteurs, l'obligation est perpétuée à l'égard de tous, en ce sens qu'ils sont tous tenus solidairement de payer la valeur de la chose qui a péri. Mais ceux-là seulement qui étaient en faute ou en demeure sont tenus des dommages-intérêts qui peuvent résulter de l'inexécution de l'obligation outre la valeur de la chose due (art. 1205). C'est là, on le voit, la consécration du système de Dumoulin, que nous avons exposé dans notre étude sur le droit romain, système qu'il avait imaginé pour concilier entre elles les lois 18, *de duobus reis*, d'une part, et 32, § 4, *de usuris*, et 173, *de regulis juris*, d'autre part. D'après ce système, la faute ou la demeure de l'un des débiteurs solidaires nuit aux autres, « usque ad metas et æsti-
» mationem obligationis principalis, » mais elle ne leur nuit pas,
« quoad accessiones sive usurarias sive quanti plurimi vel in-
» teresse extrinseci. In hoc augmento culpa tenet suum auctorem
» nec nocet correo insonti… ita ut insons non consequatur lu-
» crum ex culpâ vel morâ consortis sed etiam ne consequatur dam-
» num. » M. Bigot-Préameneu reproduit dans son exposé des motifs, ces idées de Dumoulin : « Ces dommages-intérêts (dûs par le
» débiteur en faute) sont, dit-il, la peine d'une faute qui est per-
» sonnelle. Si la faute d'un des débiteurs ne peut pas libérer les
» autres, il ne peut pas, par la même raison d'équité, aggraver
» leur sort (1). » Cette distinction puisée dans Dumoulin entre

____

(1) Locré, t. 12, n° 93.

les dommages-intérêts représentatifs de la valeur de la chose due
et les dommages-intérêts dus en dehors de cette valeur, est assez
difficile à expliquer rationnellement. On peut dire, en effet : ou
les débiteurs solidaires sont garants les uns des autres, ou ils ne
sont pas garants. S'ils sont garants les uns des autres, ils répondent de toutes les conséquences de la faute ou de la demeure
de l'un d'eux. S'ils ne le sont pas, ils n'en doivent répondre à
aucun degré et dans aucune mesure.

Quoi qu'il en soit de la valeur rationnelle de cette distinction,
Dumoulin et Pothier la restreignaient au cas où il s'agissait de
dommages-intérêts qui n'avaient pas été expressément stipulés.
Si, au contraire, les dommages-intérêts avaient été fixés à l'a-
vance au moyen d'une clause pénale, cette clause pénale étant
encourue par suite de la faute ou de la demeure de l'un des débiteurs, les autres étaient obligés d'en payer le montant, sans
distinguer s'il était ou non supérieur à la valeur de l'objet primitif de l'obligation. « Hoc casu, nous dit Dumoulin, insons magis
» ad pœnam tenetur ex conditione stipulationis quæ exstat, tan-
» quam ex causâ propinquâ et immediatâ quam ex facto consor-
» tis. » Ainsi Dumoulin voit dans la clause pénale une obligation
conditionnelle que tous les débiteurs ont solidairement contractée. La condition à laquelle est subordonnée cette obligation,
c'est que l'obligation principale manquera d'être exécutée par la
faute de l'un des débiteurs. Cette inexécution se produisant, chacun
des débiteurs est tenu des dommages-intérêts qu'il a promis
d'avance sous une condition qui se réalise. Le Code a-t-il adopté
sur ce dernier point la doctrine de Dumoulin et de Pothier ?
Aucun texte ne résout expressément la question et les travaux
préparatoires sont muets sur ce point. Néanmoins il est admis,
et avec raison, que le Code n'a pas entendu s'écarter de l'opinion
de Dumoulin et de Pothier. On peut tirer argument en ce sens
de l'art. 1232 qui consacre une opinion analogue de ces auteurs
pour un cas qui présentait certainement plus de difficultés :
« Lorsque l'obligation primitive contractée avec une clause pé-

» nale est d'une chose indivisible, la peine est encourue par la con-
» travention d'un seul des héritiers du débiteur, et elle peut être de-
» mandée, soit en totalité contre celui qui a fait la contravention,
» soit contre chacun des cohéritiers pour leur part et portion,
» etc. » Si l'on admet que l'un des débiteurs d'une chose indivisible peut soumettre par sa faute ses codébiteurs à payer la
clause pénale stipulée, quoique cependant ces débiteurs ne soient
pas garants les uns des autres, à plus forte raison doit-on admettre
qu'il en est ainsi quand il s'agit de débiteurs solidaires. Ceux-ci,
en effet, en l'absence d'une clause pénale, seraient tenus des
dommages-intérêts dus par la faute de leur codébiteur, jusqu'à
concurrence de la valeur de la chose qui faisait l'objet de l'obligation. Il y aurait donc une évaluation à faire. Or, la clause pénale
a justement pour but de rendre inutile l'évaluation des dommages-
intérêts. Rien de plus conforme au but de la clause pénale et à
la nature de forfait qu'elle présente que de supposer que les débiteurs ont entendu, en s'y soumettant, éviter toute évaluation
de dommages-intérêts ; aussi bien celle qu'il faudrait faire pour
déterminer ce que doivent les codébiteurs de celui qui est en
faute, que celle qui serait nécessaire pour déterminer ce que doit
ce dernier.

Au moyen des règles sur la clause pénale que nous venons de
développer, on a proposé de concilier l'art. 1207 avec les principes
empruntés à Dumoulin et à Pothier touchant l'effet de la faute
ou la demeure de l'un des débiteurs solidaires par rapport à
l'obligation des autres. En effet, les intérêts moratoires n'étant
autre chose que les dommages-intérêts fixés à l'avance par la loi,
ils constituent une clause pénale tacite, à laquelle il était naturel
d'appliquer les mêmes règles qu'à la clause pénale expresse (1).
L'art. 1207 peut se justifier encore par cette considération d'utilité pratique qu'il évite des frais considérables en ne forçant pas

____

(1) M. Valette. Marcadé, sur l'art. 1207.

le créancier à former une demande d'intérêts contre chacun des débiteurs solidaires, pour faire courir les intérêts contre tous. L'art. 1207 en parlant d'une demande en justice statue *de eo quod plerumque fit*. Mais dans les cas exceptionnels où une simple sommation fait courir les intérêts (art. 1652), nous ne voyons pas de raison pour ne pas attribuer à la sommation faite à l'un des débiteurs le même effet qu'à la demande en justice (1). Du reste, pour que la demande dirigée contre un des débiteurs solidaires fasse courir les intérêts à l'égard de ses codébiteurs, il faut supposer que la dette est pareillement exigible à l'égard de ceux-ci.

Si un débiteur meurt laissant plusieurs héritiers, il faudra, pour déterminer l'effet par rapport aux autres débiteurs solidaires, de la faute dont un de ces héritiers se sera rendu coupable ou de la demande d'intérêts formée contre lui, suivre les principes que pose l'art. 2249 quant à l'interruption de la prescription. Ainsi la demande formée contre l'un de ces héritiers ne fera pas courir les intérêts à l'égard de ses cohéritiers. Elle ne les fera courir à l'égard des codébiteurs, du débiteur solidaire décédé, que pour la part dont est tenu l'héritier poursuivi. Pour les faire courir pour le tout, contre ces codébiteurs, il faudrait former la demande contre tous les héritiers. La demande dirigée contre un des débiteurs solidaires ferait courir les intérêts contre tous les héritiers du débiteur solidaire décédé, pour la part héréditaire de chacun d'eux. De même, si la chose due périt par la faute ou pendant la demeure d'un héritier d'un des débiteurs solidaires, ses cohéritiers seront libérés, et les autres débiteurs ne seront tenus que jusqu'à concurrence de la part dont le contrevenant était tenu comme héritier pour partie de leur coobligé (2).

Il est bien entendu que les codébiteurs de celui durant la de-

---

(1) Larrombière, sur l'art. 1207, n° 2.
(2) Duranton, t. II, n° 218. — Rodière, n° 07, Delvincourt, t. II, p. 50.

meure duquel la chose a péri, pourrait comme ce dernier se dispenser de payer des dommages-intérêts aux créanciers en établissant que la chose eût également péri chez lui, si elle lui eût été livrée (art. 1302).

Il y a sous les rapports que nous venons d'examiner, des différences tranchées entre l'obligation solidaire et l'obligation indivisible. Tandis que les débiteurs solidaires répondent, du moins dans une certaine mesure (art. 1205), des faits les uns des autres, dans une obligation indivisible, si la chose due a péri par le fait de l'un des débiteurs, les autres sont libérés; ils ne restent pas tenus même jusqu'à concurrence de la valeur intrinsèque de la chose. Il est vrai que dans le cas où une clause pénale a été insérée dans l'obligation indivisible comme dans l'obligation solidaire, la peine est encourue par tous les débiteurs, à la suite de la contravention de l'un d'entre eux. Mais tandis que chacun des débiteurs solidaires est tenu en pareil cas de la peine pour le tout, dans l'obligation indivisible les débiteurs non contrevenants ne sont tenus de la peine que pour leur part; celui d'entre eux seul qui est en faute est tenu pour le tout (art. 1232).

Nous avons traité jusqu'ici la question de savoir jusqu'à quel point la solidarité s'étend aux augmentations de la dette survenant par suite d'un fait postérieur : dommages-intérêts dus par suite de la faute ou de la demeure, intérêts moratoires. Quant aux accessoires qui s'ajoutent à la dette par l'effet immédiat de la convention, par exemple les intérêts conventionnels, la question de savoir si la solidarité s'étend jusqu'à eux dépend de l'intention des parties et des termes de la convention.

Du reste, dans tous ces cas dans lesquels l'un des débiteurs solidaires rend impossible l'exécution de l'obligation commune et engage ainsi la responsabilité de ses codébiteurs vis-à-vis du créancier, ceux-ci auront recours contre lui pour le préjudice qui leur aura été causé par là. Par exemple, plusieurs personnes vendent solidairement une chose que l'une d'elles fait périr; cette dernière sera tenue envers les autres du préjudice qu'elle leur cause en les empêchant d'exécuter leur obligation envers l'acheteur et par conséquent d'obtenir le prix de leur chose.

SECTION II. — MOYENS DE DÉFENSE QUI PEUVENT ÊTRE OPPOSÉS PAR LES DÉBITEURS.

L'art. 1208 divise en trois classes les exceptions que les débiteurs solidaires peuvent opposer au créancier, exceptions résultant de la nature de la dette, exceptions communes à tous les débiteurs, exceptions personnelles à celui qui est poursuivi. Nous ferons d'abord observer que par ce mot : exceptions, le Code entend, en général, tous moyens propres à repousser la prétention du demandeur. Ce mot exceptions a donc ici la signification générique de moyens de défense.

Chaque débiteur solidaire peut opposer, nous dit l'article, toutes les exceptions qui résultent de la nature de l'obligation : ainsi, si l'obligation solidaire est à terme ou sous condition; si elle porte sur un objet qui n'est pas dans le commerce, s'il y a eu erreur sur la cause, ou si la cause est illicite, il est bien clair que chacun des débiteurs solidaires pourra se défendre en alléguant des moyens de ce genre, comme il le pourrait s'il était seul obligé.

Quant aux exceptions personnelles, celui-là seul a qui elles appartiennent peut s'en prévaloir. Ainsi, si l'un des débiteurs est obligé à terme ou sous condition, tandis que l'obligation des autres débiteurs est pure et simple, si l'un est incapable, tandis que les autres sont capables.

Enfin chaque débiteur peut opposer les exceptions communes ; le législateur a entendu sans doute désigner par ce mot exceptions communes, les causes d'extinction de la dette. Ainsi la perte par cas fortuit de la chose due, sans qu'aucun des débiteurs fût en demeure, la prescription.

Cette division tripartite des moyens de défense a été critiquée (1). L'un des termes de cette division, a-t-on dit, est inutile; car, quoi qu'on fasse après qu'on aura distingué les exceptions qui sont communes à tous les débiteurs et celles qui sont personnelles à quelques-uns, il sera impossible de trouver une troisième catégorie qui ne rentre pas dans ces deux premières. Et, c'est en effet, ce qu'on peut remarquer dans la classification de l'article 1208, dont un des termes : « les exceptions résultant de la nature de l'obligation » fait double emploi avec les deux autres : « les exceptions » communes et les exceptions personnelles. » Et, en effet, quelle que soit l'exception résultant de la nature de l'obligation que l'on suppose, ou bien le fait d'où elle dérive, par exemple le dol ou la violence existera à l'égard de tous les débiteurs, et alors l'exception sera commune, ou bien il n'existera qu'à l'égard de quelques-uns, et alors l'exception sera personnelle. Si l'on veut avec quelques auteurs n'appeler exceptions résultant de la nature de l'obligation que celles tenant à un vice qui produit nécessairement son effet, quant à tous les débiteurs, ces exceptions entreraient toutes alors dans la classe des exceptions communes à tous les débiteurs.

Certains auteurs entendent par exceptions résultant de la nature de l'obligation, celles qui dérivent de la nature particulière du contrat d'où est née la dette solidaire. Ainsi seraient des exceptions résultant de la nature de l'obligation, celle tirée de l'art. 1653 au profit d'acheteurs solidaires, celle tirée de l'art. 1704 au profit d'échangistes solidaires, celle tirée de l'art. 1719 au profit de locataires ou fermiers solidaires contre le bailleur qui ne leur a pas encore délivré la chose en bon état. Quant aux moyens de défense tirés du défaut de cause licite, d'objet certain d'une nullité de forme, ils rentreraient dans la classe des exceptions communes (2).

---

(1) V. Marcadé, sur l'article 1208.
(2) Rodière, nº 64 et 65.

Quoi qu'il en soit de cette division tripartite des moyens de défense adoptés par la loi, nous allons exposer successivement les divers faits d'où peuvent résulter au profit des débiteurs solidaires les exceptions dont parle l'art. 1208.

En première ligne se place le payement. La nature de la dette est telle en effet que, bien qu'existant pour le tout, à la charge de plusieurs personnes, elle ne doit aboutir qu'à un payement unique. Ce payement une fois effectué, le but de l'obligation est rempli et elle s'éteint. Ce payement, du reste, peut être fait soit par l'un des débiteurs, soit par un tiers, aux termes de l'art. 1236. Au payement il faut assimiler la *datio in solutum*.

La consignation faite par l'un des débiteurs solidaires, libérera définitivement les autres quand elle aura été acceptée par le créancier ou déclarée valable par jugement passé en force de chose jugée. Tant qu'il n'y aura eu ni acceptation du créancier ni jugement, le débiteur qui a consigné restera libre de retirer sa consignation, et s'il la retire, la dette subsistera, tant par rapport à lui que par rapport à ses codébiteurs. Cette décision, que Pothier discutait comme question douteuse (1), est formellement consacrée par la loi (art. 1261). Si le créancier a accepté la consignation, ou s'il est intervenu un jugement passé en force de chose jugée qui la déclare valable, le débiteur ne peut plus la retirer sans le consentement du créancier, et si le créancier consent à ce qu'il la retire, ce fait ne peut préjudicier à la libération acquise aux codébiteurs de celui qui a consigné. La dette a été éteinte à leur égard. Il ne peut se faire qu'une convention à laquelle ils sont étrangers la fasse revivre contre eux. Ainsi donc, si le créancier permet au débiteur qui a consigné de reprendre sa consignation acceptée par lui ou déclarée valable par jugement, une obligation nouvelle se formera entre eux qui n'aura d'autres garanties que celles que le créancier stipulera à ce moment, et

---

(1) *Obligations*, n° 580.

qui sera par conséquent étrangère aux débiteurs solidaires qui étaient obligés à l'ancienne dette.

Du payement effectué par l'un des débiteurs solidaires, Pothier rapproche la compensation qu'il opposerait au créancier commun (1), la question de savoir si les débiteurs solidaires peuvent se prévaloir de la compensation quand l'un d'eux est devenu créancier du créancier commun, se présente sous deux points de vue. D'abord les débiteurs solidaires ont-ils le droit d'opposer la compensation que leur codébiteur aurait déjà opposée? Ensuite ont-ils le droit d'opposer la compensation qu'il n'a pas encore opposée, mais qu'il aurait le droit d'opposer s'il était poursuivi. La première question n'offre pas de difficultés. Si par exemple, étant créancier de Pierre et de Paul, je deviens débiteur de Pierre, et que celui-ci étant poursuivi par moi en payement de la dette solidaire m'ait opposé la compensation, il est clair que Paul aussi bien que Pierre sera libéré par là. Le créancier a obtenu satisfaction. La dette solidaire est éteinte à l'égard de tous.

Mais si je ne poursuis pas Pierre qui est mon créancier mais bien son codébiteur, Paul auquel je ne dois rien, Paul pourra t-il m'opposer la compensation que Pierre pourrait m'opposer si c'était lui que je poursuivais. Nous examinerons cette question au moment où nous nous occuperons des exceptions qui, résultant des faits relatifs à l'un des débiteurs, profitent aux autres seulement jusqu'à concurrence de sa part. Nous étudions en ce moment les moyens de défense qui peuvent être opposés pour le tout par tous les codébiteurs.

Parmi les causes d'extinction qui opèrent pour le tout à l'égard de tous les débiteurs, se range la novation. L'art. 1281 nous dit : « Par la novation faite entre le créancier et un des débiteurs solidaires, les autres codébiteurs sont libérés. »

On peut se demander, dans le cas où plusieurs personnes sont

---

(1) N° 274.

obligées à la dette qui est substituée à l'obligation solidaire, si la solidarité stipulée dans la créance primitive passe à l'obligation nouvelle. La négative nous paraît certaine. L'ancienne dette est complétement éteinte avec tous ses caractères, toutes ses sûretés et, par conséquent, avec la solidarité qui la garantissait. La dette qui est créée par la novation est une dette entièrement nouvelle, qui tire tous ses caractères de la convention qui lui donne naissance et ne les emprunte pas à l'obligation qu'elle remplace. Aussi l'art. 1278 C. civ., nous dit-il que les priviléges et hypothèques de l'ancienne créance ne passent point à celle qui lui est substituée, à moins que le créancier ne les ait expressément réservés.» Nous disons donc que si plusieurs personnes sont obligées à la dette nouvelle, la solidarité n'existe point entre elles, à moins que le créancier ne l'ait réservée.

Le créancier peut, en faisant novation, se réserver que les débiteurs solidaires qui sont tenus de la dette qu'il veut nover accéderont à la nouvelle obligation. En pareil cas, la novation sera subordonnée à une condition et n'existera que quand les codébiteurs auront fourni cet engagement duquel le créancier a entendu faire dépendre la formation de la nouvelle dette et l'extinction de l'ancienne.

On peut se demander, lorsque le créancier n'a consenti la novation que sur la condition que les débiteurs accéderaient à la nouvelle dette, s'il est nécessaire qu'il ait dit expressément qu'ils devaient y accéder solidairement pour que leur engagement solidaire à la nouvelle dette soit la condition de la novation. On peut prétendre que le créancier doit, pour avoir le droit d'exiger qu'ils s'obligent solidairement, avoir formellement exprimé que telle était son intention, et que ce n'était qu'à cette condition qu'il consentait à éteindre sa créance par la novation. En effet, aux termes de l'art. 1202, la solidarité ne se présume pas et doit

---

(1) Rouen, 30 juin 1810. — Sirey, II, 2, 111.

être expressément stipulée. Toutefois, on peut répondre, croyons-nous, que l'art. 1202 est ici sans application. La portée et le sens de cet article se borne en effet à ceci : l'existence de la solidarité ne se présume pas ; pour que la solidarité existe, il faut qu'elle ait été expressément stipulée ; mais dans notre cas, il ne s'agit pas de savoir si la solidarité existe sans qu'elle ait été expressément stipulée, il s'agit de savoir si les parties n'ont pas entendu subordonner un certain effet juridique à la création d'une obligation solidaire. A cette hypothèse il semble que l'on devrait appliquer plutôt l'art. 1175 du Code civil qui nous dit : « que toute condi
» tion doit être accomplie de la manière que les parties ont vrai
» semblablement voulu et entendu qu'elle le fût. » Or, ici il s'agit de savoir si c'est la création d'une obligation solidaire ou la création d'une obligation simplement conjointe qui a été dans l'intention des parties la condition dont elles voulaient faire dépendre la novation.

Le créancier qui fait novation avec l'un des débiteurs solidaires et qui n'exige point l'accession des autres débiteurs à la dette nouvelle, pourra-t-il du moins se réserver comme garantie de cette dette les privilèges et hypothèques dont leurs biens étaient grevés pour la garantie de la première obligation ? L'art. 1280 répond à cette question : « Lorsque la novation s'opère entre le
» créancier et l'un des débiteurs solidaires, les privilèges et les
» hypothèques de l'ancienne créance ne peuvent être réservés
» que sur les biens de celui qui contracte la nouvelle dette. » La décision de cet article ne peut pas être prise à la lettre. Il est bien certain, en effet, qu'une personne peut hypothéquer sa chose sans s'obliger personnellement. Dès lors rien ne peut empêcher que les hypothèques qui garantissent la première obligation ne soient transportées à la seconde, du moment que les débiteurs à qui appartiennent les biens hypothéqués, consentent à cette translation ; et pour que leur consentement ait l'effet de conserver ces hypothèques, il n'est certes point nécessaire qu'ils s'obligent personnellement. L'art. 1280 doit donc être entendu en

ce sens que les hypothèques, qui grèvent les biens des débiteurs solidaires qui ne sont point obligés à la nouvelle dette, ne peuvent être attachées à la dette nouvelle que si ces débiteurs y consentent. Les rédacteurs se sont inspirés de la doctrine de Pothier qui présente cette opinion que les hypothèques grevant les biens d'un des débiteurs solidaires ne peuvent être réservés sans son consentement, comme une conséquence de cette autre opinion, que, un tiers s'obligeant pour la dette d'un autre de manière à le libérer, les hypothèques qui grevaient les biens du premier débiteur ne peuvent être transportées à la dette nouvelle sans son consentement : « Suivant les mêmes principes, ajoute-t-il, si l'un » d'entre plusieurs débiteurs solidaires contracte envers le créan- » cier une nouvelle obligation et qu'il soit porté par l'acte » que les parties ont entendu faire novation de la première » dette sous la réserve des hypothèques, cette réserve ne peut » avoir d'effet que pour l'hypothèque des biens de ce débiteur » qui contracte la nouvelle dette, et non pour les hypothèques » des biens de ses codébiteurs; *leurs biens ne pouvant pas être hy-* » *pothéqués à cette dette nouvelle sans leur consentement* (1). »

Ce sont là les idées qui ont inspiré l'art. 1280. Du reste, elles peuvent être critiquées. Pothier les avait tirées du droit romain. Il est vrai qu'il citait à tort comme étant conçue dans cette opinion, la loi 30 *de novationibus.* Cette loi, comme le remarque M. Bugnet (2), ne s'applique pas au cas où le créancier faisant novation avec un tiers a réservé, tout en consentant cette novation, les hypothèques qui grevaient les biens de son débiteur; elle suppose que la novation a été complète, sans aucune réserve : « Ità ut à primâ obligatione in universum discederetur. » Les hypothèques ont donc été éteintes et la loi décide avec grande raison que le second débiteur ne peut de nouveau « rursum »

---

(1) Pothier, *Obligations,* n° 599.
(2) Sur Pothier, p. 318, note 1.

hypothéquer ces mêmes choses sans le consentement du premier. Mais si Pothier invoquait à tort la loi 30 *de novationibus*, l'opinion qu'il exprime n'en paraît pas moins être celle du droit romain, comme l'atteste la loi 1 *C. Etiam ob chirograph. pec.* (8, 27). Du reste, on comprend qu'en droit romain le maintien des hypothèques qui grevaient les biens de l'ancien débiteur, fût incompatible avec l'extinction de sa dette au moyen de la novation. La novation, en effet, mode d'extinction de droit civil, avait des effets absolus. La dette novée était complétement éteinte, sauf que l'on admettait le droit pour l'ancien débiteur, non-seulement de constituer une hypothèque nouvelle pour la garantie de la nouvelle obligation, mais même d'empêcher l'extinction de l'ancienne hypothèque, « tanquam in locum suum succedente creditore, » mais s'il ne consentait pas à cette conservation de l'hypothèque sur ses biens, l'hypothèque s'éteignait par la novation avec la dette dont elle était l'accessoire. « Si pour nover l'obligation il eût été » possible, dit M. Demangeat (1), d'employer au lieu de la stipu- » lation un simple pacte, rien n'aurait empêché que l'hypo- » thèque pût être réservée, même sans le consentement de l'an- » cien débiteur. » On voit d'après cela que la doctrine romaine qui avait son fondement dans le mode par lequel s'opérait la novation, ne peut guère être justifiée en droit français; pourquoi l'effet extinctif de la novation ne pourrait-il pas être limité par la volonté des parties à l'obligation personnelle ! Ne résulterait-il pas toujours de cette novation pour l'ancien débiteur, cet avantage que, il ne serait tenu désormais que hypothécairement comme tiers détenteur, au lieu de l'être personnellement ?

La décision de la loi serait plus satisfaisante si on entendait l'art. 1280, comme signifiant que, lorsque le créancier a fait novation avec l'un des débiteurs solidaires, en déclarant qu'il n'entendait pas libérer les autres débiteurs de l'action hypothécaire

---

(1) P. 50, des *Obligations solidaires*.

qu'il a contre eux, cet arrangement ne peut nuire à ces débiteurs qui n'y ont pas été parties. Il ne peut pas leur nuire en ce sens que les hypothèques qui grèvent leurs biens ne seront point transportées à la nouvelle dette qui résulte de la novation, de telle sorte qu'ils soient obligés d'exécuter cette nouvelle obligation pour dégager leurs biens de l'hypothèque. Ils ont le droit de regarder cette nouvelle obligation comme leur étant complétement étrangère, et de faire disparaître l'hypothèque qui grève leurs biens en exécutant l'ancienne obligation.

Ainsi, s'il y a eu novation par changement de créancier, les codébiteurs de celui avec lequel cette novation a été faite sont maîtres de n'avoir affaire qu'à l'ancien créancier, ils auront le droit de se libérer entre ses mains. Pour que le nouveau créancier fût mis, quant à eux, à la place de l'ancien, il faudrait qu'il y eût cession avec signification. S'il y a eu novation par changement d'objet, les codébiteurs de celui avec lequel cette novation est intervenue, peuvent s'en tenir à l'objet de l'ancienne obligation.

Ainsi l'article 1280 signifierait que la novation ne peut nuire sous aucun rapport à des débiteurs qui n'y ont pas pris part.(1).

D'après Toullier, notre article 1288, outre qu'il est contraire aux principes du droit, se trouve de plus en contradiction avec l'art. 1251, n° 3. Ce dernier article accorde la subrogation de plein droit à celui « qui étant tenu avec d'autres ou pour d'autres au payement de la dette avait intérêt de l'acquitter. » Dès lors, si le créancier qui a deux débiteurs solidaires, Primus et Secundus, fait novation avec Primus, Secundus sera libéré. Mais Primus éteignant la dette par la novation qu'il fait avec le créancier, sera subrogé légalement aux droits du créancier contre Secundus; il pourra donc faire valoir contre lui l'hypothèque

---

(1) M. Valette.

attachée à l'ancienne dette, et si Primus ne paye pas le créancier, celui-ci pourra, sans qu'il y ait eu de réserves de sa part, exercer au nom de son débiteur l'action hypothécaire contre Secundus (1). C'est ce résultat que Toullier trouve en contradiction avec l'article 1280. Mais en cela Toullier se trompe, ce nous semble. En admettant avec lui que le débiteur solidaire qui a fait novation avec le créancier commun soit subrogé d'après l'art. 1251, n° 3, aux droits de ce créancier contre ses codébiteurs, il ne résulterait pas de là que ce créancier se trouvât, en vertu de cette subrogation accordée à son débiteur, dans la même position que s'il avait conservé sur les biens de Secundus l'hypothèque qui garantissait son ancienne créance, par une réserve faite avec l'adhésion de Secundus.

En effet, s'il y avait eu une réserve de cette nature, le créancier aurait pu agir hypothécairement contre Secundus pour la totalité de l'ancienne dette; tandis que, s'il ne peut se prévaloir de l'hypothèque subsistant sur les biens de Secundus que comme exerçant les droits de son débiteur Primus, il ne pourra exercer l'action hypothécaire contre Secundus que dans la mesure de la part contributive que celui-ci doit supporter dans ses rapports avec son codébiteur. Il est bien clair, en effet, que le créancier agissant du chef de son débiteur Primus, ne peut pas avoir des droits plus étendus que Primus lui-même. De plus, agissant contre Secundus du chef de Primus, en vertu de l'art. 1166, le créancier aura à subir le concours des autres créanciers de Primus, et il pourra très-bien se faire, par conséquent, qu'il ne profite pas de la totalité de ce qui sera obtenu de Secundus. Il en profiterait au contraire pour la totalité, bien évidemment, si l'hypothèque sur les biens de Secundus avait continué au moyen d'une réserve de subsister directement à son profit. On ne

____

(1) Toullier, t. VII, n° 312. — Ajout. Larrombière, sur l'art. 1280, n° 3.

peut donc pas dire qu'il y ait contradiction entre l'article 1280 et l'article 1281, n° 3.

De la novation nous pouvons rapprocher la remise de la dette à titre gratuit. La remise de la dette peut être expresse ou tacite. Occupons-nous d'abord des effets de la remise faite expressément à l'un des débiteurs solidaires. Nous verrons ensuite quels sont les effets de la remise tacite.

La remise expresse (que la loi, art. 1285, appelle conventionnelle, quoique en réalité la remise tacite soit conventionnelle comme la remise expresse, ainsi que le remarque M. Marcadé (1); la remise expresse, disons-nous, faite à l'un des débiteurs solidaires d'une manière absolue et sans que le créancier ait expressément réservé ses droits contre les autres, libère tous les débiteurs. C'est la décision formelle de l'art. 1285. Pothier était moins absolu; il dit « que la remise de la dette faite à l'un des débiteurs » solidaires, libérerait aussi les autres s'il paraissait que le » créancier, par cette remise, a eu l'intention d'éteindre la » dette en totalité. S'il paraissait que son intention a été seule- » ment d'éteindre la dette quant à la part pour laquelle ce- » lui à qui il en a fait la remise en était tenu, vis-à-vis de ses » codébiteurs, et de décharger du surplus de la dette la personne » de ce codébiteur, la dette ne laissera pas de subsister pour le » surplus dans les personnes de ses codébiteurs. » On voit que la doctrine de Pothier était d'examiner en fait, quelle avait été l'intention du créancier, s'il avait entendu faire remise de toute la dette ou seulement de la part du débiteur qu'il déchargerait. Le Code va plus loin, il présume quand le créancier a fait remise à l'un des débiteurs solidaires sans s'expliquer autrement, qu'il

---

(1) Sur l'art. 1285, n° 1.

a renoncé à sa créance d'une manière absolue; et si le créancier
veut restreindre sa remise à la part de celui des débiteurs à qui
il la consent, il doit réserver expressément ses droits contre les
autres débiteurs. Ces dispositions de notre loi ont donné lieu à des
critiques; elles sont en effet contraires à la règle que les libéralités ne se présument pas. D'après cette règle la remise consentie
par le créancier à l'un des débiteurs, aurait dû être interprétée
dans le sens de la libéralité la plus restreinte. Cet effet absolu que
le Code attribue à la remise était produit en droit romain par
l'acceptilation faite à l'un des débiteurs solidaires. Les Romains
suivaient en cela avec leur rigueur de logique habituelle les conséquences des idées qu'ils avaient posées. Or, l'acceptilation était
un payement tenu pour reçu. Dès lors il était logique que l'acceptilation faite à l'un des débiteurs solidaires libérât les autres;
et c'est en effet par cette idée que la loi 16 *de acceptilatione* (46,
4) explique cette libération : « Quoniam velut solvisse videtur,
nous dit cette loi, is qui acceptilatione solutus est. » Il est clair
par là que cet effet absolu de la remise faite à l'un des débiteurs
solidaires, n'a plus la même raison d'être dans le droit français.
On l'a toutefois expliqué par l'idée admise par le Code, que chacun des débiteurs solidaires est le mandataire et le représentant de tous les autres (1).

Quand le créancier a fait ses réserves et a ainsi conservé ses
droits contre les débiteurs solidaires autres que celui à qui il a
fait remise, il ne pourra poursuivre ceux-ci que déduction faite
de la part que devait supporter dans la dette celui qu'il a déchargé. Le créancier, en effet, ne peut pas faire retomber à la
charge des autres débiteurs la part que devait supporter celui
qu'il lui a plu de libérer. Celui-ci devrait donc être soumis au recours de ses codébiteurs si le créancier leur demandait toute la
dette; et dès lors il serait privé indirectement du bénéfice de la

____

(1) Marcadé, sur l'art. 1285, n° 2.

remise que lui a accordée le créancier. C'est au créancier à supporter les conséquences de la libéralité qu'il a faite, et c'est avec raison que l'art. 1285 décide que le créancier, « dans le cas où il » a expressément réservé ses droits contre les autres débiteurs, » ne peut plus répéter la dette que déduction faite de la part de » celui auquel il a fait la remise. » C'était déjà, au reste, l'opinion de Pothier (1).

Quand le créancier a par des réserves formelles restreint sa remise à la part du débiteur auquel il la consent, quelle sera précisément cette part dont ce débiteur sera déchargé et que le créancier devra déduire dans sa poursuite contre les autres débiteurs? Sera-ce la part virile dans la dette du débiteur libéré; sera-ce sa part réelle, c'est-à-dire celle qui doit rester en définitive à sa charge dans le règlement des intérêts des débiteurs entre eux? Il faut distinguer si le créancier connaissait ou non les relations des débiteurs entre eux et la part que ces relations mettaient à la charge du débiteur qu'il libère. S'il connaissait cette part, c'est elle qu'il doit être censé lui avoir remise. Ainsi soit trois débiteurs solidaires de 6,000 fr. D'après les relations d'intérêts qui existent entre eux Primus doit contribuer au payement de cette dette pour la moitié, 3,000 fr.; Secundus et Tertius, chacun pour 1,500 fr. Si le créancier, connaissant cette circonstance fait remise à Primus pour sa part, il sera censé avoir voulu lui faire remise de sa part réelle, c'est-à-dire de 3,000 fr. S'il ignorait cette circonstance, la part dont le créancier sera censé avoir voulu libérer Primus, sera sa part virile dans la dette, dans l'espèce 2,000 fr.; car dans l'ignorance des rapports qui existaient entre eux, il est naturel qu'il ait présumé qu'ils devaient tous supporter des parts égales dans la dette. Tout ceci, bien entendu, ne sont que des présomptions qui céderaient devant la volonté exprimée du créancier. Ainsi, si le créancier connaissant les rapports des codébiteurs entre eux,

____

(1) N° 275.

a manifesté cependant l'intention de ne faire remise à Primus que de sa part virile, cette remise n'aura effet que jusqu'à concurrence de 2,000 fr. (1).

Si la part réelle du débiteur à qui la remise a été faite était inférieure à sa part virile, la remise n'aurait effet, croyons-nous, que jusqu'à concurrence de la part réelle, soit que le créancier connût, soit qu'il ignorât cette part. Ainsi, dans l'espèce citée plus haut, la remise faite à Secundus ou à Tertius ne diminuerait la créance que jusqu'à concurrence de leur part réelle 1,500 fr., et ne s'étendrait pas à la totalité de leur part virile qui est dans l'espèce de 2,000. Le créancier, en effet, en limitant par des réserves formelles sa libéralité à la part du débiteur qu'il décharge, a manifesté l'intention de ne gratifier que lui, de ne se dépouiller de sa créance que dans son intérêt; et cet intérêt est complétement à couvert, du moment que la remise vaut pour la part que le débiteur libéré devait supporter dans ses rapports avec ses codébiteurs. De là, il résulte que si le débiteur solidaire déchargé n'était en réalité que caution, les autres continueraient d'être tenus de la totalité de la dette, la décharge conventionnelle n'étant qu'une remise de cautionnement. Rien ne peut empêcher, dans ce cas, le créancier de poursuivre sans aucune déduction les codébiteurs de celui qu'il a libéré, car ils ne doivent avoir aucun recours contre ce dernier : il n'est pas à craindre, par conséquent, qu'ils soit indirectement privé par suite de la poursuite dirigée contre eux de la libération qui lui est acquise.

Nous avons parlé jusqu'ici des effets de la remise expresse. L'art. 1384 nous indique les effets de la remise tacite : « La remise » du titre original sous signature privée ou de la grosse du titre » à l'un des débiteurs solidaires, a le même effet au profit des co- » débiteurs. » Pothier qui, comme nous l'avons vu, n'accordait

---

(1) Marcadé, sur l'art. 1285, n° 3. — Conf. Delvincourt, t. II, p. 573. — Toullier, t. VII, n° 329.

point à la remise expresse l'effet absolu que le Code lui fait produire, Pothier, donnait une autre décision quant à la remise tacite : d'après lui, le créancier qui avait rendu à l'un des débiteurs solidaires le billet constatant l'obligation, devait être présumé avoir entendu remettre et éteindre entièrement la dette : « car s'il n'eût voulu décharger que l'un des débiteurs, il aurait » retenu le billet qui lui aurait été nécessaire pour faire payer les » autres (1). »

Parmi les exceptions communes, qui peuvent être invoquées par tous les débiteurs solidaires, la loi range formellement celle tirée du serment prêté par l'un d'eux. « Le serment déféré à l'un » des débiteurs solidaires, nous dit l'art. 1365, profite à ses codé- » biteurs. » Notre article ne s'explique pas sur le cas où le serment a été déféré au créancier par l'un des débiteurs solidaires; mais la solution à donner dans cette hypothèse ne peut guère faire difficulté. Le serment déféré au créancier par l'un des débiteurs ne pourra être opposé aux autres. C'est ce qu'admettent même les auteurs qui pensent que le jugement rendu au profit du créancier contre l'un des débiteurs solidaires, est opposable aux autres débiteurs; car même en supposant que les débiteurs solidaires aient mandat les uns des autres pour se représenter dans les procès relatifs à la dette commune, et que ce mandat est indépendant de l'issue favorable ou défavorable que pourront avoir ces procès, même en admettant ces propositions qui, comme nous allons le voir, sont contestées, on ne serait pas autorisé à conclure qu'un débiteur solidaire peut compromettre les droits de ses codébiteurs par un acte aussi dangereux qu'une délation de serment.

Pour que le serment prêté par l'un des débiteurs solidaires profite à ses codébiteurs, il faut, bien entendu, que le serment ait été déféré sur l'existence de la dette; car s'il a été déféré sur le

---

(1) *Obligations*, n° 608.

fait de l'engagement personnel de celui qui le prête, il est clair que ses codébiteurs ne pourront point l'invoquer (art. 1365 *in fine.*)

Le jugement rendu sur les poursuites du créancier commun au profit de l'un des débiteurs solidaires, ou contre lui, a-t-il l'autorité de la chose jugée vis-à-vis de ses codébiteurs ? Cette question est vivement débattue. Précisons d'abord les points sur lesquels on est généralement d'accord, afin de circonscrire le débat sur son véritable terrain. Si le débiteur solidaire poursuivi par le créancier commun, a triomphé en se fondant sur des moyens de défense à lui personnels, tout le monde convient que le jugement ainsi obtenu ne profitera pas aux autres débiteurs; il ne leur profitera pas, du moins pour la totalité de la dette, mais il leur profitera jusqu'à concurrence de la part du débiteur qui l'a obtenu.

Si, en effet, le créancier dans ses rapports avec les autres débiteurs, ne déduisait point cette part, ceux-ci la répéteraient contre leur codébiteur, qui se verrait ainsi privé du jugement rendu à son profit.

Nous venons de voir que le jugement rendu au profit de l'un des débiteurs solidaires sur le fondement de moyens de défense à lui personnels, ne profite point aux autres; il est clair qu'à l'inverse, le jugement rendu contre l'un des débiteurs ne nuit point aux autres, quant aux moyens de défense à eux personnels qu'ils pourraient invoquer, et ne les empêche pas de les faire valoir; par exemple s'ils contestent la validité de leur consentement, s'ils prétendent ne s'être obligés que sous certaines modalités.

On voit que la question de savoir si le jugement rendu avec l'un des débiteurs solidaires a effet à l'égard des autres, se pose quand ce jugement a été rendu sur des moyens de défense communs, qu'invoquent les débiteurs poursuivis postérieurement.

Une première opinion admet que le jugement rendu au profit d'un des débiteurs solidaires ou contre lui, n'a aucun effet à l'égard des autres débiteurs. Ainsi le créancier qui a succombé dans sa demande contre l'un des débiteurs, pourra obtenir condamnation contre un autre. Cette opinion argumente du droit romain où nous avons vu que la sentence obtenue par l'un des débiteurs simplement solidaires, ne libère pas les autres (1). Il est vrai qu'il paraît résulter des textes que le jugement rendu au profit de l'un des *correi promittendi* pouvait être invoqué par les autres (2); mais, dit-on, il faut suivre en droit français la décision donnée en droit romain pour le cas de débiteurs tenus simplement *in solidum*; car l'idée d'unité d'obligation, idée de laquelle dérivaient les effets produits par le jugement obtenu par l'un des débiteurs en matière d'obligations corréales, cette idée n'existe pas en droit français. Du reste, le jugement rendu au profit de l'un des débiteurs solidaires, pourrait être invoqué par les autres débiteurs, de manière à se dispenser de payer au créancier la part que le débiteur, qui a triomphé de la demande formée contre lui, devait supporter en définitive (3). Si le créancier en effet pouvait demander la totalité de la dette, sans déduire cette part, aux autres débiteurs, le recours qu'ils exerceraient contre leur codébiteur lui enlèverait le bénéfice du jugement.

Ce système, qui restreint sans distinction l'autorité de la chose jugée à celui des débiteurs solidaires qui a figuré au procès, soit que le créancier ait triomphé, soit qu'il ait succombé, et qui se refuse absolument à voir dans le jugement rendu avec l'un des débiteurs, une de ces exceptions communes dont parle l'art. 1208, cette opinion est difficile à concilier avec l'art. 1365, C. civil, qui nous dit que le serment prêté par l'un des débiteurs solidaires profite à ses codébiteurs.

Un autre système distingue : il admet bien les débiteurs solidaires à se prévaloir du jugement rendu au profit de l'un d'eux; mais il nie que le jugement rendu contre l'un des débiteurs, so-

____

(1) L. 52, § 3, *de fidejussor.*, 46, I.
(2) L. 42, § 3, *de jurejur.*
(3) M. Demangeat, *loc. cit.*, p. 60, à la note.

lidaires et qui a rejeté une exception commune par lui proposée,
ait l'autorité de la chose jugée vis-à-vis des autres. En effet, dit-on,
si l'obligation solidaire est une, quant à son objet, elle est mul-
tiple quant au lien juridique des débiteurs sur lesquels elle pèse.

L'obligation de chacun de ces débiteurs étant distincte de celle
des autres, les moyens de défense qu'il fait valoir, il les propose
en ce qui concerne son engagement personnel ; et dès lors, s'il
succombe, la cause des autres n'en doit pas moins rester entière.
Que pour repousser cette conséquence on ne prétende pas que les
débiteurs solidaires sont mandataires les uns des autres, pour tout
ce qui concerne la dette commune. Ce n'est là qu'une autre manière d'énoncer la question. Il s'agit précisément de savoir si les
débiteurs solidaires sont mandataires les uns des autres, et quelle
est l'étendue de ce mandat. Or, les art. 1285, 1365, impliquent à
la vérité un mandat réciproque des débiteurs solidaires à l'effet
de rendre meilleure leur condition commune, mais on ne trouve
dans la loi rien qui autorise à conclure que les débiteurs solidaires sont mandataires les uns des autres, avec le pouvoir pour
chacun de compromettre par ses actes les droits de ses codébiteurs. Qu'on n'objecte pas les art. 1206, 2249 ; il ne s'agit dans
ces articles que d'actes par lesquels les droits du créancier sont
conservés tels qu'ils sont, et non point d'actes par lesquels ils seraient améliorés et consolidés, comme ils le seraient par un
jugement qui les consacre, si ce jugement produisait effet contre
tous les débiteurs solidaires. Un débiteur solidaire ne pourrait
pas, certainement, ajoute-t-on, dans cette opinion en renonçant à
une exception de prescription par exemple, priver les autres du
bénéfice de cette exception. Or, s'il ne peut compromettre de
cette manière les droits de ses codébiteurs, pourquoi pourrait-il
les compromettre en plaidant (1) ?

---

(1) En ce sens, MM. Aubry et Rau, t. VI, p. 189. — Marcadé, sur l'art. 1851,
n° 13. — Confér. Duranton, t. XIII, n° 520. — Civ. rej., 15 janvier 1839. — Sir.,
39,1,97. — Limoges, 10 décembre 1842. — Sir., 43, 2, 195.

Enfin, un troisième système étend à tous les débiteurs solidaires les effets de la chose jugée avec l'un d'eux, que le jugement rendu soit favorable à ce débiteur, ou que ce soit au contraire le créancier qui ait triomphé dans sa demande. La distinction présentée par le second système entre le cas où le jugement est favorable et celui où il est défavorable à celui des débiteurs solidaires qui était partie au procès est, dit-on, inadmissible. Si le débiteur solidaire représente ses codébiteurs quand il obtient gain de cause, il doit les représenter également quand il succombe. Le mandat, si on en admet l'existence, en vertu duquel le débiteur qui a plaidé a représenté ses codébiteurs, est antérieur au résultat du procès et doit en être indépendant; une personne ne pourrait pas donner mandat à une autre de la représenter en justice, sous la condition qu'elle obtiendrait un jugement favorable. Quant à l'objection consistant à dire que l'un des débiteurs solidaire n'a pas le pouvoir de préjudicier par ses actes au droit des autres, on peut la repousser en observant que cette règle ne s'applique qu'aux actes empirant la condition commune qui sont le produit immédiat de la volonté de l'initiative individuelle de l'un des coobligés tels que sont par exemple le serment qu'il déférerait au créancier, la renonciation à la prescription, et généralement tout acte émanant de sa volonté, dont le résultat immédiat serait de rendre pire la condition de ses consorts. Mais quand un des débiteurs solidaires a succombé en justice, on ne peut pas dire que l'aggravation de la condition de ses coobligés qui résulte de là, soit le produit immédiat de la volonté de l'initiative du débiteur qui a figuré au procès. L'acte qui émane directement, immédiatement de lui, c'est le fait d'avoir défendu à la demande du créancier commun; mais ce fait considéré en lui-même ne constitue point une détérioration de la condition des autres obligés. On peut dire, au contraire, qu'il a lieu dans leur intérêt; il rentre, par conséquent, dans les pouvoirs que les débiteurs solidaires tiennent du mandat réciproque qu'ils se sont donné. Or, le pouvoir que le débiteur partie au procès, a eu dès le principe de défendre à l'action du créancier commun, comme mandataire de ses cohligés, ce pouvoir doit rester indépendant du résultat final de la contestation (1).

La précédente opinion ne permet, bien entendu, d'opposer à tous les débiteurs solidaires, le jugement rendu contre l'un d'eux; que si ce dernier a loyalement rempli le mandat qu'il avait reçu de ses codébiteurs de les représenter en justice, ceux-ci pourraient attaquer par voie de tierce opposition les jugements rendus en fraude de leurs droits (2).

La dernière opinion que je viens d'exposer me semble avoir raison quand elle soutient que si l'on étend le bénéfice du jugement rendu en faveur de l'un des débiteurs solidaires à tous les autres, en vertu de cette idée que celui qui a figuré au procès y a figuré comme mandataire de ses codébiteurs, il faut en partant de la même idée décider que le jugement rendu en faveur du créancier contre l'un des débiteurs solidaires est opposable aux autres. En effet, on ne comprend guère qu'un mandataire dans un procès, puisse n'avoir cette qualité que s'il gagne ce procès, tandis que s'il le perd il n'aura point été mandataire et n'aura point représenté celui qu'il aurait représenté si l'issue avait été favorable. Les pouvoirs de celui qui figure au procès doivent être fixés indépendamment des éventualités de gain ou de perte ; on doit savoir *à priori* s'il est mandataire ou s'il ne l'est pas. Si le débiteur solidaire poursuivi figure au procès en qualité de mandataire de ses codébiteurs, le jugement rendu en sa faveur leur profitera sans doute; mais aussi le jugement rendu contre lui devra leur nuire; si l'on nie cette dernière conséquence, il faut aussi nier le principe et dire qu'un débiteur solidaire ne représente point les autres dans

______

(1) Larrombière, sur l'art. 1351, n° 100. — Proudhon, de l'usufruit, n° 1821. — Merlin, *Chose jugée*, § 18. — Toullier, t. X, n° 602. — Cass., 11 août 1811. — Dall. Alph., *Chose jugée*.

(2) Req. rej., 11 décembre 1834. — Sir., 35, 1, 376. — Req. rej., 29 novembre 1836. — Sir., 3, 7, 1, 302.

le procès qu'il soutient; mais alors sur quoi s'appuiera-t-on pour étendre à tous les débiteurs solidaires le bénéfice des jugements rendus en faveur de l'un d'eux?

Ainsi donc il faut, croyons-nous, écarter l'opinion d'après laquelle l'un des débiteurs solidaires, soutenant un procès contre le créancier commun, représenterait ses codébiteurs en qualité de mandataire si l'issue du procès était favorable et ne les représenterait pas dans le cas contraire; et, dès lors, il nous semble qu'il faut choisir entre l'une ou l'autre de ces deux opinions : ou bien le débiteur solidaire qui a soutenu le procès a représenté ses codébiteurs, et le jugement rendu pourra être opposé à ses codébiteurs comme il leur profitera; ou bien il n'a pas représenté ses codébiteurs, et, alors, le jugement ne pourra pas leur être opposé; mais il ne pourra pas non plus leur profiter, sinon dans les cas où l'on pourra dire que le débiteur qui a plaidé a été accepté par le créancier comme gérant d'affaires de ses codébiteurs.

Il importe de faire ici une remarque dont quelques auteurs paraissent ne pas tenir compte, comme le dit très-bien M. Bonnier (*Traité des preuves*, troisième édition, n° 887) : « il n'est pas possible d'admettre d'une manière absolue que le jugement rendu contre le débiteur qui a soutenu le procès, ait effet contre les co-intéressés; puisqu'ils peuvent fort bien nier l'engagement solidaire et qu'on ne saurait alors, sans tomber dans un cercle vicieux, leur opposer le jugement rendu contre leur codébiteur. Par exemple, je prétends que Pierre et Paul sont tenus envers moi d'une dette solidaire et ils le nient; je poursuis Pierre et j'obtiens un jugement qui déclare qu'il me doit en effet telle somme solidairement avec Paul ; si je veux opposer ce jugement à Paul, il est bien clair qu'il me répondra. En supposant que le jugement rendu contre l'un des débiteurs solidaires puisse être opposé aux autres, du moins faut-il, pour que vous puissiez m'opposer le jugement rendu contre Pierre, que je sois son codébiteur solidaire. Or justement, c'est ce que je nie, et c'est ce que vous avez à établir avant de pouvoir m'opposer ce jugement. Ainsi donc, quand on dit que le jugement rendu contre l'un des débiteurs solidaires pourra être opposé aux autres, il est bien entendu que l'on suppose que leur qualité de débiteurs solidaires est constante à l'égard de ceux-ci.

La confusion qui s'opère dans la personne d'un débiteur solidaire succédant au créancier commun, ou du créancier commun succédant à l'un des débiteurs solidaires, éteint la dette solidaire jusqu'à concurrence de la part dont était tenu le débiteur qui succède au créancier ou auquel le créancier succède. C'est ce que nous dit l'art. 1209 : « Lorsqu'un des débiteurs devient l'héritier » unique du créancier, ou que le créancier devient l'unique héri- » tier de l'un des débiteurs, la confusion n'éteint la créance soli- » daire que pour la part et portion du débiteur ou du créancier. »

La confusion, comme nous le dit l'art. 1300, s'opère quand les qualités de créancier et de débiteur se réunissent dans la même personne ; et peu importe la cause qui amène cette réunion ; que ce soit parce que le débiteur devient héritier du créancier, ou le créancier du débiteur, ou qu'une tierce personne devient héritier des deux, ou bien que ce soit par suite d'une cession, ou d'un legs de la créance que les qualités de créancier et de débiteur viennent se réunir dans la même personne ; du moment que ces qualités sont réunies, la confusion se produit. Il faut donc étendre la décision que donne l'art. 1209, aux cas où la confusion est le résultat d'une autre cause que celle qu'il indique. Remarquons encore sur l'art. 1209, qu'il est rédigé d'une manière inexacte ; il nous dit en effet « que la confusion n'éteint la créance solidaire » que pour la part et portion du débiteur ou du créancier. » Or, il est bien clair que puisqu'il s'agit d'obligations existant contre plusieurs débiteurs au profit d'un seul créancier, il ne peut pas être question de la part du créancier. L'art. 1301, qui reproduit la disposition de notre article 1209, n'est pas mieux rédigé : « La confusion qui s'opère dans la personne du créancier, nous » dit cet article, ne profite à ses codébiteurs solidaires que pour la » portion dont il était débiteur » ; il fallait évidemment dire : La confusion qui s'opère dans la personne du créancier ne profite à ses codébiteurs solidaires que pour la portion dont le créancier est tenu comme représentant l'un des débiteurs (1).

La décision que nous donnent les art. 1301 et 1209 était admise en droit romain dans le cas où les *correi* étaient associés. La raison en était que dans ce cas le créancier devenu successeur de l'un des *correi*, ou l'un des *correi* devenu successeur du créancier aurait été forcé au moyen de l'action *pro socio*, de restituer à celui des *correi promittendi* qui aurait payé, la part contributoire dont était tenu le débiteur qui avait succédé au créancier ou auquel le créancier avait succédé. La même raison dans notre droit français devait conduire à la même solution, « car, comme » dit Pothier, chacun des débiteurs solidaires ayant en payant » recours contre les autres pour leur part, il faut décider indis- » tinctement que lorsqu'il se fait confusion de la dette en la per- » sonne de l'un des débiteurs solidaires, l'autre ne demeure obligé » que sous déduction de la part pour laquelle il aurait eu recours » contre celui en la personne de qui la confusion s'est faite (2). » Ainsi la dette solidaire subsiste vis-à-vis des autres débiteurs ; seulement, elle est diminuée de la part que devait supporter celui d'entre eux vis-à-vis duquel la dette est éteinte par l'effet de la confusion. La confusion, en effet, est un état de fait qui n'éteint l'obligation que parce qu'elle en rend l'existence impossible par le concours dans la même personne des deux qualités contraires de débiteur et de créancier qui se détruisent mutuellement ; mais là où s'arrête cette impossibilité, là s'arrêtent les effets de la con- fusion. Or, s'il est impossible que celui des débiteurs en qui se rencontre également la qualité de créancier, continue d'être obligé, parce qu'il ne peut l'être envers lui-même, rien n'em- pêche que l'obligation subsiste par rapport aux autres débiteurs.

---

(1) M. Duguet sur Pothier, p. 354, note 2.
(2) *Obligations*, n° 645.

Et non-seulement l'obligation subsiste par rapport à eux, mais elle subsiste avec son caractère d'obligation solidaire. Ainsi le débiteur qui a succédé au créancier, ou le créancier qui a succédé au débiteur pourra exiger des autres débiteurs solidaires toute la dette, moins la part dont il est lui-même tenu envers eux. On aurait pu croire que le débiteur qui a succédé au créancier doit être regardé comme s'étant payé la dette à lui-même ; que c'est à ce titre qu'il a recours contre ses codébiteurs. Or, que d'après l'art. 1215, le débiteur qui a payé ne peut recourir contre chacun de ses codébiteurs que pour sa part et portion. L'art. 1209 et Pothier repoussent cette manière de voir ; si c'était un étranger qui eût succédé au créancier, il eût pu demander toute la dette à chacun des débiteurs. La circonstance que c'est non un étranger, mais un des débiteurs, aura bien cet effet que, quant à la part pour laquelle ils auraient recours contre lui, ses codébiteurs en seront déchargés ; mais sous les autres rapports, cette circonstance ne doit pas améliorer leur position, au préjudice de celui qui a succédé aux droits du créancier.

L'art. 1209 ne prévoit que le cas où le débiteur succède au créancier, ou bien le créancier au débiteur, pour le tout, comme héritier unique. Il ne s'occupe pas du cas où l'un d'eux ne succède à l'autre que pour partie. Nous allons examiner cette hypothèse et indiquer de quelle manière la règle posée par notre art. 1209, s'y combine avec le principe de la division des dettes et des créances entre héritiers.

Soit d'abord le cas où le créancier succède pour partie à l'un des débiteurs ; ainsi Titius est créancier solidaire d'une créance de 20,000 contre Primus, Secundus, Tertius, Quartus. Primus meurt laissant cinq héritiers pour parts égales, au nombre desquels se trouve Titius ; il s'agit de savoir ce que Titius pourra demander, soit aux codébiteurs de son auteur, soit à ses cohéritiers.

Quant aux codébiteurs de Primus, si Titius eût été seul héritier de celui-ci, il n'aurait pu leur demander le payement de sa créance que déduction faite de la part pour laquelle il aurait été soumis à leur recours, comme représentant de Primus. Cette part (en supposant que les débiteurs aient un intérêt égal dans la dette) sera dans l'espèce de 1/4 5,000 fr. Titius, héritier unique de Primus, aurait donc pu demander aux codébiteurs de celui-ci les 3/4 de la créance, 15,000 fr. Or, puisque nous avons supposé que Titius n'était héritier de Primus que pour un cinquième, il ne sera soumis au recours des codébiteurs de Primus, que pour un cinquième de la part pour laquelle Primus lui-même y serait soumis ; c'est-à-dire dans l'espèce pour le cinquième d'un quart, pour 1,000 fr. ; pouvant poursuivre les autres débiteurs solidaires pour le tout, sauf la part pour laquelle ayant payé, ils recourraient contre lui, il pourra les poursuivre dans l'espèce pour toute la dette, sauf 1,000, c'est-à-dire pour 19,000, qu'il pourra demander soit à Secundus, soit à Tertius, soit à Quartus. L'un d'eux, par exemple Secundus, ayant payé ces 19,000 fr., il pourra recourir contre Tertius pour 5,000 fr., contre Quartus également pour 5,000, et contre chacun des cohéritiers du créancier solidaire dans la succession de Primus pour 1,000 fr. De cette manière, chacun des débiteurs contribuera pour sa part virile au payement de la dette. Secundus, Tertius et Quartus, supportent chacun 5,000 fr., et chacun des cinq héritiers de Primus supportera 1,000 fr. Titius, le créancier, supportera cette somme en la déduisant de sa créance, et ses quatre cohéritiers la payeront sur le recours de Secundus.

Si c'est non plus aux codébiteurs de son auteur, comme dans l'hypothèse précédente, mais à ses cohéritiers que Titius s'adresse, il pourra demander à chacun d'eux sa part héréditaire dans la dette, c'est-à-dire dans l'espèce le cinquième de la dette, 4,000 fr. Chacun de ceux-ci, qui ne doit supporter en définitive que 1,000 fr., puisqu'ils sont cinq héritiers et que Primus, leur auteur, ne devait supporter en définitive que 5,000 fr., chacun de ceux-ci, dis-je, aura recours pour les 3,000 fr. qu'il a payés en sus de sa part contributoire, contre Secundus, Tertius et Quartus, contre chacun d'eux pour 1,000 fr. Le créancier qui, par ses poursuites contre ses cohéritiers, n'a obtenu que 16,000 fr. et qui a droit, comme nous l'avons vu, à 10,000 fr., pourra répéter les 3,000 fr. qui lui restent dus contre Secundus, Tertius et Quartus, et celui d'entre ceux-ci qui aura été contraint de payer ces 3,000 fr. recourra contre chacun des deux autres pour 1,000 fr.; de sorte qu'en somme, ici, comme dans la précédente hypothèse, seulement après des circuits plus nombreux, chacun des débiteurs solidaires supportera 5,000 fr., et chacun des héritiers de Primus 1,000 fr.

Si c'est l'un des débiteurs solidaires qui succède pour partie au créancier commun, des règles analogues s'appliquent. Ainsi soit une dette solidaire de 12,000 fr. et trois débiteurs Primus, Secundus et Tertius; Primus succède au créancier commun pour moitié; il pourra demander à Secundus ou à Tertius la moitié de la dette, moins sa part contributoire dans cette moitié, c'est-à-dire moins le tiers de la moitié, dans l'espèce 2,000 fr.; il pourra donc demander à Secundus ou à Tertius 4,000 fr. Le cohéritier de Primus pourra demander les 6,000 fr. qui lui reviennent, soit à Primus, soit à Secundus ou à Tertius. Tertius, par exemple, ayant payé le cohéritier de Primus, aura recours contre Primus et Secundus, contre chacun pour un tiers, de ce qu'il a payé 2,000 fr.; de sorte qu'en définitive Primus bénéficiera de la différence entre sa part contributoire dans la dette qui est un tiers dans l'espèce, et la part qu'il a dans la créance comme héritier du créancier, part qui est de moitié.

Remarquons que la part contributoire pour laquelle le débiteur qui a succédé au créancier, ou le créancier qui a succédé au débiteur, est soumis au recours des autres débiteurs solidaires s'augmente par l'insolvabilité de quelques-uns de ceux-ci; car, comme le dit Pothier (n° 276), il doit supporter sa part de la portion de l'insolvable.

Nous avons vu jusqu'ici les moyens de défense que tous les débiteurs solidaires peuvent invoquer, soit pour le tout, soit du moins jusqu'à concurrence de la part de celui d'entre eux, au profit duquel ces moyens de défense existent directement. Avant de passer aux moyens de défense purement personnels, nous allons examiner quelques faits sur lesquels s'agite la question de savoir, si c'est seulement celui des débiteurs qu'ils concernent qui peut opposer les moyens de défense qui en résultent, ou si, au contraire, ils peuvent être opposés jusqu'à concurrence de la part de celui-ci, par les autres débiteurs.

Ainsi, c'est une question gravement controversée que celle de savoir si, l'un des débiteurs solidaires étant devenu créancier du créancier commun, ses codébiteurs peuvent opposer la compensation qu'il pourrait opposer lui-même jusqu'à concurrence de la part pour laquelle, après avoir payé, ils auraient recours contre lui. L'art. 1294 nous dit « que le débiteur solidaire ne peut oppo- » ser la compensation de ce que le créancier doit à son codébi- » teur. » En présence de ce texte, il est clair qu'il est impossible de prétendre que le débiteur solidaire peut opposer la compensa- tion pour le tout du chef de son codébiteur. C'est là un tempé- rament apporté au principe que la compensation s'opère de plein droit ; d'après ce principe, du moment que deux personnes sont respectivement débitrices l'une de l'autre, la compensation a lieu. Or, dans l'obligation solidaire, chacun des obligés est débiteur principal ; dès lors, il semble que la compensation aurait dû s'ac- complir, du moment que le créancier devenait débiteur de l'un d'eux. La loi, toutefois, en décide autrement. On a proposé, pour expliquer cette décision, les considérations suivantes : [chaque débiteur solidaire est exposé à se voir contraint de payer toute la dette, et à courir le risque de l'insolvabilité de ses codébiteurs pour les parts qui doivent rester définitivement à la charge de ceux ci et pour lesquelles, par conséquent, il aura recours contre eux. C'est le créancier qui, en poursuivant celui d'entre eux qu'il choisira, déterminera celui sur lequel doit tomber ce risque. Cette chance que court chacun des débiteurs ne doit pas être aggra- vée pour l'un d'entre eux, par cette circonstance qu'il devient le créancier du créancier commun. Cette circonstance ne doit pas permettre à ses codébiteurs de mettre à sa charge l'avance de toute la dette, alors que ce n'est point lui que le créancier poursuit; il ne doit pas se trouver ainsi, sans le fait du créancier obligé d'accepter ses coobligés pour débiteurs, jusqu'à concurrence de la part pour laquelle il aura un recours à exercer contre eux. Si l'art. 1294 permet à la caution d'opposer la compensation du chef du débiteur principal, c'est que, dans ce cas, le résultat que nous venons de signaler ne se rencontre pas, puisque le débiteur principal n'a pas de recours à exercer contre la caution. Ainsi, dans ce cas, on pouvait sans difficulté laisser s'appliquer les principes de la compensation légale, et dire que l'obligation principale étant éteinte, dès que les deux dettes coexistent avec les conditions requises pour la compensation, l'obligation accessoire de la caution ne peut plus subsister (1).

Il ne faut pas exagérer la portée des considérations précédentes en tant que servant à expliquer la disposition de l'art. 1294-3°. Nous allons voir que cette disposition fut motivée devant les législateurs d'une manière différente.

Nous nous sommes occupé jusqu'ici de la compensation que l'un des débiteurs solidaires voudrait invoquer pour le tout du chef de son codébiteur; et nous avons vu que l'art. 1294 lui refuse formellement ce droit; mais l'art. 1294 refuse-t-il également à l'un des débiteurs solidaires le droit d'opposer la compensation jusqu'à concurrence de la part que doit supporter en définitive dans la dette son codébiteur devenu créancier du créancier commun?

Domat (2) admettait le débiteur solidaire à opposer la compensation du chef de son codébiteur jusqu'à concurrence de la part contributoire de ce codébiteur dans la dette commune; car, disait Domat, celui-ci ne devant plus cette part au créancier au moyen

---

(1) Aubry et Rau sur Zachariæ, § 278, note 30.
(2) *Lois civiles*, p. 1, l. 3, t. III, s. 1, art. 8.

de la compensation qu'il a le droit d'opposer, ses coobligés ne doivent pas être forcés de la payer pour lui.—Le raisonnement de Domat consistait, on le voit, à considérer chaque débiteur soli-daire, comme payant pour son codébiteur la part que celui-ci de-vait supporter en définitive dans la dette commune. Pothier cri-tique ce raisonnement : « Car, dit-il, lorsqu'un débiteur solidaire
» paye le total de la dette, ce n'est que vis-à-vis de ses codébiteurs
» qu'il est censé payer pour eux les parts dont ils sont chacun
» tenus de la dette, les codébiteurs solidaires n'étant entre eux
» tenus de la dette que pour leur part ; mais un débiteur solidaire
» étant, vis-à-vis du créancier, débiteur du total, lorsqu'il paye le
» total, ce ne sont point les parts de ses codébiteurs qu'il paye vis-
» à-vis du créancier ; il paye ce qu'il doit lui-même, et par consé-
» quent il ne peut opposer en compensation que ce qui lui est dû
» à lui-même, et non ce qui est dû à ses codébiteurs (1). » Tou-tefois Pothier se décidait en définitive pour l'opinion de Domat par une raison d'utilité pratique et pour éviter un circuit d'ac-tions ; car, disait-il, le débiteur solidaire qui a payé toute la dette, soit Paul, a acquis par là un recours contre son codébiteur Pierre, qui lui-même est créancier du créancier commun. Par consé-quent Paul pourra saisir-arrêter entre les mains du créancier commun ce que celui-ci doit à son coobligé, Pierre, jusqu'à con-currence de la part que Pierre doit supporter en définitive dans la dette. Donc, jusqu'à concurrence de cette part, Paul fera rendre au créancier ce qu'il a reçu. On a remarqué que ce raisonnement de Pothier laisse à désirer ; de ce que Paul, contraint de payer la dette entière, aurait le droit de saisir entre les mains du créan-cier ce que celui-ci doit à Pierre ; il ne s'ensuit pas que Paul puisse se dispenser de payer le créancier jusqu'à concurrence de la part pour laquelle il aurait recours contre Pierre. Devenant par le payement de toute la dette, créancier de Pierre, Paul doit

---

(1) Poth., *Obligations*, n° 271.

concourir avec les autres créanciers de son codébiteur ; et ce sera
là en effet le résultat qui se produira s'il fait saisie-arrêt entre
les mains du créancier commun qu'il a désintéressé. Si, au lieu
de recourir à la voie de la saisie-arrêt, Paul pouvait retenir, au
moyen de la compensation, la part pour laquelle il aurait recours
contre Pierre, il éviterait ainsi de subir le concours des créanciers
de Pierre, et il se créerait à leur encontre un véritable privilége (1).
La saisie-arrêt que Paul aura le droit de faire entre les mains du
créancier commun jusqu'à concurrence de son recours contre
Pierre, est donc loin d'aboutir au même résultat que la compensation qu'il aurait le droit d'opposer dans cette mesure.

Cette question, sur laquelle Domat et Pothier arrivaient par des
raisons différentes à la même solution, est dans la doctrine moderne vivement débattue. Pour soutenir que le débiteur solidaire
a le droit d'opposer la compensation du chef de son codébiteur
jusqu'à concurrence de la part contributoire de celui-ci, on dit
que, s'il en était autrement, la compensation ne profiterait pas
même à ce dernier (2) ; d'ailleurs, chaque débiteur solidaire est
caution des autres pour la part qu'ils doivent supporter en définitive; et, lui permettre d'opposer la compensation de leur chef
pour cette part, c'est mettre le troisième alinéa de l'art. 1204 en
harmonie avec la disposition de ce même article qui permet à la
caution d'opposer la compensation de ce que le créancier doit
au débiteur principal (3).

Mais cette opinion a contre elle les travaux préparatoires. Le
troisième alinéa de l'art. 1204 y fut ajouté, sur les observations
suivantes, présentées par le Tribunat : « Si l'on pouvait opposer
» la compensation de ce qui serait dû à un autre qu'à soi-même,
» quoique cet autre fût un codébiteur solidaire, ce serait donner

---

(1) M. Demangeat, des *Obligations solidaires*, p. 281, note.

(2) Aubry et Rau sur Zachariæ, p. 20, note 37, t. III.

(3) Rodière, *loc. cit.*, n° 81. — Conf. Marcadé, 1204, n° 111. — C. de Paris,
8 juillet 1812. — C. de Toulouse, 14 août 1818. — Sir., 11, 2, 221.

» lieu à des difficultés sans nombre; ce tiers se trouverait engagé
» malgré lui dans des procès désagréables; il faudrait examiner,
» contradictoirement avec lui, si la dette existe, jusqu'à quel point
» point elle existe, si elle est susceptible de compensation;
» etc., etc. Il est naturel que la compensation n'ait lieu entre
» deux personnes que pour ce qu'elles se doivent directement
» l'une à l'autre. Tels sont les motifs de l'addition proposée. » On
ne peut nier que ces raisons ne s'appliquent au cas où il s'agit
pour l'un des débiteurs solidaires d'opposer la compensation
seulement pour partie du chef de son codébiteur, aussi bien
qu'au cas où il s'agit de l'opposer pour le tout. Et ce qui vient à
l'appui de cette idée que l'intention des rédacteurs du Code a été
de refuser au débiteur solidaire le droit d'opposer la compensation, même pour partie du chef de son codébiteur, c'est ce que
dit M. Mouricault, orateur du Tribunat devant le Corps législa-
tif(1). D'après lui, l'opinion que le projet a voulu rejeter, c'est l'o-
pinion embrassée par Domat, et que Pothier, tout en l'adoptant,
ne trouvait pas juridiquement très-fondée. Il est bien clair, d'a-
près ce que nous avons vu, que cette opinion, que le tribun Mouricault déclare avoir été rejetée par le projet, est précisément
celle qui permet à l'un des débiteurs solidaires d'opposer la compensation pour partie du chef de son codébiteur. Tel est donc le
sens de l'art. 1294; il consacre l'opinion contraire à celle de Domat et de Pothier (2).

Au reste, même en admettant qu'un débiteur solidaire ne peut
point opposer la compensation de ce que le créancier commun
doit à son codébiteur jusqu'à concurrence de la part contributoire de ce dernier, on peut se demander s'il faudrait refuser à la
caution solidaire le droit d'opposer la compensation de ce que
le créancier doit au débiteur principal. La compensation légale,
dit-on dans une opinion, est la règle; la loi y a dérogé dans

<hr>

(1) Locré, t. XII, p. 560.
(2) MM. Valette et Duverger.

l'art. 1294-3° ; mais la disposition de cet article doit être restreinte au cas qu'elle prévoit, et quand on ne se trouve pas dans
ses termes, il faut en revenir à la règle qui est la compensation
légale. Donc, à l'égard d'une caution solidaire, il faut appliquer
le 1° de l'art. 1294; il faut dire que le débiteur principal, étant
devenu créancier de son créancier, du moment que les deux
dettes réunissent les conditions requises pour la compensation, il
y a extinction de plein droit de l'obligation de la caution (1). Des
jurisconsultes d'une grande autorité combattent cette opinion en
s'appuyant sur la disposition finale de l'art. 2021, qui nous dit
« que l'effet de l'engagement de la caution solidaire se règle par
» les principes établis pour les dettes solidaires. » On conclut de
là, que les obligés ne sont débiteur principal et cautions, que
dans leur rapport entre eux, et non vis-à-vis du créancier, pour
lequel il n'y a alors que des codébiteurs solidaires. On peut répondre à cette opinion que le cautionnement, quelles que soient
les modalités et les clauses plus ou moins rigoureuses sous lesquelles il est contracté, conserve son caractère essentiel d'engagement accessoire. La disposition finale de l'art. 2021 doit être
entendue *secundum subjectam materiam;* elle a pour objet de
refuser à la caution solidaire le droit de se prévaloir du bénéfice
de discussion ; mais elle n'empêche pas qu'à d'autres points de
vue, des différences nombreuses existent entre la position d'un
débiteur solidaire et celle d'une caution solidaire.

En effet, l'engagement de la caution solidaire, conservant le
caractère d'engagement accessoire, il en résulte qu'il ne peut pas
être contracté sous des modalités plus onéreuses que celles
de l'obligation principale. La caution solidaire ne peut pas être
obligée purement et simplement, tandis que le débiteur principal est obligé à terme ou sous condition. Un des débiteurs solidaires, au contraire, peut toujours être obligé d'une manière

---

(1) M. Duverger.

plus rigoureuse que son codébiteur. Un débiteur solidaire ne peut pas se défendre, en alléguant que l'obligation de son codébiteur est viciée par suite du dol ou de la violence, du moins lorsqu'il ne l'a pas ignoré, tandis que, si des vices de ce genre affectent l'engagement du débiteur principal, la caution solidaire peut s'en prévaloir.

Le débiteur solidaire ne peut point, nous le verrons, invoquer contre le créancier la disposition de l'art. 2037. L'obligation que cet article met à la charge du créancier en faveur de la caution, n'existe point dans les rapports du créancier avec le débiteur solidaire; cette obligation existe, au contraire, dans les rapports du créancier avec la caution solidaire, qui peut, comme la caution non solidaire, invoquer contre le créancier l'art. 2037.

Il y a, on le voit, des différences caractéristiques entre la position d'une caution solidaire et celle d'un débiteur solidaire, même dans les rapports des obligés avec le créancier. Quant aux rapports de coobligés entre eux, la différence entre ces deux situations est bien tranchée. La dette solidaire, nous le verrons, est présumée contractée dans l'intérêt commun de tous les codébiteurs; les parts dont ils sont respectivement tenus dans leurs rapports entre eux sont présumées égales; de telle sorte que si l'un d'eux paye, il n'aura de recours contre son codébiteur que pour la part virile de celui-ci, à moins qu'il ne prouve que d'après les relations d'intérêts existant entre eux, la charge de la dette doit se répartir inégalement, ou même qu'elle doit être supportée tout entière par son codébiteur. Au contraire, la dette à laquelle accède une caution solidaire, est présumée contractée dans l'intérêt du débiteur principal, et la caution solidaire, après avoir payé, peut recourir contre lui pour la totalité de la dette, à moins que ce débiteur principal ne prouve que la présomption légale, en vertu de laquelle la dette est réputée contractée dans son intérêt exclusif, se trouve dans l'espèce contraire à la vérité.

La caution solidaire est donc dans une situation mixte qui tient à la fois de celle du débiteur solidaire et de celle de la caution simple. Faut-il, pour en revenir à notre question, lui appliquer celle des dispositions, de l'art. 1204, qui est relative à la caution simple, ou celle qui est relative au débiteur solidaire. Faut-il accorder à la caution solidaire, comme à la caution simple, le droit d'opposer la compensation de ce que le créancier doit au débiteur principal, ou faut-il lui refuser ce droit, comme on doit refuser au débiteur solidaire le droit d'opposer la compensation de ce que le créancier doit à son codébiteur. Pour cette dernière opinion, on fait observer qu'en tant qu'il s'agit de l'obligation de payer sans délai, sans retard, la caution solidaire ressemble au débiteur solidaire et non à la caution simple; à la différence de cette dernière et à l'exemple du codébiteur solidaire, elle ne peut opposer au créancier le bénéfice de discussion ; elle ne doit pas pouvoir davantage retarder et embarrasser les poursuites du créancier en alléguant un moyen de défense qui forcerait ce créancier à débattre les relations d'intérêts existant entre lui et le débiteur principal.

Dans l'opinion contraire, on s'appuie, nous l'avons déjà indiqué; sur cette considération que la solidarité qui aggrave l'engagement de la caution, ne lui ôte pas son caractère d'engagement accessoire ; la caution par l'effet de cette solidarité, ne devient pas débiteur principal comme un débiteur solidaire. S'il y a entre le débiteur solidaire et la caution solidaire cette différence essentielle, on ne peut pas conclure très-sûrement de l'un à l'autre, appliquer à celle-ci des dispositions légales faites pour celui-là ; dès lors, le mieux est de laisser s'appliquer cette règle générale d'après laquelle la caution peut se prévaloir des moyens de défense appartenant au débiteur (1).

En somme, sur cette question délicate, nous pencherions vers cette dernière opinion.

Le moyen de défense tiré d'un vice du consentement qui a

______

(1) Aubry et Rau sur Zachariæ, § 424, note 7.

affecté l'engagement de l'un des débiteurs solidaires, peut-il être opposé par les autres ? Qu'ils ne puissent pas l'opposer de manière à se dispenser de payer même la portion de la dette pour laquelle ils n'auraient aucun recours contre leur codébiteur, cela nous paraît certain ; mais pourraient-ils l'invoquer pour se soustraire au payement de la portion de la dette qui devait rester à sa charge. Ainsi, soient trois débiteurs solidaires dont l'un a été violenté ou victime d'une erreur ; les deux autres pourraient-ils se prévaloir, jusqu'à concurrence d'un tiers, du moyen de défense qui lui compète vis-à-vis du créancier ? D'abord, s'ils ont connu en s'engageant le vice dont était entaché le consentement de leur codébiteur, ils seront tenus de payer toute la dette. C'est là, en effet, une exception purement personnelle au débiteur dont le consentement a été vicié. Mais en est-il de même s'ils l'ont ignoré, et s'ils se trouvent privés par suite de l'invalidité de l'obligation de leur codébiteur d'un recours sur lequel ils avaient compté ? Pour soutenir que, dans ce cas, ils peuvent faire déduire de ce qu'ils ont à payer la part de leur codébiteur, on dit qu'ils n'invoquent point alors précisément l'exception personnelle à celui-ci, mais bien l'erreur dans laquelle ils se sont trouvés eux-mêmes en contractant, comptant sur un recours qui devait leur faire défaut. Toutefois peut-être, serait-il plus sûr de suivre l'opinion qui regarde les vices du consentement de l'un des débiteurs comme constituant un moyen de défense purement personnel à celui des débiteurs qu'ils concernent. Chacun des débiteurs solidaires joue, vis-à-vis du créancier, le rôle du débiteur principal ; son obligation peut parfaitement subsister, indépendamment de celle des autres, et quant à son recours, c'est à lui de s'inquiéter de ne s'en être pas assez assuré (1).

A la différence du débiteur solidaire qui, comme nous venons

_____

(1) Duranton, t. II, n° 220. — Aubry et Rau, sur Zachariæ, t. III, p. 18. — Larrombière, sur l'art. 1208, n° 10.

de le voir, ne peut pas opposer les moyens de défense tirés des vices du consentement de son codébiteur, du moins quand il a connu ces vices, la caution solidaire pourrait opposer les exceptions fondées sur les vices de cette nature qui ont pû affecter l'engagement du débiteur principal. La caution simple le pourrait, et nous ne voyons pas de raison de décider autrement à l'égard de la caution solidaire. La disposition finale de l'art. 2021 ne peut pas, par les motifs que nous avons déjà exprimés, être considérée comme un obstacle à cette décision (1).

Si l'on peut soutenir que les exceptions tirées des vices du consentement de l'un des débiteurs, lui sont purement personnelles et ne peuvent être invoquées par les autres, à plus forte raison en est-il de même de l'exception tirée de l'incapacité de l'un des débiteurs ? Les codébiteurs de l'incapable devront donc payer toute la dette sans déduction (art. 2012, *Argument à fortiori*).

Les exceptions tirées des modalités sous lesquelles chacun des débiteurs solidaires s'est engagé sont purement personnelles à celui au profit duquel ces modalités ont été stipulées. Ainsi, si l'un des débiteurs est obligé à terme ou sous condition, ses codébiteurs obligés purement et simplement ne pourront pas certainement invoquer le bénéfice de ces modalités et devront payer la dette sans déduction aucune. Car si leur recours contre leur coobligé se trouve ou retardé par le terme ou suspendu par la condition apposée à son engagement, ils ont en contractant prévu et accepté cette éventualité.

Mais si le créancier avait accordé un terme à l'un des débiteurs, après coup et à l'insu des autres ou sans leur consentement, il ne pourrait avant l'échéance de ce terme poursuivre ceux-ci que déduction faite de la part pour laquelle ils auraient recours contre leur codébiteur. Il ne peut, en effet, priver du bénéfice du

---

(1) Aubry et Rau sur Zachariæ, § 426, note 12.

terme, celui à qui il l'a accordé en l'exposant à un recours immédiat de la part de ses coobligés.

Si, un terme ayant été stipulé au profit de tous les débiteurs solidaires, l'un d'eux perd le bénéfice de ce terme soit parce qu'il a fait faillite, soit parce qu'il a diminué les sûretés qu'il avait promises par le contrat au créancier (art. 1188); cette déchéance ne devra pas être étendue aux autres débiteurs. Cette solution nous est confirmée pour le cas de faillite par l'article 444 du Code de commerce. « En cas de faillite, y est-il dit, du souscripteur » d'un billet à ordre, de l'accepteur d'une lettre de change ou du » tireur à défaut d'acceptation, les autres obligés seront tenus » de donner caution pour le payement à l'échéance, s'ils n'aiment » mieux payer immédiatement. » Ainsi, même dans le cas prévu par l'art. 444, les coobligés (nous verrons si ce sont de vrais débiteurs solidaires) ne perdent pas le bénéfice du terme.

Nous avons vu que la remise accordée à l'un des débiteurs solidaires libère les autres, à moins de réserves expresses (art. 1285); ce qui peut s'expliquer par cette idée que les codébiteurs solidaires se représentent les uns les autres pour améliorer leur condition (art. 1285). Mais ceci ne doit s'entendre que de la remise volontaire et ne doit pas être étendu à la remise forcée qui a lieu dans le cas de concordat; cette remise n'a pas pour cause une libéralité, elle n'est faite que par nécessité; cette sorte de remise ne profite qu'au failli seul et non à ses codébiteurs solidaires et à ses cautions. Il serait étrange, en effet, que la faillite de l'un des obligés eût pour effet de libérer les autres, puisque c'est pour se garantir contre l'insolvabilité possible de l'un d'eux, et par conséquent en vue précisément de l'éventualité d'une faillite ou d'une autre hypothèse semblable, que le créancier a eu soin d'exiger l'engagement de plusieurs débiteurs.

CHAPITRE III.

Remise de la solidarité.

Le créancier peut renoncer au bénéfice de la solidarité. S'il y renonce en faveur de tous les débiteurs, l'obligation solidaire devient simplement conjointe. Ainsi, les effets de la solidarité disparaissent : chacun des débiteurs n'est tenu que pour sa part. La poursuite dirigée contre l'un d'eux ou sa reconnaissance n'interrompt plus la prescription à l'égard des autres. La demande d'intérêts formée contre l'un d'eux ne les fait courir que contre lui. Si la chose due périt par la faute ou pendant la demeure de l'un d'eux, les autres sont libérés. Mais, bien entendu, la solidarité ne cesse de produire ses effets que pour l'avenir. Et ceux qui étaient acquis avant la renonciation du créancier subsistent. Ainsi, si avant que le créancier eût renoncé à la solidarité, la chose due avait péri par la faute ou durant la demeure de l'un des débiteurs, les autres ne seront point déchargés de l'obligation de payer le prix (1205) ; seulement ils ne seront plus tenus de cette obligation que divisément. De même, si avant sa renonciation, le créancier avait formé une demande d'intérêts contre l'un d'eux, ces intérêts continueront à courir contre tous. Seulement chacun d'eux ne les devra que pour sa part.

Le créancier peut renoncer à la solidarité en faveur de l'un seulement des débiteurs, en la conservant contre les autres.

Les art. 1210 et 1211 nous indiquent l'étendue qu'il faudra donner à la remise de la solidarité faite à l'un des débiteurs. Nous avons vu que la remise de la dette faite à l'un des débiteurs est censée être absolue, et libère tous les autres si le créancier n'a réservé expressément ses droits contre eux (art. 1285). La remise de la solidarité faite à l'un des débiteurs n'a qu'un effet relatif et ne décharge de la solidarité que celui à qui cette remise est faite. Cette dernière décision, à la différence de la précédente, est en harmonie avec le principe que les libéralités ne se présument pas et doivent être interprétées restrictivement.

Quand la solidarité est ainsi remise à un seul des débiteurs, il n'est plus tenu de la dette que pour sa part, et le lien que la solidarité établissait entre lui et ses codébiteurs est rompu. Ainsi, les poursuites dirigées contre ceux-ci n'interrompent point la prescription contre lui, et réciproquement les poursuites dirigées contre lui n'interrompent point la prescription contre les autres. De même la demande d'intérêts formée contre lui n'a point d'effet à l'égard des autres, et réciproquement.

Si les effets de la solidarité ne se produisent plus entre le débiteur déchargé et ses codébiteurs, ils subsistent pleinement entre ces derniers respectivement. « Le créancier qui consent à la division de la dette à l'égard de l'un des codébiteurs, nous dit l'art. 1210, conserve son action solidaire contre les autres. »

Toutefois, à cette persistance de l'obligation solidaire vis-à-vis des codébiteurs non déchargés, l'art. 1210 apporte une restriction : « Le créancier ne conserve son action solidaire contre eux que déduction faite de la part du débiteur qu'il a déchargé de la solidarité. »

Malgré les termes qui paraissent bien formels de notre art. 1210, des auteurs, d'une grande autorité (1), ont nié que la remise de la solidarité, faite à l'un des débiteurs solidaires, obligeât le créancier à déduire la part de celui-ci dans les poursuites qu'il exercerait contre les autres. Par exemple, le créancier ayant trois débiteurs d'une dette solidaire de 18,000 fr., fait remise de la solidarité à l'un d'eux, et consent à ne lui demander que le tiers, ou 6,000 fr. L'art. 1210 entendu dans son sens naturel,

---

(1) Duranton, t. II, n° 231. — Aubry et Rau sur Zachariæ, t. III, p. 24, note 52.

obligo ce créancier à ne poursuivre chacun des deux autres débiteurs que déduction faite de la part de celui qu'il a déchargé, et dans l'espèce, par conséquent, à ne leur demander que 10,000 fr. Toutefois, comme nous l'avons dit, on a nié que ce fût là, en effet, la décision contenue dans l'art. 1210. Il est vrai que cette décision est contraire à la doctrine de Pothier qui nous dit : Que le créancier qui a déchargé de la solidarité l'un des débiteurs, conserve son droit de solidarité contre les autres, et qui y apporte cette seule restriction : que cette décharge ne pourra préjudicier aux autres, c'est-à-dire que le débiteur déchargé sera compris dans la répartition de la part des insolvables (1). Pour soutenir que cette doctrine est encore celle de la loi, on dit que si l'art. 1210 oblige le créancier à déduire la part du débiteur qu'il a déchargé de la solidarité, c'est que cet article vise le cas où le débiteur n'a été déchargé de la solidarité que moyennant payement de sa part dans la dette (2). On comprend, en effet, que dans ce cas le créancier n'ait action contre les autres que déduction faite de la part qui lui a été payée. Mais dans le cas où le débiteur déchargé de la solidarité, n'a point payé sa part, et où le créancier ne lui en a point fait remise, puisque ce débiteur demeure toujours tenu de sa part dans la dette, et qu'il est là, par conséquent, pour répondre au recours de celui qui pourrait se trouver forcé de payer la totalité, quelle raison y a-t-il de restreindre le droit du créancier vis-à-vis des autres débiteurs? Cette restriction, qui se comprend dans le cas où le créancier a fait remise de la dette, pour sa part, à l'un des débiteurs; ne peut plus s'expliquer quand le créancier lui a fait simplement remise de la solidarité, en conservant contre lui sa créance pour sa part divise.

Quelle que puisse être la valeur de ces considérations, cette

----

(1) Poth., n° 277, et M. Bugnet, note 1.
(2) Aubry et Rau sur Zachariæ, § 298, note 52. — Larrombière, sur l'art. 1210, n. 7.

opinion nous paraît contredite par les termes de notre art. 1210 sur la signification duquel les travaux préparatoires ne peuvent guère laisser de doute. En effet, la rédaction primitive de l'art. 1210 portait : « Le créancier perd toute action solidaire lorsqu'il » consent à la division de la dette vis-à-vis de l'un des débi- » teurs; il en est de même lorsqu'il reçoit divisément la part de » l'un des débiteurs, à moins que la quittance ne porte la réserve » de la solidarité (1). » On voit que deux cas étaient prévus : ce- lui où le créancier consentait à la division de la dette et celui où il recevait divisément la part de l'un des débiteurs, puisque cette seconde hypothèse était présentée comme un cas distinct, il est naturel de conclure qu'elle n'était pas comprise dans la première, et que par conséquent, en parlant du premier cas, celui où le créancier consent à la division de la dette, les rédacteurs n'en- tendaient pas s'occuper du cas qu'ils traitaient à part où le créan- cier reçoit un payement divisé de l'un des débiteurs. Lors de la communication officieuse au Tribunat, la section demanda : que les deux cas dans lesquels le créancier perd son action solidaire et que nous avons vus réunis dans un seul article fussent visés par deux articles différents. « La section est d'avis, » lisons-nous dans les travaux préparatoires, que pour mieux coordonner les arti- cles, « l'art. 112 (art. 1210 du Code) parlera du seul cas où le » créancier consent à la division de la dette. Quant à celui où le » créancier reçoit divisément la part de l'un des débiteurs, la dis- » position y relative sera placée dans l'art. 113 » (art. 1211 du Code). L'induction que nous avons tirée de la distinction de ces deux cas dans la rédaction primitive, subsiste comme on voit dans toute sa force après cette modification, puisqu'elle ne fait qu'ac- centuer cette distinction.

Le Tribunat ne se borna pas à demander cette modification de rédaction que nous avons signalée; il émit en outre l'opinion qui

----

(1) Locré, t. XII, p. 108 et 233.

a été consacrée par le Code, que le créancier ne devait point perdre son action solidaire contre les codébiteurs de celui qu'il avait déchargé de la solidarité. Le projet admettait au contraire que le créancier qui avait déchargé l'un des débiteurs de la solidarité perdait « toute action solidaire. » Le Tribunat motivait son opinion, en faisant observer que les autres débiteurs ne pouvaient se plaindre de ce que la solidarité était conservée contre eux, puisqu'elle n'était conservée que sous déduction de la part du débiteur déchargé, de telle sorte que « le nouvel article en maintenant les droits du créancier, ne nuisait en aucune façon à l'intérêt des débiteurs, et même *pouvait leur être utile* (1). » Or, on ne comprend bien la pensée du Tribunat que dans l'opinion d'après laquelle le créancier ne peut agir que déduction faite de la part de celui qu'il a déchargé de la solidarité. On comprend, dis-je, que dans cette opinion la décharge de celui-ci puisse être utile à ses codébiteurs, puisqu'elle les soustrait aux risques de son insolvabilité.

Nous ferons observer enfin que si l'art. 1210 s'occupait du cas où le débiteur n'a été déchargé que moyennant le payement de sa part dans la dette, sa disposition serait bien oiseuse ; il était bien inutile de nous dire que le créancier ne peut pas se faire payer deux fois une partie de sa dette.

Nous dirons donc que le créancier qui a fait remise de la solidarité à l'un des débiteurs ne conserve son action solidaire contre les autres que déduction faite de la part du débiteur déchargé. La valeur rationnelle de cette décision peut être contestée. Toutefois, on peut dire que le créancier, en faisant remise de la solidarité à l'un des débiteurs, a modifié la position de tous. En déchargeant Primus de la solidarité, il a enlevé à ses codébiteurs la chance de voir l'avance de toute la dette faite par lui. La position des autres débiteurs étant aggravée par là, il est équitable de

____

(1) Locré, t. XII, p. 269.

leur accorder comme compensation l'avantage de n'avoir point de leur côté à faire l'avance de la part de Primus (1).

La remise de la solidarité n'a pas besoin d'être exprimée en termes positifs et formels. La renonciation du créancier à la solidarité peut résulter de faits autres qu'une déclaration explicite, faits que nous indiquent les art. 1211 et 1212.

Ainsi le créancier est censé remettre la solidarité à l'un des débiteurs quand il reçoit de lui une somme égale à la portion dont il est tenu, et que la quittance porte que c'est pour *sa part*. Mais il faut nécessairement que la quittance contienne cette dernière mention. Sans cela, la somme payée par ce débiteur au créancier ne le serait qu'à titre d'à-compte; et le créancier pourrait demander la totalité de ce qui lui reste dû, soit au débiteur qui lui a fait ce payement partiel, soit à ses codébiteurs. Même quand la quittance porte que le payement a été fait par l'un des débiteurs solidaires pour *sa part*, si le créancier a réservé dans la quittance la solidarité ou ses droits en général, il n'y aura aucune renonciation de sa part; car, puisque la renonciation à la solidarité n'est fondée que sur une interprétation de la volonté du créancier, on ne peut point admettre cette renonciation quand le créancier, par les réserves qu'il a faites, a manifesté une intention contraire. La quittance contient, il est vrai, la mention que le créancier a reçu du débiteur pour sa part; mais, comme dit Pothier, on concilie d'une façon plus naturelle ces termes pour sa part avec la réserve de la solidarité, en disant qu'en ce « cas le » créancier qui a réservé son droit de solidarité a entendu par » ces termes pour sa part, non une part pour laquelle ce débi- » teur serait tenu vis-à-vis de lui créancier, mais la part pour » laquelle ce débiteur est effectivement tenu de la dette vis-à-vis » de ses codébiteurs; laquelle part le créancier a bien voulu re- » cevoir de lui en ce moment, sauf à exiger de lui le surplus en

___

(1) M. Valette.

» vertu du droit de solidarité qu'il a contre lui et qu'il se ré-
» serve (1). »

Le créancier est encore censé remettre la solidarité au débiteur
quand il l'a poursuivi pour sa part et qu'il est intervenu un acquiescement de celui-ci ou un jugement qui le condamne à
payer cette part. Tant qu'il n'y a pas eu ou acquiescement du débiteur ou jugement qui le condamne, la remise de la solidarité
n'est pas effectuée; il y a seulement une offre de remise que le
créancier peut retirer, car il n'est pas lié tant que la volonté du
débiteur n'est pas venue, par l'acquiescement donné à sa demande, concourir avec la sienne, ou qu'il n'est pas résulté d'une
sentence de condamnation un quasi-contrat judiciaire. Donc,
jusque-là, le créancier peut rectifier, augmenter, changer ses
conclusions dans le sens du maintien de la solidarité.

Remarquons en passant qu'il en serait autrement en matière
de cautionnement. Si le créancier a formé contre une des cautions une demande pour sa part seulement, il n'est pas nécessaire,
pour que la division de son action soit définitivement opérée,
que celle-ci ait acquiescé ou qu'il soit intervenu contre elle un
jugement de condamnation. Le seul fait d'avoir introduit une
action ainsi divisée suffit à cet effet. C'est que la division entre
simples cautions est plus favorable que la renonciation à la solidarité, et que le créancier dans ce cas est censé n'avoir divisé sa
demande que pour prévenir l'exception de division (2).

Enfin le créancier est censé renoncer à la solidarité s'il a reçu,
pendant dix ans consécutifs, de l'un des débiteurs, le payement
divisé des intérêts ou arrérages de la dette (art. 1212). Le payement divisé doit s'entendre ici, comme dans le cas de l'art. 1211,
d'un payement reçu par le créancier pour la part du débiteur qui

---

(1) Pothier, *Obligations*, n° 277.

(2) Duranton, t. XVIII, n° 317. — Aubry et Rau sur Zachariæ, § 126, note 20. —
Larrombière sur l'art. 1211, n° 8.

l'effectue, et sans réserves tendant à conserver la solidarité. Si ces payements divisés d'intérêts ou d'arrérages n'ont pas été continués pendant dix ans, la solidarité n'est perdue que quant aux intérêts dont le payement a été ainsi fait. L'art. 1242 nous dit que le créancier perd la solidarité pour les arrérages ou les intérêts échus; mais il est clair que, s'il y a par exemple deux années d'intérêts échus, le créancier qui a reçu de l'un des débiteurs le payement divisé de la première annuité, n'aura perdu l'action solidaire contre ce débiteur que quant à cette première annuité et non quant à la seconde. Donc, par arrérages échus dans l'art. 1242, il faut entendre ceux qui font l'objet spécial de la quittance, ceux en un mot que le débiteur a été admis à payer pour sa part (1). On voit que ceci n'est que l'application aux intérêts échus de la disposition contenue dans l'art. 1211 relativement au capital.

Mais ce qu'il y a de particulier quant aux intérêts, c'est que si leur payement divisé est continué pendant dix ans, la solidarité sera perdue non-seulement quant aux intérêts qui ont été ainsi payés, mais encore quant aux intérêts à échoir et au capital. Des termes de l'art. 1242 qui exigent un payement divisé continué pendant dix ans, on peut conclure qu'un seul payement qui comprendrait les intérêts de dix années ne suffirait pas; il ne remplirait pas en effet cette condition de continuité que la loi exige et qui ne peut se rencontrer que dans une série de payements. « La continuité dans les termes et dans l'esprit de la loi, dit fort » bien M. Duranton (2), tombe sur le payement et non pas seule- » ment sur le nombre des années dont les arrérages ont été » payés. En effet, un ou plusieurs payements seulement, quoique » faits de dix années d'arrérages, ne témoigne pas aussi forte-

____

(1) Duranton, t. II, n° 236. — Aubry et Rau, § 298, note 54. — Larrombière sur l'art. 1212, n° 3.

(2) T. II, n° 236.

» ment de la volonté du créancier de renoncer à la solidarité
» pour l'avenir qu'une suite de payements continués pendant dix
» ans et chaque année. » Est-ce à dire qu'il faille que les payements d'intérêts soient exactement au nombre de dix comme le
passage que nous venons de citer paraît le supposer (1)? Il nous
semble que les termes de la loi ne justifient pas une telle rigueur : ils exigent que le payement divisé ait été continué pendant dix années. Le point de savoir si l'on peut dire qu'il y a eu
payement continué pendant ce laps de temps, nous paraît être
une question de fait qui devrait être laissée à l'appréciation du
juge.

Nous avons vu que la remise de la solidarité accordée expressément à l'un des débiteurs solidaires, aux termes de l'art. 1210,
est relative à ce débiteur et ne fait point perdre au créancier son
action solidaire contre les autres ; il en est de même de la remise
tacite, quelle que soit celle des trois circonstances précédemment
indiquées dont elle résulte : ainsi si le créancier, en recevant le
payement de la portion de l'un des débiteurs, lui a donné quittance pour sa part, il conservera son action solidaire contre les
autres. C'est ce que nous dit expressément l'art. 1211, et il faut
évidemment étendre cette décision au cas de remise tacite prévu
par l'art. 1212.

Remarquons en terminant qu'à côté de ce cas de remise tacite
prévu par l'art. 1212, on pourrait en placer un autre analogue.
On peut supposer en effet que le créancier, au lieu de recevoir
pendant dix ans de l'un des débiteurs le payement de sa part
dans les intérêts de la dette sans aucune réserve, on peut supposer, dis-je, que durant dix ans le créancier a actionné l'un des
débiteurs *pour sa part* dans les intérêts de la dette (arg. de
l'art. 1211). Mais en pratique, cette hypothèse se présentera bien
rarement.

---

(1) V. en ce sens Larrombière, sur l'art. 1212, n° 8.

CHAPITRE IV.

Effets de la solidarité dans les rapports des débiteurs entre eux.

Nous avons vu qu'en droit romain des difficultés graves s'élèvent sur la question de savoir si, en l'absence d'une société entre les débiteurs solidaires, l'un d'eux après avoir payé a un recours contre ses codébiteurs, et quelle est l'action par laquelle s'exerce ce recours. Le principe du recours au profit du débiteur solidaire qui a payé toute la dette fut consacré dans notre ancien droit. Ce débiteur pouvait recourir contre ses consorts alors même qu'il avait omis, en payant, de requérir la subrogation. Abstraction faite de la faculté d'exiger la subrogation aux droits du créancier qui appartenait au débiteur solidaire qui payait le total, une action particulière naissait à son profit, action dont le fondement juridique était différent suivant la nature des relations qui existaient entre les débiteurs solidaires. Si la dette solidaire a été contractée par plusieurs personnes pour une affaire commune, par exemple si elles ont acheté en commun un objet et se sont engagées solidairement au payement du prix, si elles ont emprunté solidairement une somme qu'elles ont employée à des affaires communes, dans ces cas et autres semblables, le recours du débiteur solidaire qui a payé aura pour base, nous dit Pothier (1), l'action *pro socio*. Si la dette solidaire a pour cause une donation, plusieurs personnes s'étant solidairement obligées envers quelqu'un qu'elles voulaient gratifier, ces per-

---

sonnes ne peuvent être regardées comme ayant entre elles des relations de société. Car « on peut bien contracter une société en » achetant ou bien en vendant ensemble, mais non pas en don- » nant ensemble, la société étant de sa nature un contrat qui se » fait : *Lucri in commune quærendi causa.* » La base juridique de l'action ne sera donc pas dans ce cas l'action *pro socio*. Ce sera l'action *mandati*. Enfin, quand la dette solidaire a pour cause un délit commis par plusieurs, celui qui a payé le montant de la somme à laquelle ils ont été condamnés ne peut avoir contre ses codélinquants ni l'action *mandati* ni l'action *pro socio*. « Nec » enim ulla societas maleficiorum, nec societas aut mandatum » flagitiosæ rei ullas vires habet. » Mais en pareil cas celui d'entre eux qui a payé le tout puisera son droit au recours dans ce principe d'équité que personne ne doit s'enrichir aux dépens d'autrui. L'équité ne permet pas que ses codébiteurs profitent sans l'indemniser de la libération qu'il leur a acquise. Voilà comment Pothier déduisait juridiquement le principe du recours pour les diverses situations dans lesquelles la solidarité pouvait se présenter. Nous pouvons mettre ses idées à profit dans notre droit actuel où, comme nous allons le voir, le principe éminem- ment équitable du recours a été pleinement consacré.

L'article 1213 nous dit, en effet : « L'obligation contractée so- » lidairement envers le créancier se divise de plein droit entre » les débiteurs qui n'en sont tenus que chacun pour sa part et » portion. »

Quelle est cette portion pour laquelle chaque débiteur solidaire est tenu dans ses rapports avec ses codébiteurs ? C'est une por- tion correspondante à l'intérêt qu'a eu chacun d'eux dans la cause de la dette. Ainsi, si plusieurs personnes empruntent soli- dairement une somme et se la partagent, la portion dont chacune d'elles sera tenue vis-à-vis des autres sera égale à la part qu'elle a prise dans la somme empruntée. La présomption est que tous les débiteurs ont un intérêt égal, et que par conséquent la dette doit, dans leurs rapports entre eux, se diviser par portions égales (1). Mais chacun des débiteurs peut prouver l'inégalité de leur intérêt respectif et obtenir ainsi une répartition inégale. Cette preuve, du reste, ne peut se faire par témoins que dans le cas où ce genre de preuve est admissible, conformément au droit commun.

S'il était prouvé que l'opération de laquelle est résultée la dette solidaire est intervenue dans l'intérêt exclusif de l'un des débiteurs, les autres auraient, en vertu des principes que nous venons d'exposer, recours pour le tout contre celui-là. C'est d'ailleurs ce que nous dit expressément l'art. 1216 : « Si l'affaire » pour laquelle la dette a été contractée solidairement ne con- » cernait que l'un des obligés solidaires, celui-ci serait tenu de » toute la dette vis-à-vis des autres codébiteurs, qui ne seraient » considérés par rapport à lui que comme ses cautions. » Si l'af- faire concernait quelques-uns des coobligés solidaires, deux d'entre eux par exemple, et que le troisième se fût engagé uni- quement dans leur intérêt, ce serait le cas d'appliquer l'art. 2030 C. civ. : « Lorsqu'il y avait plusieurs débiteurs principaux soli- » daires d'une même dette, la caution qui les a tous cautionnés » a contre chacun d'eux le recours pour la répétition du total » de ce qu'elle a payé. »

Il est à remarquer que ceux des débiteurs que l'affaire, pour laquelle la dette solidaire a été contractée, ne concerne pas, sont considérés comme cautions seulement par rapport au débiteur que cette affaire concerne. C'est ce qui ressort de la rédaction de l'art. 1216, dans laquelle les mots : « *Par rapport à lui,* » ont été ajoutés sur une observation du Tribunat, qui demanda l'ad- dition de ces mots pour prévenir toute espèce de doute sur le véritable sens de la disposition. « Ce n'est en effet, fut-il dit au » Tribunat, que par rapport à celui pour lequel la dette a été » contractée solidairement que les autres codébiteurs solidaires

____

(1) Arrêt du 23 mars. — Cour de Caen. — Dalloz, *Obligations*, n° 1499.

» sont considérés comme caution. Par rapport au créancier,
» tous sans aucune distinction sont débiteurs principaux et obli-
» gés comme tels (1). »

Ainsi, c'est seulement par rapport à celui des débiteurs solidaires dans l'intérêt duquel la dette a été contractée que les
autres débiteurs sont considérés comme cautions, et, vis-à-vis
du créancier, ils jouent le rôle de débiteurs principaux; il suit
de là que leur position est différente de celle des cautions solidaires. La caution solidaire, en effet, quoique obligée plus rigoureusement que la caution ordinaire, n'en est pas moins une véritable caution. Sa position est tout autre que celle d'un débiteur
principal. De cette différence de situation entre la caution solidaire et les débiteurs dont nous parle l'art. 1216 on peut tirer
des conséquences pratiques importantes. La caution solidaire ne
peut être obligée sous des modalités plus rigoureuses que celles
qui affectent l'obligation du débiteur principal. Dans le cas de
l'art. 1216, tous les débiteurs solidaires étant par rapport au
créancier débiteurs principaux, chacun d'eux, sans distinction,
peut être obligé sous des modalités plus dures que les autres. Si
la chose due périt par la faute du débiteur principal, la caution
solidaire est tenue des dommages-intérêts tant extrinsèques
qu'intrinsèques; dans le cas de l'art. 1216, la chose due périssant
par la faute de l'un quelconque des débiteurs solidaires, les autres
ne seraient tenus que dans la limite tracée par l'art. 1205. La
caution solidaire, du moins on peut le soutenir, peut opposer en
compensation ce que doit le créancier au débiteur principal, et le
débiteur principal ne peut opposer la compensation de ce que le
créancier doit à la caution solidaire. Dans le cas de l'art. 1216,
l'un quelconque des débiteurs solidaires étant devenu créancier
du créancier commun, la question de savoir si les autres ne

---

(1) Locré, t. XII, p. 271.

pourront point opposer la compensation, se décidera suivant l'interprétation que l'on donnera à l'art. 1294; 3° alin.

On voit l'intérêt pratique qu'il y a à dire que les débiteurs solidaires dont nous parle l'art. 1216 jouent vis-à-vis du créancier non le rôle de cautions, mais celui de débiteurs principaux.

Ainsi un débiteur solidaire n'est considéré comme caution vis-à-vis du créancier que quand il s'est engagé en cette qualité; sinon, le fait que la dette aurait été contractée dans l'intérêt exclusif de l'un des débiteurs, n'empêcherait point qu'ils ne fussent tous, vis-à-vis du créancier, des débiteurs principaux. Aucun d'eux ne serait admis, pour échapper aux effets ordinaires de la solidarité, à prouver qu'en réalité par rapport à lui l'acte ne renferme qu'un cautionnement pur et simple. C'est entre eux seulement que cette preuve est admissible; elle ne l'est pas contre le créancier. L'art. 1431 est conçu dans le même ordre d'idées : « La » femme qui s'oblige solidairement pour les affaires de la com- » munauté ou du mari, n'est réputée à l'égard de celui-ci, s'être » obligée que comme caution ; elle doit être indemnisée de l'o- » bligation qu'elle a contractée. » Ainsi ce n'est que vis-à-vis du mari que la femme, dans le cas prévu par l'art. 1431, est réputée être simple caution. Elle ne pourrait pas alléguer cette qualité à l'encontre du créancier (1).

Des termes de l'art. 1214 il semblerait résulter que l'un des codébiteurs solidaires n'a un recours à exercer contre les autres que lorsqu'il a payé la dette en entier; mais il est clair qu'une pareille interprétation est inadmissible. Du moment que la dette est échue, et que le créancier a consenti à recevoir un payement partiel de l'un des débiteurs solidaires, celui-ci peut recourir contre ses codébiteurs, car s'il ne les a pas entièrement libérés,

---

(1) Aubry et Rau sur Zachariæ, t. IV, p. 298. — Rodière et Pont, *Du contrat de mariage*, I, 606. — Marcadé, sur l'art. 1431, n° 1. — Limoges, 20 février 1855. — Sir., 55, 2, 314.

il les a du moins déchargés d'autant. Si l'art. 1214 suppose que l'un des débiteurs solidaires a payé la dette tout entière, ce n'est pas pour restreindre à ce cas son droit au recours, c'est pour borner ce droit au recours contre ses codébiteurs à la part et portion de chacun d'eux. Ainsi l'art. 1214 a pour but de limiter le recours de celui qui a payé en nous donnant le maximum de l'étendue de ce recours; même après avoir payé le tout, l'un des débiteurs solidaires ne pourra recourir contre chacun de ses codébiteurs que pour sa part contributoire dans la dette. Ce qu'il faut conclure de là, c'est que si l'un des débiteurs solidaires a payé un à-compte, il ne pourra recourir contre ses codébiteurs que pour une part proportionnelle à celle que chacun d'eux doit supporter dans le total de la dette. Si le créancier a fait à l'un des débiteurs solidaires remise gratuite de la dette, ce débiteur pourra-t-il recourir contre ses consorts? Nous nous plaçons, bien entendu, dans le cas où le créancier en faisant remise de la dette à l'un d'eux, a entendu que cette remise fît naître à son profit le recours qui lui aurait appartenu s'il avait payé, car s'il n'était point prouvé que le créancier a eu une pareille intention, il est bien évident que la remise faite à l'un des débiteurs solidaires produirait simplement l'effet que lui attribue l'art. 1285, c'est-à-dire que tous les débiteurs seraient libérés. Mais en supposant que le créancier a eu l'intention que sa libéralité profitât uniquement au débiteur à qui il faisait remise, et qu'elle lui fît acquérir contre ses codébiteurs le même recours qu'il aurait acquis en payant, cette intention du créancier produira-t-elle son effet, bien que l'acte ne soit pas revêtu des formalités nécessaires pour les donations? En un mot, un créancier peut-il par un acte qualifié remise de la dette et manquant des formalités des donations faire naître au profit de l'un des débiteurs des droits contre les autres? L'affirmative est soutenue. « Si le créancier, dit M. Duranton, a
» fait don à l'un des débiteurs de tout ou partie de la créance,
» le recours a lieu pour les parts des codébiteurs dans la dette
» entière ou dans la proportion de ce qu'ils ont eu de moins à

» payer en raison de la partie donnée. Il ne serait point néces-
» saire pour cela que le don eût été fait en forme, par acte por-
» tant donation entre-vifs (1). » Nous ne pouvons partager cette
opinion ; sans doute la remise de la dette est affranchie des formalités des donations ; mais dans notre espèce, il ne s'agit plus
d'une remise de dette, mais d'un véritable transport de créance ;
or, une pareille opération faite à titre gratuit ne peut valoir que
si elle est revêtue des formes des donations.

Si le créancier a remis volontairement à l'un des débiteurs
solidaires le titre de la créance, ce qui, aux termes de l'art. 1282,
fait preuve de la libération et, aux termes de l'art. 1283, fait
présumer la remise de la dette ou le payement, le débiteur à qui
le titre de la créance a été abandonné, peut-il recourir contre ses
débiteurs en se fondant sur ce que le payement est présumé à son
profit? Nous ne le croyons pas : la loi a édicté pour le cas dont
nous parlons, non pas une présomption de payement, mais une
présomption de libération. C'est à celui qui prétend qu'il y a eu
payement, et qui veut tirer de là un droit, à prouver le fait de ce
payement, conformément au principe général de l'art. 1315. Or,
il ne peut pas alléguer comme seule preuve, qu'il a le titre entre
les mains : car ses codébiteurs peuvent lui dire : ce titre peut vous
avoir été remis, parce que le créancier a voulu nous décharger
tous gratuitement. Prouvez qu'il n'en est pas ainsi, et qu'en réalité l'abandon du titre a bien pour cause le payement que vous
avez fait (1).

Le débiteur solidaire qui a payé, a, comme nous le savons,
recours contre ses codébiteurs pour la part que chacun d'eux
doit supporter en définitive dans la dette. Il peut se faire que
parmi ceux-ci, il y en ait quelques-uns d'insolvables. Il serait
tout à fait contraire aux principes éminemment équitables par

____

(1) Duranton, t. 11, n° 227. — Larrombière sur l'art. 1285, n°
(2) M. Duverger,

lesquels la loi a réglé les recours des codébiteurs entre eux, que ces insolvabilités restassent à la charge de celui qui a été obligé de faire au créancier l'avance de toute la dette. Aussi l'art. 1214 nous dit : « Si l'un des débiteurs se « trouve insolvable, la perte « qu'occasionne son insolvabilité se répartit par contribution en- « tre tous les autres codébiteurs solvables et celui qui a fait le « payement. » Ainsi, chacun des débiteurs solidaires supportera la perte résultant de l'insolvabilité de l'un d'eux, en proportion de la part qui lui incombe dans la contribution totale. Cette dis- position de la loi s'explique parfaitement ; mais en voici une qui a donné lieu à de sérieuses difficultés. L'art. 1215 nous dit : « Dans le cas où le créancier a renoncé à l'action solidaire « envers l'un « des débiteurs, si l'un ou plusieurs des autres débiteurs devien- « nent insolvables, la portion des insolvables sera contributoire- « ment répartie entre tous les débiteurs, même ceux déchargés « précédemment de la solidarité par le créancier. » Nous savons que le créancier qui a fait remise de la solidarité à l'un des débi- teurs, ne peut agir contre les autres que déduction faite de la part de ce dernier (art. 1210). Soit quatre débiteurs solidaires d'une somme de 60,000 fr., le créancier a déchargé Primus de la solidarité, il ne peut plus poursuivre les autres débiteurs que dé- duction faite de la part de Primus. Secundus, qu'il a poursuivi, ne peut se faire rembourser par Tertius qui est insolvable, la part montant à 15,000 fr. dans l'espèce qui devait rester à la charge de celui-ci. Si le créancier n'avait pas déchargé Primus de la so- lidarité, il n'y aurait point de difficultés, et cette perte de 15,000 fr. se répartirait par portions égales (nous supposons égales les parts contributoires de tous les débiteurs), entre Primus, Secun- dus et Quartus. Chacun d'eux ne supporterait donc que 5,000 fr. Il est bien clair que le créancier, en déchargeant Primus de la solidarité, n'a pas pu faire retomber sur Secundus et Quartus la perte de 5,000 fr. qui devait rester à la charge de Primus ; ainsi donc, il est certain que ces 5,000 fr. ne grèveront pas Secundus ni Quartus ; mais au compte de qui les mettra-t-on ? Sera-ce au compte de Primus, sera-ce au compte du créancier ? C'est là-dessus que s'élève la difficulté.

Pour soutenir que la part afférente à Primus, dans la perte résultant de l'insolvabilité de Tertius, doit être supportée par le créancier, on dit que le créancier en renonçant à la solidarité à l'égard de Primus, a renoncé par là même à toutes les conséquences que la solidarité pouvait produire. Or, c'est bien une des conséquences et des plus importantes de la solidarité que la nécessité de supporter les insolvabilités qui surviennent. Cet effet de la solidarité ne peut donc se produire contre Primus, qui se verrait enlever s'il en était autrement, le bénéfice de la renonciation faite en sa faveur ; dès lors, il faut bien que ce soit à la charge du créancier que retombe la part que Primus aurait supportée, s'il n'eût point été déchargé de la solidarité. Le créancier subira ainsi les conséquences de sa renonciation ; décider autrement, ce serait enlever à la remise de la solidarité presque toute sa signification et son efficacité, car cette remise n'offre guère d'autre avantage que celui précisément de n'être plus responsable de l'insolvabilité des codébiteurs. L'art. 1215 dit, il est vrai, « que la part des insolvables sera contributoirement répartie entre tous les débiteurs, même entre ceux précédemment déchargés de la solidarité par le créancier ; » mais cette disposition, dit-on, a pour but seulement d'indiquer la mesure de la réduction que doit subir l'action solidaire du créancier, par suite des insolvabilités survenues : cette réduction sera égale à la part que le débiteur déchargé devait supporter dans la répartition contributoire de la perte résultant de ces insolvabilités. Voilà quel est le sens de l'art. 1315 in fine. C'était là, du reste, l'opinion de Pothier (1).

Quelque fortes que soient les raisons sur lesquelles s'appuie

(1) Pothier, *Obligations*, n° 275. — Duranton, t. II, n° 228. — Aubry et Rau sur Zachariæ, t. III, p. 25. — Larombière sur l'art. 1215, n° 2. — Rodière, n° 138.

la précédente opinion, elle rencontre un obstacle grave dans le texte de l'art. 1218, dont les travaux préparatoires nous expliquent bien nettement le sens. Notre article 1218 fut inséré dans le Code, avec sa rédaction actuelle sur la proposition du Tribunat; or, le sens que le Tribunat attachait à cette rédaction n'est pas douteux : « la section est d'avis que la perte résultant de l'insol-
» vabilité ne doit nullement regarder le créancier, mais qu'elle
» doit être supportée par les débiteurs déchargés de la solidarité
» comme par ceux qui ne le sont pas (1). L'exposé des motifs
» n'est pas moins explicite. La division de la dette n'a pu être
» consentie ni acceptée que sauf le droit d'autrui ; ainsi le codé-
» biteur déchargé de la solidarité envers le créancier a dû comp-
» ter qu'il lui restait encore une obligation à remplir à l'égard de
» ses codébiteurs, en cas d'insolvabilité de quelques-uns d'entre
» eux (2). » On peut dire pour justifier la décision que ces textes tendent à faire admettre qu'il ne faut pas faire produire à la remise de la solidarité des effets plus étendus que ceux que le créancier a entendu lui donner. Or, du moment que rien ne prouve qu'il a entendu prendre à sa charge les insolvabilités éventuelles, à la place du débiteur auquel il faisait remise de la solidarité, ce serait dépasser son intention que de faire retomber sur lui ces insolvabilités. Sans doute, s'il résulte des termes dans lesquels la remise a été faite ou des circonstances dans lesquelles elle est intervenue, que le créancier a entendu que le débiteur qu'il déchargeait de la solidarité n'eût rien à supporter dans les pertes résultant des insolvabilités, dans ce cas le créancier se sera soumis au recours naissant de ces insolvabilités à la place du débiteur qu'il en affranchissait; mais, hors de ce cas, il faut interpréter restrictivement la renonciation du créancier à ses droits et ne pas faire peser sur lui une charge qu'il n'a point entendu s'imposer.

---

(1) Locré, t. XII, p. 270. — Ajoutez rapport de M. Favart, p. 445.
(2) Locré, t. XII, p. 355. — *Exposé des motifs,* par Bigot-Préameneu.

Toutefois, on peut répondre à ce raisonnement qu'il s'agit précisément de savoir si, de la remise de la solidarité, faite par le créancier, on ne peut pas légitimement conclure qu'il a eu l'intention de prendre à sa charge les insolvabilités qui surviendraient. Or, c'est bien ce qui paraît le plus naturel. En effet, supposez que le créancier ayant fait remise de la solidarité à Primus, l'un des débiteurs solidaires, Secundus et Tertius, ses codébiteurs, deviennent tous les deux insolvables, Primus n'aura nullement à souffrir de leur insolvabilité, le créancier ne pourra lui demander que sa part. Si, au contraire, Tertius seul devient insolvable, le créancier fera payer sa part à Secundus. Et si on admet que celui-ci peut recourir contre Primus pour le faire contribuer à la perte résultant de l'insolvabilité de Tertius, il arrivera que Primus sera, quand un seul de ses codébiteurs se trouvera insolvable, dans une position plus mauvaise que si tous ses codébiteurs étaient insolvables (1).

Nous savons qu'en droit romain celui des débiteurs qui avait payé n'avait point de recours contre les autres, quand la dette commune provenait d'un délit commis par ces débiteurs. Notre ancienne jurisprudence française n'avait point adopté cette décision peu équitable. Celui des débiteurs qui avait payé avait, même dans le cas où la cause de la dette était un délit commis en commun, un recours contre ses coobligés. « Cette action, dit » Pothier, ne naît pas du délit qu'ils ont commis ensemble : » *Nemo enim ex delicto consequi potest actionem;* elle naît du » payement qu'il a fait d'une dette qui lui était commune avec » ses codébiteurs, et de l'équité qui ne permet pas que ses codé- » biteurs profitent à ses dépens de la libération d'une dette dont » ils étaient tenus comme lui. C'est une espèce d'action *utilis* » *negotiorum gestorum* (2). » Cette décision, conforme à l'équité, s'impose.

<hr>

(1) *Ibid.*, t. XII, p. 270. — Ajoutez rapport de M. Favard.
(2) Pothier, *Obligations*, n° 282. — Rapport... *Ibid.*, t. XII, p. 335.

doit être suivie dans notre droit. Ainsi, quand plusieurs personnes sont tenues solidairement (nous verrons si ce sont de véritables débiteurs solidaires) à la suite d'un délit, celle d'entre
elles qui a acquitté l'obligation commune, a un recours contre
les autres. En pareils cas, c'est au juge à déterminer, d'après les
circonstances, quelle est la part contributoire qui doit rester à
la charge de chacun de ces débiteurs.

Nous avons supposé, dans les développements qui précèdent,
qu'un débiteur solidaire agit contre ses codébiteurs, après avoir
désintéressé le créancier. Mais nous savons qu'un débiteur solidaire, poursuivi par le créancier, peut agir en garantie contre
ses codébiteurs, même avant d'avoir payé. Il peut, sur la poursuite intentée contre lui, les appeler en cause, afin de faire statuer, par un seul et même jugement, sur la demande du créancier et sur la demande en garantie, qu'il a lui-même le droit de
former contre ses codébiteurs. Il lui sera avantageux, sous plusieurs rapports, d'agir ainsi, incidemment en garantie contre ses
codébiteurs, au lieu d'attendre d'avoir payé pour intenter contre
eux une action principale. D'abord il y aura économie de temps
et de frais à faire statuer, sur sa demande, contre ses codébiteurs
par le même jugement qui statue sur la demande du créancier
contre lui. De plus, s'il défend seul et sans mettre ses codébiteurs
en cause à l'action du créancier, il s'expose à voir ceux-ci, lorsqu'il agira contre eux, lui opposer qu'il s'est mal défendu, qu'il a
négligé tel ou tel moyen qui aurait fait, s'il eût été proposé, dé-
bouter le créancier de sa demande. Et ainsi, faute d'avoir appelé
ses codébiteurs en cause, il pourra se voir privé de toute indemnité.

Le débiteur solidaire qui a payé le créancier commun a fait
l'affaire de ses codébiteurs en même temps que la sienne; il a
accompli le mandat qu'il avait reçu d'eux. De là naît à son profit, contre ses codébiteurs, une action par laquelle il se fera indemniser de ce qu'il lui en a coûté pour éteindre la dette commune. Mais cette créance, qui naît au profit du débiteur qui a

pays, pourra n'être et ne sera souvent, en effet, qu'une simple créance chirographaire, que ne garantira aucune sûreté particulière et qui, par conséquent, laissera le débiteur qui a fait l'avance pleinement exposé à l'insolvabilité de ses consorts. La loi a pourvu à l'intérêt de ce débiteur en lui attribuant, pour la garantie de son recours, l'action même du créancier désintéressé, avec toutes les qualités utiles, toutes les sûretés de cette créance. C'est ce qui résulte de l'art. 1251-3°, d'après lequel : « la » subrogation légale a lieu au profit de celui qui, étant tenu avec » d'autres ou pour d'autres au payement de la dette, a intérêt à » l'acquitter. » Il est bien évident, en effet, que les débiteurs solidaires sont tenus les uns avec les autres au payement de la dette.

Ce principe est un progrès du Code civil sur notre ancien droit. D'après l'ancienne jurisprudence, le débiteur solidaire, et en général celui qui étant tenu avec d'autres ou pour d'autres, payait la dette commune, n'était point subrogé de plein droit. Dumoulin avait, il est vrai, soutenu que la subrogation devait avoir lieu, dans ce cas, de plein droit (1). Il est admis, disait Dumoulin, que celui qui est tenu avec ou pour d'autres, peut exiger la subrogation comme condition du payement qu'il offre de faire ou qu'on réclame de lui. Or, s'il peut acquérir la subrogation sous la seule condition de la requérir, il ne doit pas être présumé, quand il paye purement et simplement, avoir renoncé à ce droit. Il est bien plus rationnel de tenir légalement pour constante sa volonté d'acquérir cet avantage. Dumoulin s'efforçait, en outre, de démontrer que sa théorie était bien celle du droit romain. Mais il ne parvenait à la mettre d'accord avec les textes qu'en les torturant.

En somme, cette théorie de Dumoulin ne prévalut pas. Renusson (2) et Pothier la combattirent. La subrogation ne peut avoir

---

(1) Prima lectio Doliana, n°° 19 et 20.
(2) Chap. 11, n° 08, et chap. 9, n°° 5 et suiv.

lieu de plein droit, disaient-ils, que si la loi l'a formellement décidé ainsi; or, aucune disposition légale ne contenait une pareille décision. Ce que la loi accordait à celui des coobligés qui payait la dette commune, c'était seulement la faculté de requérir la subrogation, et de l'acquérir au moyen de cette réquisition. Dès lors, « il ne suffit pas qu'il ne soit pas présumé renoncer à son » droit; il faut qu'il paraisse avoir usé de cette faculté, ce qui ne » paraît pas s'il ne l'a point déclaré. Le débiteur qui paye ayant » un autre motif pour payer que d'acquérir la subrogation, savoir » celui d'éviter les contraintes du créancier et de libérer sa per- » sonne et ses biens, le payement qu'il fait sans requérir la sub- » rogation, établit seulement qu'il a voulu se libérer et non » pas qu'il a voulu acquérir la subrogation (1). » Cette doctrine de Pothier formait le droit commun avant la promulgation du Code; il fallait donc, pour que le débiteur solidaire qui payait fût subrogé, qu'il eût requis la subrogation, en payant. Du reste, la subrogation avait lieu par cela seul qu'elle était requise au moment du payement, il n'était pas besoin du consentement du créancier ni sur son refus d'un jugement de subrogation. La loi, dit Pothier, supplée au refus du créancier et transfère ses actions à celui qui a requis la subrogation (2).

Le Code a consacré la théorie de Dumoulin (art. 1251). Outre l'action qu'il a de son propre chef contre ses codébiteurs, le débiteur solidaire qui a payé peut exercer son recours au moyen de l'action du créancier qu'il a désintéressé, et faire servir ainsi, à la garantie de son recours, les sûretés dont était munie la créance par lui payée (art. 128-13°). Remarquons que sous ce point de vue l'action qu'il acquiert par la subrogation peut être pour le débiteur solidaire, bien préférable à l'action qu'il a de son chef, car cette dernière sera souvent dépourvue de toutes les ga-

---

(1) *Obligations*, n° 280.
(2) *Obligations*, n° 558.

ranties spéciales attachées à la première, privilèges, hypothèques, cautionnements, etc., etc.; mais sous un autre rapport, l'action *mandati* que le débiteur solidaire a de son chef lui présentera des avantages qu'il ne trouverait pas dans l'exercice de l'action dont la subrogation l'a investi; car, par cette dernière, si la dette qu'il a payée n'était point productive d'intérêts, le débiteur n'en obtiendrait qu'en vertu de sa demande en justice. Par l'action *mandati*, au contraire, il obtiendra des intérêts sans demande en justice; ils courront de plein droit à son profit du jour du payement (art. 2001), alors même que la dette qu'il a payée n'était point productive d'intérêts, et si elle en produisait, il aura droit en vertu de l'action qu'il a de son chef non pas seulement aux intérêts qu'aurait pu demander l'ancien créancier, mais encore aux intérêts des intérêts qu'il a payés à ce créancier (art. 1153).

Qu'il agisse en vertu de l'action qu'il a de son chef ou en vertu de celle que la subrogation lui a acquise, le débiteur qui a payé n'aura recours contre ses codébiteurs que pour la part et portion de chacun d'eux, conformément à l'art. 1214. Ainsi, le débiteur qui a payé ne pourra pas, en vertu de la subrogation, agir pour le tout contre ses codébiteurs comme l'aurait pu le créancier auquel il est subrogé. Il en serait ainsi, alors même que le débiteur solidaire qui a payé se serait fait subroger conventionnellement, car la subrogation conventionnelle ne saurait donner des droits plus étendus que la subrogation légale (comp. art. 879) (1).

Pothier donnait la même décision. Il refusait à celui des débiteurs solidaires qui avait payé toute la dette, le droit de recourir pour le tout, sous la déduction seulement de sa part contributoire, contre ses codébiteurs, et il ne lui accordait le droit d'agir contre chacun d'eux que pour la part qu'il devait supporter

---

(1) Aubry et Rau sur Zachariæ, § 321, note 58. — Mourlon, *des Subrogations*, p. 47.

en définitive. Il semble au premier abord, faisait-il remarquer,
qu'il devrait en être autrement ; il semble que le débiteur étant
par subrogation le *procurator in rem suam* du créancier, il peut
exercer les actions du créancier solidairement contre chacun des
débiteurs de la même manière que le créancier le pourrait lui-
même. Toutefois il n'en doit pas être ainsi. S'il en était ainsi, il se
ferait un circuit d'actions, « car celui de mes codébiteurs à qui
» j'aurais fait payer le total de la créance, ma part déduite, aurait
» droit, en payant, d'être pareillement subrogé aux actions du
» créancier, sous la déduction de la part dont il est lui-même
» tenu ; et en vertu de cette subrogation il aurait le droit d'exi-
» ger de moi, sous la déduction de sa part, ce qu'il m'aurait
» payé, puisque je suis tenu moi-même de la solidité (1). »
Mr Bigot-Préameneu dans son exposé des motifs reproduit ce
raisonnement de Pothier. « Lors même, dit-il, que le débiteur qui
» a payé la totalité est subrogé dans tous les droits du créancier,
» il ne doit pas être admis à exercer celui de la solidarité parce
» qu'alors il y aurait un circuit d'actions réciproques dont le ré-
» sultat serait que chacun ne payerait qu'à raison de ce qu'il au-
» rait participé à la cause de la dette (2). » Ce raisonnement n'est
point juridiquement exact ; il se réduit à dire, on le voit, que le
débiteur solidaire qui a payé ne peut pas recourir pour le tout
contre un de ses codébiteurs, parce que celui-ci étant à son tour
subrogé de plein droit, pourrait le contraindre à restituer ce qu'il
lui aurait payé, au moyen de l'action même du créancier à laquelle ils sont tous deux successivement subrogés ; mais ce raisonnement est inexact, car le débiteur solidaire qui a payé le
créancier ayant poursuivi pour le tout, sa part seulement déduite,
l'un de ses codébiteurs, celui-ci ne serait subrogé que contre les
débiteurs autres que celui par lequel il a été poursuivi. C'est la conséquence que vous adressiez à l'ortius lui-même.

(1) Pothier, *Obligations*, n° 281.
(2) Locré, p. 356.

séquence de la règle : « Nemo censetur subrogasse contra se
(art. 1253). » Si la raison donnée par Pothier est, comme on le
voit, tout à fait insuffisante pour expliquer pourquoi le débiteur
solidaire qui a payé ne peut pas recourir pour le tout contre
celui de ses codébiteurs qu'il lui plaira de choisir, cette disposition en elle-même peut cependant fort bien se justifier. « L'é-
» quité serait blessée si entre personnes dont la position est la
» même, l'une était forcée de faire à l'autre une avance pour le
» compte d'une troisième (1). » Quand un des débiteurs a été
contraint par le créancier de faire l'avance des portions des
autres, risque que chacun d'eux courait en vertu de la nature
même de leur obligation, on ne voit pas d'où ce débiteur sur lequel est tombée une charge à laquelle chacun d'eux s'était éventuellement soumis, tirerait le droit de la rejeter sur un autre.
Soit trois débiteurs solidaires d'une somme de 60,000. Primus
l'un d'eux a payé. Si, en vertu de la subrogation qui lui est acquise par le fait de ce payement (art. 1251-3°), Primus prétendait
recourir pour le tout, sa part déduite, c'est-à-dire pour 40,000
contre Secundus, celui-ci, même en faisant abstraction de la disposition formelle de l'art. 1213, serait en droit de lui dire : « Je
suis tout disposé à vous payer les 20,000 qui forment ma part contributoire dans la dette ; mais, quant aux 20,000 qui forment la
part contributoire de Tertius, pourquoi serais-je obligé à vous en
faire l'avance? Si Tertius est insolvable, la perte occasionnée par
cette insolvabilité devra être supportée par vous aussi bien que
par moi ; par conséquent, si je ne pouvais recouvrer contre Tertius la somme dont vous me demandez de faire l'avance, j'aurais
le droit de me faire rembourser par vous pour une partie de cette
somme. Pourquoi m'obliger à vous faire un payement dont il
vous faudra peut-être me rembourser une partie? Il est bien plus
simple que vous vous adressiez à Tertius lui-même.

---

(1) Demangeat, des *Obligations solidaires*, p. 237.

Ces considérations éminemment équitables paraissent avoir inspiré le législateur. Aussi l'on peut poser comme règle générale dans notre droit que quand plusieurs codébiteurs sont dans des rapports tels, que l'insolvabilité de l'un doit être supportée en commun par les autres, l'un d'eux ayant payé la dette commune ne peut pas recourir pour le tout, sa part déduite, contre un de ses coobligés; il ne peut demander à aucun d'eux de lui faire l'avance de la part des autres; il ne peut réclamer de chacun que ce qu'il doit supporter en définitive. Il en est ainsi alors même que le débiteur qui a payé agit comme subrogé aux droits du créancier qui pouvait, lui, poursuivre pour le tout chacun des débiteurs. De là il suit que le droit transmis par la subrogation n'est pas toujours dans la personne du subrogé ce qu'il était dans la personne de l'ancien créancier. Il peut se trouver modifié à raison des rapports existant entre le subrogé et les personnes tenues de la dette. Ainsi, si l'un des héritiers du débiteur, se trouvant détenteur d'un immeuble hypothéqué à la dette héréditaire la paye tout entière, cet héritier ne pourra pas recourir pour le tout en vertu de la subrogation qui lui est acquise contre ses cohéritiers qui ont des immeubles hypothéqués à la même dette. Il acquiert bien contre ceux-ci l'action hypothécaire de l'ancien créancier, mais d'une manière fractionnée pour l'exercer contre chacun seulement dans la limite de la portion de dette dont il est tenu comme héritier (art. 875). De même la caution qui a payé, quoique subrogée à l'ancien créancier, ne peut recourir contre chacun de ses cofidéjusseurs que fractionnairement et dans la limite de sa part et portion (art. 2033).

C'est par application des mêmes idées que l'art. 1214 nous dit : « Le codébiteur d'une dette solidaire qui l'a payée en entier ne » peut répéter contre les autres que les part et portion de cha- » cun d'eux. » Ainsi le débiteur solidaire qui a payé ne peut pas, quoique subrogé aux droits du créancier originaire, poursuivre chacun de ses codébiteurs pour le tout comme le pouvait ce créancier. Chacun des coobligés, bien que débiteur solidaire envers l'ancien créancier, n'est tenu envers le subrogé que pour sa part et portion. Si la solidarité qui était attachée à la créance, entre les mains du créancier originaire, ne donne pas au débiteur solidaire le droit de recourir pour le tout contre chacun de ses coobligés, ce droit ne lui sera pas acquis davantage en vertu de l'hypothèque qui peut garantir cette créance. Ainsi, si des immeubles hypothéqués à la dette se trouvent en la possession de l'un des débiteurs solidaires, l'action hypothécaire ne sera exercée contre lui par le subrogé que dans la limite de la portion de dette dont il est personnellement tenu envers ce dernier.

Nous avons vu, à propos de l'art. 1209, que cette division de la dette n'a point lieu dans le cas où l'un des débiteurs solidaires a succédé au créancier commun. On aurait pu être tenté de dire que ce débiteur devait être dans la même position que s'il avait payé le créancier ; que par conséquent il n'avait action contre ses codébiteurs que divisément, contre chacun d'eux pour sa part. L'art. 1209 n'adopte pas cette manière de voir. Il décide que quand un des débiteurs a succédé au créancier commun, ou quand le créancier commun a succédé à l'un des débiteurs, cette personne qui réunit les deux qualités de créancier et de débiteur peut poursuivre les autres débiteurs solidaires pour le tout, déduction faite de la part contributoire qu'elle doit elle-même supporter. Cette différence peut s'expliquer. Quand Primus, l'un des trois débiteurs solidaires, a payé le créancier, l'action qui lui a été transmise en vertu de la subrogation n'a plus dans ses mains, le même but, le même objet que dans les mains de l'ancien créancier ; ce que Primus poursuit par cette action, ce n'est pas l'exécution du contrat intervenu entre les débiteurs solidaires et l'ancien créancier, c'est l'indemnité à laquelle il a droit en vertu du payement qu'il a fait. Or dans cette situation, Secundus, son codébiteur auquel il demande le remboursement de la part contributoire de Tertius, Secundus a pour ne pas faire ce payement une raison tout aussi puissante que celle que Primus a pour la réclamer. Primus réclame ce remboursement

parce que le payement de la portion qui doit être supportée par
Tertius, n'a été de sa part qu'une simple avance qui ne doit pas
rester à sa charge, pour laquelle il a droit à indemnité; Secundus refusera de rembourser à Primus la part de Tertius, parce
que le payement de cette part serait relativement à lui aussi
-bien qu'il l'a été relativement à Primus, une simple avance qui
ne devrait pas rester à sa charge et pour laquelle il aurait droit
à une indemnité. Primus et Secundus sont dans une position
égale; il n'y a pas de raison pour que Primus rejette sur Se-
-cundus l'avance qu'il a dû faire de la part de Tertius. Mais quand
Primus agit contre Secundus non plus comme subrogé, mais
comme héritier du créancier, le but, l'objet de son action c'est
non plus une indemnité, mais l'exécution du contrat qui lie
Secundus envers le créancier. Dès lors, Secundus ne peut pas
refuser de payer la portion de Tertius par la raison que ce paye-
-ment ne sera de sa part qu'une avance qui ne doit pas rester à sa
charge; car Primus lui répondra : Ce que je vous demande, c'est
l'exécution du contrat qui vous lie envers mon auteur. De ce
contrat résulte contre vous la solidarité. Or c'est un effet de la
solidarité que d'être obligé à faire l'avance de ce qu'on ne doit
pas supporter définitivement. Pourquoi la confusion qui s'est
opérée en la personne de Primus, confusion qui n'est après tout
qu'un fait constaté, pourquoi cette confusion aurait-elle pour
effet d'affranchir Secundus des conséquences de la solidarité et
d'enlever les avantages de cette solidarité à celui auquel les
droits du créancier ont été transmis, non pas en vertu d'une cession fictive et limitée à un certain but comme dans le cas de
subrogation, mais en vertu d'une succession réelle et complète
aux droits du créancier solidaire ?

Les principes que nous avons exposés touchant le fractionne-
ment du recours entre codébiteurs solidaires, se trouvent confir-
més par des passages très-explicites des travaux préparatoires.
Ainsi le tribun Jaubert dit dans son rapport : « La solidarité n'é-
» tait que pour le créancier; chacun des codébiteurs pouvait être

« poursuivi pour le tout, mais la dette se divisait de plein droit
» entre eux. Si donc un codébiteur solidaire a payé l'entière
» dette, il est bien évident qu'il ne peut répéter contre chacun de
» ses codébiteurs que leur part dans l'obligation commune. »
» Quant aux priviléges et hypothèques, le débiteur solidaire qui
» a payé pour tous peut les exercer contre chacun de ses codébi-
» teurs à concurrence de la part de la dette dont ils sont tenus;
» Pour cette part, le codébiteur solidaire est de droit au lieu et
» place du créancier (1). »

Si la dette solidaire avait été acquittée non par l'un des débiteurs solidaires, mais par une personne qui avait cautionné cette
dette, pour combien cette caution aurait-elle recours contre chacun des débiteurs? Si elle les a tous cautionnés, pas de difficulté.
L'art. 2030 nous dit : « Lorsqu'il y avait plusieurs débiteurs
» principaux solidaires d'une même dette, la caution qui les a
» tous cautionnés a contre chacun d'eux le recours pour la répé-
» tition du total de ce qu'elle a payé. » Mais la caution qui n'a
cautionné que l'un ou quelques-uns des débiteurs solidaires
aura-t-elle recours pour le tout contre ceux qu'elle n'a pas cautionnés? Quelques auteurs soutiennent l'affirmative (2), nous ne
pouvons accepter cette opinion. L'art. 2030 nous paraît non pas
simplement énonciatif, mais restrictif. La caution qui n'a cautionné qu'un débiteur solidaire ne peut, pas plus que ce débiteur
lui-même, recourir pour le tout contre les autres. Elle n'a
contre ceux-ci qu'un recours fractionné, et le recours pour le
tout ne s'exerce que contre celui ou ceux des débiteurs qu'elle a
cautionnés (3).

Le débiteur solidaire qui a payé est, avons-nous dit, subrogé

(1) Locré, t. XII, p. 488.
(2) Larrombière, sur l'art. 1251, n° 50. — Marcadé, sur l'art. 1252, n° 3.
(3) MM. Valette, Aubry et Rau sur Zachariæ, t. III, p. 503. — Mourlon, des Subrogations, p. 108 et suiv. — Cass. (19 avril 1854. — Dalloz, 1854, 1, 463.

aux droits du créancier. Qu'arriverait-il si, par le fait du créancier, cette subrogation ne pouvait avoir lieu du moins d'une manière complète? En pareil cas, la caution peut se dispenser de payer. L'art. 2037 nous dit : « La caution est déchargée lorsque » la subrogation aux droits, hypothèques et priviléges du créan- » cier ne peut plus, par le fait de ce créancier, s'opérer en faveur » de la caution. » Cet article s'applique-t-il au débiteur soli- daire ?

Une question préalable serait celle de savoir quel est précisément le sens et la portée de l'article 2037. Le créancier n'est-il responsable envers la caution de la perte des sûretés qui garantissaient sa créance que quand cette perte a pour cause un fait positif de sa part, par exemple la mainlevée d'une hypothèque; ou bien le créancier est-il responsable de la perte de ces sûretés, même dans le cas où il les a laissé disparaître par sa négligence, dans le cas par exemple où il est déchu de son rang d'hypothèque faute d'avoir renouvelé son inscription en temps utile ? Nous croyons, avec la majorité des auteurs, que le créancier est responsable, d'après l'art. 2037, même de sa négligence. L'article en question est général, il ne fait aucune distinction; le mot fait dont il se sert signifie, dans la langue du droit, faute *in omittendo* aussi bien que faute *in committendo* (V. les art. 1384, 1733, 1033). Il y a, comme disait le tribun Lahary (1), entre le fidéjusseur et le créancier, des devoirs de réciprocité (2).

Le sens de l'art. 2037 étant ainsi fixé, nous ne croyons pas que cet article puisse être appliqué aux débiteurs solidaires. Comme le remarquent MM. Aubry et Rau (3), l'art. 2037 consacrant une

---

(1) Fenet, t. XV, p. 85.

(2) En ce sens, Valette, Bugnet sur Pothier, *Obligations*, p. 206. — Duranton, t. VIII, n° 382. — Aubry et Rau sur Zachariæ, § 420, note 5. — Cass., 23 février 1857. — Toulouse, 2 mai 1850. — Cass., 2 mai 1861 et 7 juillet 1862.

(3) Sur Zachariæ, § 208, note 80.

véritable déchéance, la nature de la disposition qu'il renferme
ne permet pas de l'étendre par analogie aux débiteurs solidaires.
L'opinion contraire s'appuie sur l'autorité de Pothier, qui nous
dit : « Lorsque plusieurs personnes contractent une obligation
» solidaire, elles ne s'obligent chacune au total que dans la con-
» fiance qu'elles pourront avoir recours contre les autres en
» payant le total. C'est pourquoi, lorsque le créancier par son fait
» les a privées de ce recours en se mettant par son fait hors d'é-
» tat de céder ses actions contre l'une d'elles, qu'il a déchargée,
» il ne doit plus être recevable à agir solidairement contre les
» autres, si ce n'est sous la déduction des portions pour les-
» quelles elles auraient eu recours contre celle qu'il a déchar-
» gée (1). » Certainement ces considérations ne manquent pas
de force. Mais qu'on remarque que Pothier ne permettait aux
débiteurs solidaires comme aux cautions de repousser le créancier par l'exception *cedendarum actionum* quoiquand le créancier
s'était mis par un fait *positif* de sa part, dans l'impossibilité de
leur céder ses actions. Mais si cette impossibilité provenait d'une
simple négligence, les débiteurs solidaires et les cautions ne
pouvaient s'en prévaloir. Nous avons vu que l'art. 2037 avait une
autre signification, et qu'il rendait le créancier responsable non-
seulement de son fait positif, mais de sa négligence. Dès lors,
l'autorité de Pothier ne peut être d'un grand secours à l'opinion
qui veut étendre l'art. 2037 des cautions aux débiteurs solidaires.
Cette opinion invoque en outre cette considération que l'idée d'a-
près laquelle un créancier ne peut par son fait, mettre toute la
dette à la charge de l'un des débiteurs, en le privant de son recours contre les autres, est consacrée par plusieurs articles. C'est
l'art. 1285 d'après lequel le créancier, qui a fait remise de la
dette à l'un des débiteurs en réservant ses droits contre les
autres, ne peut plus poursuivre ceux-ci que déduction faite de la

(2) En ce sens, Vuillette, Huguet sur Pothier, Obligations, p. 296. — Duranton,
t. VIII, p. 466. — Aubry et Rau sur Zachariæ, § 430, note 1. — Cass., 24 février
1851. — Toulouse, 2 mai 1860. — Cass., 2 mai 1861 et 1 juillet 1862.

(1) Pothier, Obligations, n° 557.   (3) Sur Zachariæ, § 298, note 80.

part de celui auquel il a fait la remise. C'est l'art. 1218 qui, suivant toujours la même idée, déclare que la perte résultant de l'insolvabilité de quelques uns des débiteurs solidaires, ne pourra pas être mise à la charge de certains d'entre eux seulement par la décharge de la solidarité que le créancier aurait accordée aux autres (1).

Malgré ces raisons, l'opinion contraire nous paraîtrait plus exacte. L'art. 2037 est fait pour les cautions, et les motifs qu'on allègue pour l'étendre par analogie aux débiteurs solidaires, ne nous paraissent pas suffisants. La position des débiteurs solidaires et des fidéjusseurs est bien loin d'être la même. Les uns garantissent une dette qui n'est pas la leur, les autres jouent vis-à-vis du créancier le rôle de débiteurs principaux. Cette diversité dans la nature de leur engagement, qui se traduit dans la pratique par une série de différences importantes entre le fidéjusseur et le débiteur solidaire, nous semble rendre très-contestable l'assimilation au moyen de laquelle on veut étendre à l'un des dispositions légales qui n'ont été faites que pour l'autre.

Ajoutons que l'art. 2037 lui-même est une preuve, que la subrogation légale à laquelle a droit le débiteur solidaire, qui paye, n'emporte pas par elle-même la nécessité pour le créancier de ne rien faire qui rende impossible cette subrogation. S'il en était ainsi, du moment que la subrogation légale était accordée à la caution, l'art. 2037 serait devenu inutile (2).

Si le débiteur solidaire ne peut pas se prévaloir de l'art. 2037, il en est tout autrement de la caution solidaire, qui comme la caution simple doit être déchargée lorsque la subrogation aux

___

(1) Merlin, *Solidarité*, § 5. — Toullier, t. VII, n° 172. — Duranton, t. XVIII, n° 182, note. — Rodière, n° 154. — Mourlon, *Subrogations personnelles*, p. 514.

(2) Valette, Aubry et Rau sur Zachariæ, t. III, p. 26. — Troplong, *Cautionnement*, n° 534. — Larombière, sur l'art. 1208, n° 4. — Cass., 6 décembre 1843. — Sirey, 44, 1, 71. — Paris, 8 mars 1851, Sirey, 51, 2, 427. — Cass., 13 janvier 1852. — Sirey, 52, 1, 104.

droits, hypothèques et priviléges du créancier ne peut plus par le fait de ce créancier s'opérer en sa faveur. Ce point est généralement admis par la jurisprudence et par les auteurs. Toutefois il est contesté par M. Troplong qui fait de l'art. 2037 une conséquence du bénéfice de discussion. Dans l'ancien droit romain, fait remarquer M. Troplong, le créancier n'était pas tenu de conserver ses actions au fidéjusseur, il pouvait en disposer comme il l'entendait, et il n'était obligé de les céder que telles qu'il les avait au moment du payement; mais les choses changèrent lorsque Justinien eut accordé aux fidéjusseurs le bénéfice de discussion. La caution ayant le droit de renvoyer le créancier à discuter le débiteur principal, ce bénéfice ne peut pas lui être enlevé par le fait du créancier; le créancier ne peut donc pas, en renonçant à ses actions, aux sûretés qui garantissent sa créance, se mettre hors d'état de discuter le débiteur d'une manière efficace, ce serait là rendre illusoire la protection accordée à la caution. Il doit donc conserver ses actions intactes, afin que la caution puisse user utilement du bénéfice de discussion, ou bien « afin que le fidéjusseur, mis à sa place par la cession, trouve » dans la discussion qu'il fera lui-même des facultés du débiteur » les ressources que le créancier y aurait trouvées, s'il l'avait » renvoyé à faire cette discussion (1). » Donc, conclut M. Troplong, l'obligation pour le créancier de conserver ses actions a pour but, comme le démontre l'origine historique de cette obligation, de sauvegarder le bénéfice de discussion accordé aux fidéjusseurs. Donc cette obligation n'existe pas vis-à-vis de la caution qui ne jouit pas du bénéfice de discussion, il n'existe pas vis-à-vis de la caution solidaire.

Nous croyons au contraire que l'art. 2037 peut être invoqué par la caution solidaire comme par la caution simple, et c'est là

---

(1) Troplong, *Cautionnement*, n° 583. — En ce sens, Rouen, 7 mars 1818; Limoges, 21 mai 1835. — Sir., 35, 2, 455. — Bourges, 28 juillet 1837. — Dall., alpab., *Cautionnement*, n° 334.

une des différences les plus caractéristiques qui distinguent la situation de la caution solidaire de celle du débiteur solidaire. Cette corrélation intime que M. Troplong établit entre le bénéfice de discussion et l'exception *cedendarum actionum*, n'est nullement prouvée. Pothier, au contraire, considère l'exception *cedendarum actionum* comme un complément exigé par l'équité de l'obligation qui incombe au créancier de céder ses actions à la caution qui le paye. « Lorsque le créancier, dit-il, s'est mis
» par son fait hors d'état de pouvoir céder au fidéjusseur ses
» actions, soit contre le débiteur principal, soit contre les autres
» fidéjusseurs, le fidéjusseur peut *per exceptionem cedendarum*
» *actionum* faire déclarer le créancier non recevable en sa de-
» mande, pour ce qu'aurait pu procurer au fidéjusseur la cession
» des actions que le créancier s'est mis hors d'état de pouvoir
» lui céder. Les cautions, ajoute-t-il, « comptent sur le recours
» qu'elles auront les unes contre les autres, ce n'est que dans
» cette confiance qu'elles contractent leur engagement qu'elles
» n'auraient pas contracté sans cela ; il n'est donc pas juste que
» le créancier les en prive par son fait (1). » On voit que Pothier
déduit l'exception *cedendarum actionum*, abstraction faite du
bénéfice de discussion du droit qu'a le fidéjusseur d'exiger la
cession d'actions, droit dont l'équité ne permet au créancier de le
priver. De même, dans les travaux préparatoires, nous trouvons
formellement énoncée cette idée que l'art. 2037 a pour but de
garantir à la caution l'efficacité de la subrogation, abstraction
faite du bénéfice de discussion. « Nous avons vu, dit M. Treilhard,
» que le payement fait au créancier devait opérer une subroga-
» tion de droits, au profit de la caution ; le créancier n'est donc
» plus recevable à la poursuivre, quand par son fait, il s'est mis
» dans l'impossibilité d'opérer cette subrogation (1). »

---

(1) *Obligations*, n° 557.
(2) Fenet, t. XV, p. 45. — Compar. le discours de M. Chabot, *ibidem*, p. 97.

De tout ce qui précède, nous sommes en droit de conclure que les rédacteurs du Code n'ont pas entendu restreindre le droit d'invoquer l'art. 2037 aux cautions qui jouissent du bénéfice de discussion, que par conséquent ce droit doit être accordé à la caution solidaire comme à la caution simple (1).

CHAPITRE II.

De la solidarité légale.

Nous venons d'étudier la solidarité établie par la volonté des parties; mais la solidarité peut résulter d'une autre cause, la loi l'attache de sa propre autorité, et indépendamment de la volonté des parties à certaines obligations; aussi l'art. 1202, après nous avoir dit que la solidarité doit être expressément stipulée, ajoute : Cette règle cesse dans les cas où la solidarité a lieu de plein droit en vertu d'une disposition de la loi.

Nous allons rechercher quels sont les cas de solidarité légale que nous présente le Code civil, en laissant de côté ceux qui se rencontrent dans le droit criminel et commercial, et dont l'étude nous entraînerait hors du sujet de cette thèse; après avoir signalé les cas divers dans lesquels la solidarité a lieu de plein droit, nous examinerons quelles sont les règles applicables à cette solidarité.

Nous ferons donc d'abord un simple exposé des cas de solidarité qui se rencontrent dans le Code civil sans préciser pour chacun de ces cas le caractère de la solidarité qu'il présente; ce sera dans notre étude générale sur les règles applicables à la solida-

----

(1) Merlin, Questions, *Solidarité*, § 5. Valette, Aubry et Rau sur Zachariæ, § 420, note 11... — Cassat., 9 janvier 1840, 16 mars 1852, 13 février 1857.

rité légale, que nous verrons quelle est la nature de la solidarité dont il s'agit, dans chacun des cas que nous allons parcourir.

Section I. — Cas divers de solidarité légale.

I.

Quand la mère tutrice se remarie et que le conseil de famille lui conserve la tutelle, il doit, d'après l'art. 395, lui donner son mari pour cotuteur; celui-ci en pareil cas devient *solidairement* responsable avec sa femme de la gestion postérieure au mariage. Si la mère s'est remariée sans avoir convoqué le conseil de famille pour délibérer sur la question de savoir si elle restera ou non tutrice, elle perd de plein droit la tutelle; mais elle n'est pas pour cela déchargée de toute responsabilité : l'art. 396, en effet, la déclare responsable solidairement avec son nouveau mari de toutes les suites de la tutelle indûment conservée.

Il importe de préciser à quoi s'applique cette responsabilité solidaire des deux époux; sur le premier cas, pas de difficulté. Lorsque la mère remariée a été maintenue dans la tutelle par le conseil de famille, c'est de la gestion postérieure au mariage que son nouveau mari est solidairement responsable avec elle. Quand la mère s'est remariée sans convoquer le conseil de famille, la responsabilité solidaire du nouveau mari comprendra, dit la loi, « toutes les suites de la tutelle indûment conservée. » Faut-il conclure de ces termes généraux que le nouveau mari dans ce cas est responsable, non plus seulement de la gestion postérieure au mariage, comme dans le cas de l'art. 396, mais encore de la gestion antérieure? L'affirmative s'appuie sur des précédents de l'ancien droit qui lui sont favorables (1), sur la généralité des termes

---

(1) Domat, *Lois civiles*, 1re partie, liv. II, t. I, n° 37. — Poth., *de l'hypothèque*, ch. I, sect. 5, art. 3.

— 278 —

de l'art. 395, mise en regard de ces mots de l'art. 396 : « de la
gestion postérieure au mariage » et enfin sur cette considération
que le mari pouvait éviter cette responsabilité rigoureuse, et que
s'il s'y trouve soumis, c'est par sa faute (1). L'opinion contraire
nous paraît préférable : rendre le mari responsable d'une gestion
à laquelle il est complétement étranger, serait une disposition
exorbitante du droit commun, et qui demanderait pour être acceptée un texte bien catégorique qui n'existe pas. La rédaction
de l'art. 395 portait d'abord : « Le mari sera solidairement res-
» ponsable de l'indue gestion qui aura lieu depuis le nouveau
» mariage. » Le Tribunat fit observer que d'après ces termes le
mari semblerait n'être responsable que de l'indue gestion, et il
demanda que l'on exprimât que sa responsabilité s'étendrait au
défaut de gestion comme à l'indue gestion, dans la modification
de rédaction qui eut lieu sur cette observation, les mots : « depuis
» le nouveau mariage » ne furent pas reproduits ; mais on ne
peut admettre que cette omission ait eu pour but d'étendre à la
gestion antérieure au mariage la responsabilité du mari, puisque une pareille intention ne fut manifestée d'aucune manière
par les rédacteurs. Enfin l'art. 395 nous dit que le mari sera responsable des suites de la tutelle indûment conservée ; mais la
tutelle indûment conservée, c'est la gestion de la tutelle postérieure au mariage (2).

II.

L'art. 1442 nous dit : que si l'un des époux, mariés sous le ré-
gime de la communauté, est mort laissant des enfants mineurs,
et que le subrogé-tuteur de ces enfants n'ait point obligé l'époux

<hr>

(1) Duranton, III, n° 420. — Duvergier, sur Toullier, II, 1008, note 0. — Aubry
et Rau sur Zachariæ, t. I, p. 400. — Marcadé, sur l'art. 395, n° 2. — Cour de
Caen, 22 mars 1800.
(2) Valette, explicat. sommaire du liv. I, C. Nap., p. 231, 232. — Demolombe,
t. IV, n° 127.

survivant à faire inventaire, ce subrogé-tuteur sera tenu solidairement, avec l'époux survivant, de toutes les condamnations qui peuvent être prononcées au profit des enfants.

Ce cas est un de ceux dans lesquels la loi déclare expressément que le subrogé-tuteur sera responsable. Il est encore responsable, en vertu de dispositions formelles, quand il ne provoque pas la nomination d'un nouveau tuteur, la tutelle étant devenue vacante (art. 424), et quand il manque à l'obligation qui lui est imposée de faire inscrire l'hypothèque légale du mineur. En dehors de ces cas, on n'est pas d'accord sur le point de savoir si le subrogé-tuteur doit être responsable de la gestion du tuteur, lorsque sa surveillance aurait pu être plus active (1).

Dans notre hypothèse, la responsabilité solidaire du subrogé-tuteur a été établie pour assurer plus efficacement l'exécution de l'obligation qui incombe à l'époux survivant de faire inventaire de la communauté. Le Code a supprimé, comme on sait, la conséquence qu'entraînait dans l'ancien droit (2) l'inexécution de cette obligation. Il n'admet pas, comme cela était admis autrefois, qu'à défaut d'inventaire la communauté continue au profit des enfants mineurs de l'époux prédécédé. D'autres moyens ont été employés par la loi pour forcer l'époux survivant à faire inventaire. A défaut d'inventaire, la preuve de l'actif de la communauté peut être faite contre lui, non-seulement par titre, mais encore par commune renommée. Il perd la jouissance légale des biens de ses enfants mineurs. A ces dispositions destinées à assurer la confection de l'inventaire, la loi ajoute, comme une garantie de plus, la responsabilité solidaire du subrogé-tuteur, quant aux condamnations qui pourront être prononcées au profit des mineurs, contre l'époux survivant.

---

(1) Duranton, t. III, n° 522. — Aubry et Rau, sur Zachariæ, t. I, p. 127. — Demolombe, t. VII, n° 391. — Rodière, *De la solidarité*, n° 188.

(2) Coutumes de Paris et d'Orléans.

III

« Plusieurs locataires, nous dit l'art. 1734 C. civ., sont tous so-
» lidairement responsables de l'incendie ; à moins qu'ils ne prou-
» vent que l'incendie a commencé dans l'habitation de l'un
» d'eux, auquel cas celui-là seul en est tenu, ou que quelques-
» uns ne prouvent que l'incendie n'a pu commencer chez eux,
» auquel cas ceux-là n'en sont pas tenus. » Pour qu'il y ait solidarité, il faut d'abord, comme nous le dit notre article, qu'il y ait
responsabilité. Or, la responsabilité peut exister seulement à l'é-
gard de quelques-uns des locataires, si quelques autres prouvent
que l'incendie n'a pu commencer chez eux. Elle peut exister à
l'égard de l'un seulement des locataires, s'il est prouvé que le
feu a commencé chez lui. Elle peut n'exister à l'égard d'aucun
des locataires s'ils font la preuve dont parle l'art. 1733. Du reste,
la preuve exigée par ce dernier article a soulevé des difficultés.
On a prétendu que la disposition de l'art. 1733 était exceptionnelle et dérogatoire au droit commun, en ce qu'elle établit,
contre le preneur, une présomption de faute, tandis que, en règle
générale, la faute ne se présume pas (1). Ce point de vue n'est pas
exact. L'art. 1733, en tant qu'il établit que celui à qui une maison a été louée répondra de l'incendie, à moins qu'il ne prouve
qu'il est arrivé sans sa faute, l'art. 1733, dis-je, en tant qu'il contient cette disposition, est parfaitement conforme au droit commun. Le droit commun est, en effet, que celui qui invoque un
droit, doit prouver le fait qui sert de fondement à ce droit ; que
celui qui se prétend libéré d'une obligation, doit prouver le fait
d'où résulte cette libération. Le bailleur, en établissant l'existence
du contrat de louage, prouve par là-même l'obligation qui incombe au preneur de restituer la maison qui lui a été louée.

---

(1) Duvergier, t. III, nos 408 et 411.

Dès lors c'est au preneur qui se prétend libéré de cette obligation de restituer à prouver sa libération. Cette preuve, il ne la fait pas en alléguant l'incendie qui le met dans l'impossibilité de restituer. Car cet incendie peut être survenu par sa faute. Et dès lors son obligation est perpétuée. Pour que la perte de la maison, par suite de l'incendie, le libère de son obligation, il faut qu'il prouve que cet incendie s'est produit sans qu'il y ait eu faute de sa part.

Si c'est là la décision donnée par l'art. 1733, cet article est donc l'application du droit commun. Mais, d'après une opinion considérable, l'art. 1733 ne se borne pas là. Non-seulement il ne considère pas le preneur comme libéré par le fait seul de l'incendie, mais encore il décide qu'il ne sera libéré que s'il prouve que l'incendie s'est produit par l'une des causes énumérées par l'article vice de construction, cas fortuit, ou communication du feu par une maison voisine. Tandis que de droit commun, le débiteur d'un corps certain est libéré lorsqu'il prouve, par des présomptions et inductions quelconques, pourvu qu'elles soient *probantes*, que la perte de la chose est arrivée sans sa faute (1). Est-il vrai que l'art. 1733 contienne une pareille dérogation au droit commun ? nous ne le croyons pas. Cet article n'est pas assez catégorique pour prévaloir contre les principes. Et nous croyons que le locataire pourrait établir, par toutes sortes de moyens propres à en justifier, que l'incendie a eu lieu sans sa faute, et qu'ainsi la perte de la chose ayant été causée par un fait dont il n'est point responsable, il est libéré de l'obligation de restituer.

En tous cas, il est bien clair que les locataires ne sont responsables de l'incendie, dans les termes de l'art. 1734, qu'envers le propriétaire avec qui ils ont contracté. Et si un tiers à qui l'incendie a causé quelque dommage voulait obtenir d'eux des dom-

---

(1) Aubry et Rau, sur Zachariæ, t. III, p. 350. — Marcadé, sur l'art. 1734. — Cour de Paris, 4 juillet 1835.

mages-intérêts, il ne réussirait, dans sa demande, que contre ceux par la faute desquels il prouverait que l'incendie a été occasionné. Ce serait l'application pure et simple de l'art. 1382 (1).

IV.

Plusieurs personnes qui ont donné mandat pour une affaire commune sont tenues solidairement envers le mandataire qu'elles ont constitué de tous les effets du mandat (art. 2002). Des termes absolus de cet article, il faut conclure que les mandants sont tenus solidairement, non-seulement en ce qui concerne les avances et frais du mandataire, mais encore en ce qui concerne les honoraires à lui promis. Nous conclurons encore de notre article que la solidarité n'existe entre mandants qu'autant que l'affaire pour laquelle ils donnent mandat leur est commune ; ainsi, si le mandataire a été constitué par plusieurs pour des affaires différentes n'intéressant chacune que l'un des mandants, il n'y aura pas solidarité entre ceux-ci, il y a dans ce cas autant de mandats distincts qu'il y a d'affaires différentes. Si le mandat a été donné par une seule personne quoique l'affaire intéresse plusieurs, et que plusieurs aient profité de la gestion, le mandataire n'aura point contre ces derniers d'action solidaire; car il n'a reçu d'eux aucun mandat. Le *negotiorum gestor* qui a géré utilement une affaire commune à plusieurs personnes ne pourra point agir solidairement contre chacune d'elles, il devra diviser son action dans la proportion de l'intérêt que chacune avait dans l'affaire gérée. La solidarité, en effet, est de droit étroit, et on ne peut l'étendre par analogie à un cas pour lequel la loi ne l'établit pas.

La disposition qui établit la solidarité entre plusieurs mandants a été inspirée aux rédacteurs du Code par le droit romain comme

---

(1) Arrêt du 12 août 1820, C. de Lyon. — Arrêt du 1er juillet 1841, Cour de Paris. — Dalloz, Répertoire. — Louage, n° 412.

l'atteste M. Berlier dans l'exposé des motifs (1). Dans le droit romain comme nous l'avons vu, ce n'était pas seulement entre mandants, c'était encore entre les mandataires que la solidarité pouvait exister, quoiqu'elle ne fût pas exprimée dans le contrat (2).

Pothier admettait aussi que deux ou plusieurs mandataires s'étant chargés d'une même affaire, l'action *mandati* pouvait être exercée contre eux solidairement (3). Cette solidarité résultait, selon lui de la nature même de l'engagement des mandataires; « car, disait-il, la gestion n'ayant point été partagée entre eux, » et chacun d'eux s'étant chargé de cette gestion pour le total, il » est de la nature de leur engagement qu'ils en soient chargés » chacun pour le total et par conséquent solidairement. » Le Code n'a pas reproduit sur ce point la décision du droit romain et de Pothier, et la solidarité n'a lieu au profit du mandant contre plusieurs mandataires qu'autant qu'elle est exprimée (art. 1995).

Cependant il arrivera souvent en cas d'inexécution du mandat que chacun des mandataires pourra être considéré comme la cause du dommage tout entier qui en résulte pour le mandant; car ce dommage ne se fût point réalisé si l'un des mandataires eût apporté à l'affaire la diligence dont il était tenu; par exemple, je donne mandat à deux personnes de réparer ma maison, chacune d'elles néglige de le faire et ma maison tombe en ruines; on peut dire à chacun des mandataires, que s'il avait exécuté le mandat avec la diligence à laquelle il était obligé, il aurait complétement empêché le dommage; il semble, dès lors, que chacun d'eux doit être responsable pour le tout de ce défaut de diligence. Mais puisque la loi décide qu'il n'y a pas solidarité entre mandataires, ils ne seront tenus chacun que pour une portion virile des

---

(1) Fenet, t. XIV, p. 588. V. l. 59, § 3, *Mandati.*
(2) L. 60, § 2, *mandati.*
(3) Pothier, du mandat, n° 63.

dommages-intérêts qui peuvent être dus par suite de l'inexécution du mandat. On peut se demander pourquoi, quand les deux mandataires sont en faute comme dans le cas que nous avons supposé, les dommages-intérêts ne peuvent être demandés que pour partie à chacun d'eux. C'est que le législateur a trouvé la solidarité trop lourde pour l'imposer à des personnes qui se sont chargées d'un mandat, et qui rendent un service d'ami souvent gratuit ; ce qu'il y a de très-rigoureux, en effet, dans la solidarité c'est que chacun des débiteurs subit, du moins dans une certaine mesure, les conséquences de la faute de l'autre (art. 1205). On a trouvé trop dur que l'un des mandataires qui n'a pas de faute à se reprocher se trouvât responsable de la faute de son commandataire. Si la loi a décidé que plusieurs mandants seraient solidairement tenus, 'est par suite de cette considération que le mandant reçoit un service, tandis que le mandataire s'acquitte d'un acte officieux et souvent gratuit, Ce sont les idées que nous trouvons exprimées dans les travaux préparatoires.

« S'il est juste, lisons-nous dans l'exposé des motifs, que dans
» un acte de cette nature, celui qui rend le service ait une action
» solidaire contre ceux qui tirent d'un mandat un profit com-
» mun, il serait injuste de le charger envers ceux-ci du fait
» d'autrui sans une convention expresse (1). »

De la disposition de l'art. 1995 il résulte, en somme, que quand la solidarité n'a point été stipulée, plusieurs mandataires constitués par le même acte ne sont point responsables des fautes les uns des autres. S'ils sont poursuivis pour inexécution du mandat par suite d'une faute qui leur est commune, l'action en dommages-intérêts se divisera entre eux (2). Cette division de l'action n'empêche pas, toutefois, que l'un d'entre eux ne puisse être poursuivi pour le tout, par suite de son fait personnel, par

---

(1) Fenet, t. XIV, p. 588.
(2) Duranton, t. XVIII, p. 251. — Aubry et Rau, sur Zachariæ, t. III, p. 467,

exemple s'il a touché pour le mandant des sommes dont il est reliquataire (1).

Si deux personnes ont été constituées mandataires pour la même affaire par des actes différents, avec déclaration dans le second acte qu'il ne révoque pas le premier, il y a là non un seul mandat, mais deux mandats distincts ; et les mandataires constitués par ces divers actes sont responsables chacun *in solidum* de l'inexécution de l'obligation qu'ils ont contractée; aucun n'a dû compter pour partager sa responsabilité sur des mandataires dont l'engagement lui était étranger.

V

Nous avons vu que plusieurs mandataires constitués par le même acte ne sont pas tenus solidairement si la solidarité n'a pas été exprimée. Cette règle, faite pour les mandataires ordinaires, est remplacée en ce qui touche les exécuteurs testamentaires par la disposition de l'art. 1033, qui nous dit que plusieurs exécuteurs testamentaires seront solidairement responsables du compte du mobilier qui leur a été confié, à moins que le testateur n'ait divisé leurs fonctions et que chacun d'eux ne se soit renfermé dans celle qui lui était attribuée.

Cette différence établie au point de vue de la solidarité entre les exécuteurs testamentaires et les mandataires ordinaires, s'explique par cette considération que l'exécuteur testamentaire n'est point comme le mandataire ordinaire choisi par celui dont il administre l'affaire, il lui est imposé. Le caractère spécial de ce mandataire, investi de ses pouvoirs par un autre que ceux dont il gère les affaires, rend compte de cette aggravation que la loi a cru devoir apporter à l'obligation de plusieurs exécuteurs testamentaires.

---

(1) Duranton, *loc. cit.*

VI

Plusieurs personnes qui ont conjointement emprunté la même chose en sont solidairement responsables envers le prêteur (art. 1887). Cette disposition a été inspirée par le droit romain. En vertu de cette disposition, deux personnes ayant emprunté par exemple un cheval, si ce cheval vient à périr par la faute de l'une d'elles ou après qu'elle a été mise en demeure, l'autre commodataire sera responsable dans la mesure fixée par l'article 1205.

On comprend que la loi ait voulu assurer la conservation de sa chose à celui qui la prête pour rendre service à autrui; la même idée a fait établir contre le commodataire une responsabilité rigoureuse, quant aux fautes dont il est tenu (art. 1881, 1882). Aussi, n'y a-t-il rien d'étonnant à ce que la loi qui, dans l'intérêt du locateur, soumet les locataires à une responsabilité solidaire en cas d'incendie, prenne une précaution de ce genre en faveur du commodant.

Mais en sens inverse, si plusieurs copropriétaires du même objet l'avaient prêté à usage, ils ne seraient point tenus solidairement de l'action que pourrait avoir l'emprunteur aux termes de l'art. 1890, pour les dépenses extraordinaires qu'il aurait dû faire pour la conservation de la chose, car la loi n'établit point la solidarité entre les prêteurs, et il n'y avait point en se plaçant au point de vue des législateurs de raisons pour l'établir, car le contrat intervient ici dans l'intérêt des débiteurs.

La solidarité prononcée par l'art. 1887 ne doit pas être étendue aux dépositaires, la chose ne leur est pas remise dans leur intérêt, comme aux commodataires, mais bien dans l'intérêt du déposant, aussi la solidarité n'a-t-elle point été établie entre eux. Quant

---

(1) T. III, n° 199.

aux déposants aucune disposition légale ne les déclare obligés solidairement envers le dépositaire pour les indemnités qui pourraient lui être dues, à raison des dépenses faites par lui pour la conservation de la chose (1947), ou pour le salaire auquel il pourrait avoir droit. Il paraît donc impossible, en présence de la disposition de l'art. 1202, d'admettre que les déposants puissent être tenus solidairement. Toutefois, M. Duranton(1) fait remarquer que l'on pourrait arriver à cette décision, en considérant le dépôt comme contenant virtuellement un mandat. Les déposants pourraient alors être regardés comme obligés solidairement en vertu de la disposition de l'art. 2002.

Section II. — Règles applicables a la solidarité légale.

Rechercher quelles sont les règles applicables à la solidarité légale, revient à se demander si la solidarité légale est une solidarité proprement dite de même nature que la solidarité conventionnelle, ou bien si elle n'est qu'une solidarité imparfaite, et si les obligations dans lesquelles elle se rencontre ne sont que de simples obligations *in solidum*.

Si l'on admet que la solidarité légale dans tous les cas dans lesquels elle se présente est une véritable solidarité, il faudra lui appliquer les mêmes règles qu'à la solidarité conventionnelle. Si l'on admet que les dispositions de la loi ou du moins certaines d'entre elles, ne créent qu'une solidarité imparfaite et de simples obligations *in solidum*, il faudra appliquer les règles relatives à cette dernière classe d'obligations. Il faut donc, avant d'examiner notre question, voir d'abord quelles sont ces règles, et pour cela comparer sommairement l'obligation *in solidum* à l'obligation solidaire proprement dite.

§. I. *Comparaison des obligations solidaires et des simples obligations* in solidum.

Il peut se faire que deux ou plusieurs personnes soient obligées, chacune pour le tout, au payement d'une même dette sans être débiteurs solidaires. Cette situation se rencontre dans des hypothèses fort diverses, dont nous n'avons pas à faire une énumération complète. Il suffit d'en indiquer quelques-unes au moyen desquelles on verra comment peut se produire, à la charge de plusieurs personnes, une simple obligation *in solidum*, et quels sont les caractères de cette obligation.

On peut dire, en général, que les caractères d'une simple obligation *in solidum*, consistent en ce que plusieurs personnes sont obligées, chacune pour le tout, à une même prestation, de telle sorte que le payement fait par l'une d'elle libère l'autre, sans que cependant il y ait entre elles ce lien d'un mandat réciproque qui caractérise la situation des débiteurs solidaires.

Une obligation de cette nature, c'est-à-dire une simple obligation *in solidum*, peut exister à la charge de plusieurs personnes à la suite d'un délit civil ou d'un quasi-délit auquel elles ont toutes participé. Sans doute, il n'existe point de disposition légale qui prononce spécialement pour ces cas la solidarité. Et l'on pourrait objecter que, d'après l'art. 1202, la solidarité ne se présume pas, que cette règle ne cesse que quand la solidarité a lieu de plein droit en vertu d'une disposition de la loi, que, par conséquent, cet article s'oppose au résultat que nous avons signalé. Il n'en est rien cependant. D'abord c'est un point controversé que la question de savoir si l'art. 1202 s'applique aux engagements qui se forment sans convention, comme aux obligations conventionnelles. (Voyez pour l'affirmative : Merlin, *Questions de droit*, Solidarité, § 10 ; pour la négative : Rodière, *Traité de la solidarité*, n° 49, et Larrombière, sur l'art. 1202, n° 22.) Mais admettrait-on que la disposition de l'art. 1202 embrasse les engagements qui se

forment sans convention, comme les obligations conventionnelles, il n'en serait pas moins vrai de dire qu'une obligation *in
solidum* peut exister à la charge de plusieurs personnes à la suite
d'un délit ou d'un quasi-délit commis par elles. Car l'art. 1202 ne
peut empêcher que, en vertu de principes de droit indépendants
des règles relatives à la solidarité, des obligations existant à la
charge de deux ou plusieurs personnes, se trouvent avoir un
seul et même objet, de telle sorte que l'exécution de l'une de ces
obligations éteindra les autres. Or, c'est là précisément ce qui
constitue cette situation dans laquelle on peut dire qu'il y a, à la
charge de plusieurs personnes, une obligation *in solidum*.

Une obligation *in solidum* peut donc résulter d'un délit civil ou
d'un quasi-délit commis par plusieurs. Tous les auteurs de ce
délit ou quasi-délit pourront être obligés *in solidum* aux dommages-intérêts auxquels a droit la personne lésée. Il est bien vrai,
comme nous l'avons dit, qu'il n'existe point de disposition légale
qui déclare obligés solidairement ceux qui ont concouru à commettre un même délit ou quasi-délit. Car, nous supposons ici un
délit civil. Sans cela nous tomberions dans la disposition de
l'art. 55 du Code pénal qui déclare solidairement tenus des
amendes, restitutions, dommages-intérêts et frais, tous les individus condamnés pour un même crime ou délit. Il est vrai, disons-nous, qu'il n'existe aucune disposition semblable quant aux
délits purement civils. Et M. Duranton s'appuie là-dessus pour
critiquer un arrêt de la Cour d'Aix (1) qui déclare les auteurs
d'un quasi-délit obligés solidairement aux dommages-intérêts.
« Aucune disposition, soit du Code civil, soit du Code pénal, n'é-
» tablit la solidarité en matière de quasi-délits, et le Code civil
» défend expressément aux juges de la voir ailleurs que dans une
» convention expresse des parties, ou dans une disposition de là

---

(1) Dalloz, Rec. alphabétique, au mot *responsabilité*, p. 342. Arrêt du 11 mai
1825.

» loi. Cette Cour l'a donc prononcée par analogie de motifs, c'est-
» à-dire qu'elle a ajouté à la loi précisément dans une matière
» où la loi défend que l'on étende ses dispositions. » A ce raisonnement on peut répondre qu'il ne s'agit nullement de déclarer
l'existence d'une véritable solidarité entre personnes obligées par
leur concours à un délit. Au reste, c'était bien cependant ce que
paraissait avoir voulu faire l'arrêt de la Cour d'Aix qui donnait
lieu à ces observations. Car cet arrêt porte : « Que la réparation
» est due par tous et par chacun, *et in totum et totaliter*, et que
» cette solidarité est conforme aux principes du droit; car, puis-
» qu'un mandataire, qui a fait volontairement des avances dans
» l'intérêt de plusieurs mandants pour une affaire commune à
» ceux-ci, peut les répéter solidairement, à plus forte raison celui
» qui, malgré lui, éprouve un dommage, doit-il pouvoir en de-
» mander solidairement la réparation contre les personnes qui
» l'ont conjointement occasionné. » On voit que cet arrêt déclare
l'existence d'une vraie solidarité entre les différents auteurs d'un
même délit, et qu'il base cette disposition sur un argument *à
fortiori* tiré de la solidarité établie par la loi entre co-mandants.
A ce point de vue on peut dire, avec M. Duranton, que la loi, en
cette matière, ne permet pas que l'on étende ses dispositions par
voie d'analogie, et que la solidarité parfaite ne peut résulter que
d'une manifestation expresse de volonté, ou d'une disposition
spéciale de la loi (art. 1202). Mais cela serait-il vrai, il n'en résulte nullement que les auteurs d'un délit ne puissent pas être
obligés *in solidum* à la réparation. Cette obligation *in solidum*
trouvera sa base, non pas dans l'analogie tirée des dispositions
légales qui prononcent la solidarité, mais dans le principe de
l'art. 1382. Ainsi, quand chacun des auteurs du fait domma-
geable pourra être considéré comme la cause unique du dommage, quand on pourra dire à chacun que sans son fait le préjudice n'eût point eu lieu, quand il sera impossible de déterminer
pour quelle part chacun y a contribué, dans tous ces cas il nous
paraît très-conforme aux principes que chacun soit obligé *in soli-*

dum à la réparation du dommage. Comment comprendre, en effet, que la responsabilité des auteurs d'un fait préjudiciable puisse diminuer, par suite de cette circonstance, que ces auteurs sont en plus grand nombre (1).

L'art. 1384 du Code civil donne lieu à des cas nombreux d'obligations *in solidum*, naissant de délits ou de quasi-délits. — Ainsi le père et la mère, après son décès, sont responsables du dommage causé par leurs enfants mineurs habitant avec eux ; si l'enfant était d'âge à être responsable de son fait, il sera lui-même obligé à la réparation du préjudice qu'il a causé, et nous aurons deux personnes obligées, chacune pour le tout, à la réparation du même préjudice. Il en serait de même quant aux maîtres et commettants pour le dommage causé par leurs domestiques et préposés dans les fonctions auxquelles il les ont employés.

Du reste, ce n'est pas seulement des délits et quasi-délits que peuvent résulter des obligations *in solidum*. Les contrats eux-mêmes peuvent faire naître une obligation de cette nature à la charge de plusieurs personnes. Ainsi, si plusieurs mandataires, au lieu d'être établis par le même acte, cas prévu par l'art. 1995, C. civ., sont constitués par des actes différents pour la même affaire, chacun répondra pour le tout de l'exécution du mandat, et le mandant pourra réclamer l'intégralité des dommages-intérêts à celui d'entre eux qu'il lui plaira de choisir.

Quand un débiteur donne à son créancier un autre débiteur qui oblige à la même dette, sans que le créancier déclare qu'il entend décharger le débiteur primitif, l'art. 1275 nous dit qu'il ne s'opère point de novation. Nous avons donc ici encore deux personnes tenues d'une même dette sans qu'il y ait solidarité entre elles, quoiqu'elles soient obligées chacune pour le tout.

----

(1) Aubry et Rau sur Zachariæ, t. III, p. 17. — Larrombière sur l'art. 1202, n° 21. — Merlin, *Questions, solidarité*, § 11. — Cass., 12 mars 1839. — Dalloz, répertoire, *Contrat de mariage*, n° 1125. — Cour d'Aix, 14 août 1861. — Cass., du 20 juillet 1852. — Dalloz, 52, I, 248, et du 12 janvier 1863. — Dalloz, 63, I, 303.

Nous venons de voir que plusieurs personnes se trouvent souvent tenues *in solidum* de la même dette, sans qu'il y ait cependant solidarité entre elles. Quelles sont les conséquences pratiques de cette situation? Quel intérêt y a-t-il pour ces personnes à être simplement tenues *in solidum*, au lieu d'être tenues solidairement? En quoi, en d'autres termes, les effets d'une simple obligation *in solidum* diffèrent-ils de ceux que produit la solidarité parfaite?

D'abord les deux situations se ressemblent en ce que le créancier pourra demander le payement de toute la dette à celui des débiteurs qu'il lui plaira de choisir et que le payement fait par l'un de ces débiteurs libérera les autres ; mais dans la dette *in solidum*, à la différence de la dette solidaire, les obligations des divers débiteurs sont simplement juxtaposées, sans qu'il y ait entre elles un lien résultant soit de la loi, soit de la volonté des parties, qui permette de considérer ces débiteurs comme se représentant les uns les autres. De là il suit que l'interruption de prescription dirigée contre l'un d'eux, n'a point d'effet à l'égard des autres ; que la demande d'intérêts formée contre l'un d'eux ne les fait courir que contre lui; que si la chose dépérit par la faute de l'un d'eux, les autres sont libérés. Les art. 1205, 1206, 1207 nous ont appris qu'il en était autrement en matière de solidarité parfaite. Ce ne sont pas là, du reste, les seules différences entre les débiteurs solidaires et les obligés *in solidum*. Ainsi, ces derniers ne pourraient invoquer, croyons-nous, la règle de l'art. 1285, d'après laquelle la remise ou décharge conventionnelle au profit de l'un des codébiteurs, libère tous les autres, à moins que le créancier n'ait expresément réservé ses droits contre eux. — A l'égard de plusieurs débiteurs *in solidum*, on appliquerait la règle générale, d'après laquelle les libéralités ne se présumant pas, doivent être interprétées restrictivement, et la remise serait restreinte à l'intérêt de celui des débiteurs en faveur duquel elle est intervenue, sans qu'il y eût besoin pour cela d'une déclaration expresse de la part du créancier. Au reste, une solution semblable ne pourrait pas être étendue sans difficulté à la remise tacite dont nous parlent les art. 1282, 1283, 1284. — Car l'abandon d'un titre de créance ne se fait pas dans un but purement relatif à la personne à laquelle on le livre; mais dans une pensée qui porte sur la dette elle-même. Et si l'intention du créancier était de décharger seulement l'un des débiteurs, il ne lui ferait pas l'abandon de son titre qui lui serait nécessaire contre les autres. — Les débiteurs *in solidum*, ne pourraient pas non plus se prévaloir de la disposition de l'art. 1365, d'après laquelle le serment prêté par l'un des débiteurs solidaires, profite à ses codébiteurs. Le jugement rendu pour ou contre l'un des obligés *in solidum*, devrait être regardé comme étranger aux autres, quelle que soit d'ailleurs l'opinion que l'on adopte sur ce point à l'égard des débiteurs solidaires.

§ II. *Nature de la solidarité légale.*

Après avoir vu les principales différences qui distinguent l'obligation solidaire de la simple obligation *in solidum*, il nous reste à traiter la question fort délicate de savoir si les divers cas dans lesquels nous avons vu la loi rendre plusieurs personnes solidairement responsables, nous présentent des obligations solidaires ou de simples obligations *in solidum*. L'intérêt de cette question apparaît par la comparaison que nous venons de faire entre ces deux espèces d'obligations. Si l'on voit dans ces divers cas une solidarité proprement dite, il faudra en appliquer toutes les règles, règles qui, nous l'avons vu, sont loin d'être toutes applicables aux simples obligations *in solidum*.

Dans une première opinion, on dit : Il est impossible d'attribuer les caractères de la solidarité parfaite à ces obligations naissant d'une responsabilité que la loi met solidairement à la charge de plusieurs personnes. Il est impossible, du moins, d'attribuer ces caractères à toutes ces obligations sans distinction. Le fondement de la solidarité parfaite, c'est une sorte d'association et un mandat réciproque, existant entre les débiteurs. Or, il est clair que parmi les cas dans lesquels la loi déclare plusieurs personnes solidairement responsables, il en est quelques-uns dans lesquels la nature des choses répugne à toute idée, à toute supposition d'association ou de mandat réciproque entre les coobligés. — En pareil cas, il ne peut pas y avoir de solidarité parfaite, puisque le principe sur lequel elle repose fait défaut, il n'y a place que pour une simple obligation *in solidum*. Il s'agit donc de déterminer en partant de ce point de vue, parmi les divers cas de responsabilité mise par la loi à la charge de plusieurs solidairement, quels sont ceux dans lesquels on peut dire qu'il y a solidarité véritable, et ceux dans lesquels il n'y a qu'une simple obligation *in solidum*.

Pour savoir si la solidarité établie par la loi est parfaite ou imparfaite, il faut examiner si les obligés sont entre eux dans des rapports tels que l'on puisse les considérer comme s'étant agréés, associés en quelque sorte pour s'obliger ensemble, de manière que c'est en vertu de leur choix réciproque, qu'ils sont réunis dans une obligation commune. Ces circonstances se rencontrent toujours dans le cas de solidarité conventionnelle; aussi elle est toujours parfaite. Quant à la solidarité légale, il faut voir si elle est établie entre personnes qui ont entre elles des rapports, qui se connaissent et dont chacune a eu en vue les autres en s'engageant avec elles dans une même obligation. Il est permis de les regarder alors comme s'étant donné mandat de se représenter vis-à-vis du créancier commun. C'est dans cette position que se trouvent plusieurs co-mandants, plusieurs emprunteurs à usage de la même chose, les associés en nom collectif, le mari et sa femme dans le cas des articles 395 et 396.

Toutefois, MM. Aubry et Rau, qui admettent qu'il y a solidarité parfaite entre la femme tutrice et le mari cotuteur, dans le cas de l'art. 396, n'admettent qu'une solidarité imparfaite dans le cas de l'art. 395, qui rend le second mari solidairement responsable des suites de la tutelle indûment conservée; de même, ils ne voient qu'une solidarité imparfaite dans le cas de l'art. 1442. Au contraire, ils regardent comme de vrais débiteurs solidaires, les souscripteurs donneurs d'aval et endosseurs d'une lettre de change et d'un billet à ordre, ainsi que plusieurs exécuteurs testamentaires dans le cas de l'art. 1033 (1).

D'autres jurisconsultes rejettent ces opinions, et en effet, elles ne nous paraissent pas toutes exactes. Ainsi, entre le mari et la femme, même dans le cas de l'art. 396, attendu les rapports qui existent entre eux, il y a solidarité parfaite. Quant aux exécuteurs testamentaires, ils sont, comme le dit la loi, responsables solidairement du compte du mobilier qui leur a été confié, de telle sorte qu'ils ne seraient point admis à dire : Nous avons partagé nos fonctions, chacun de nous s'est renfermé dans telles limites. L'un d'eux ne serait point admis à dire cela pour se dispenser de rendre compte d'une partie du mobilier. Il doit le compte pour le tout et ne peut pas le diviser. Mais s'il prouve que son collègue a détruit des objets compris dans le mobilier, sans qu'il y ait, quant à lui, aucune faute à lui reprocher, le fait de son collègue devra, relativement à lui, être regardé comme un cas fortuit. Il n'y aura pas d'application de l'art. 1205. De même il n'y a qu'une solidarité imparfaite entre les personnes qui sont obligées au payement d'une lettre de change : la lettre de change dans sa circulation se couvre des signatures de gens qui ne se connaissent en aucune façon. Ils sont obligés à procurer le payement de la même lettre de change, comme plusieurs locataires sont obligés de remettre en bon état la même maison. Il n'y a point solidarité entre eux ; l'art. 1206 ne s'applique pas.

Quant aux individus condamnés pour un même crime ou pour un même délit, on admet assez généralement que l'art. 55 du Code pénal n'établit entre eux qu'une solidarité imparfaite. Toutefois, pour l'opinion opposée, on peut dire qu'il y a entre plu-

____

(1) Aubry et Rau sur Zachariæ, t. 3, p. 14.

sieurs personnes qui se sont réunies pour commettre un délit, une sorte d'association, et que l'on peut les soumettre en partant de là, à la solidarité parfaite. La solidarité établie par l'art. 1734, entre co-locataires, est une solidarité imparfaite.

Le système que nous venons d'exposer et qui distingue, parmi les hypothèses dans lesquelles la loi établit la solidarité, des cas de solidarité parfaite et des cas de solidarité imparfaite, ce système n'est pas admis par tout le monde.

Une autre opinion repousse la distinction proposée entre les cas de solidarité parfaite et les cas de solidarité imparfaite, en tant qu'on appliquerait cette distinction à la solidarité légale. Il n'est, dit-elle, pas possible d'attribuer ainsi des caractères différents, selon les divers cas, à la solidarité que la loi établit, surtout quand ses diverses dispositions la prononcent dans des termes à peu près identiques. Pour donner ainsi un sens différent aux mêmes expressions, il faudrait s'appuyer sur des raisons bien graves, bien concluantes. Or, de pareilles raisons ne se rencontrent ni dans les précédents historiques, ni dans les travaux préparatoires, ni dans les textes. En effet, dit l'opinion que nous exposons en ce moment, le droit romain admettait, il est vrai, comme nous l'avons vu, une distinction entre les obligations corréales et les simples obligations *in solidum*. Mais cette distinction qui se rattachait à la division des actions en actions de droit strict et actions de bonne foi, ne peut servir de base à un système interprétatif de notre Code civil. Cette différence que l'on veut établir entre les divers cas de solidarité légale, ne peut non plus s'appuyer sur la doctrine de Pothier qui, indiquant ces divers cas, place sur la même ligne, sans faire aucune distinction, la solidarité qui existe « entre des associés de commerce contractant quelque obligation pour le fait de leur commerce » (n. 266), et celle qui existe entre personnes qui ont concouru à un délit (n. 268). Domat ne distingue pas plus que Pothier (1).

____

(1) Liv. III, tit. 3.

A ce système qui regarde la solidarité prononcée par la loi comme étant, dans tous les cas, une solidarité véritable, on peut opposer l'art. 167 du Code de commerce. De cet article il résulte que le porteur d'une lettre de change non payée, doit, pour conserver ses droits contre chacun des obligés, agir contre chacun d'eux personnellement. Ainsi, bien que le tireur et les endosseurs soient tenus à la garantie solidaire envers le porteur; cependant il n'y a pas lieu d'appliquer l'art. 1206 du code Napoléon, aux termes duquel « les poursuites faites contre l'un des débiteurs » solidaires interrompent la prescription à l'égard de tous. »

Abstraction faite de cette raison puisée dans les textes, contre le système qui voit une solidarité parfaite dans tous les cas de solidarité légale, militent des raisons de principe qui nous paraissent déterminantes. Les effets de solidarité parfaite reposent, avons-nous dit, sur l'idée d'une association, d'un mandat réciproque, existant entre les débiteurs. Or, comment une pareille idée trouverait-elle sa place quand il s'agit de personnes qui ne se sont pas choisies, qui ne se connaissent pas? Comment admettre, par exemple, qu'il y ait une solidarité parfaite dans le cas de l'art. 1734 ? Comment admettre que des personnes qui se trouvent accidentellement et fort souvent à leur insu, être colocataires, comment admettre que ces personnes juridiquement étrangères les unes aux autres, se trouvent constituées débiteurs solidaires, par l'effet de contrats distincts qui n'ont aucun lien entre eux ?

Mais cette opinion conforme aux principes, a contre elle, nous dit le système opposé, et les précédents historiques et les textes. On ne peut, nous dit-il, s'appuyer en aucune manière sur la distinction romaine, des obligations corréales et des obligations *in solidum*, parce que cette distinction se rattachait à la division des actions en actions de droit strict et actions de bonne foi. Sans doute, cette interprétation du droit romain nous paraît exacte; mais ce n'était pas celle à laquelle s'étaient arrêtés nos anciens auteurs chez lesquels les rédacteurs du Code ont puisé leurs idées juridiques. Ainsi, Dumoulin, dont les doctrines ont eu tant d'influence sur les dispositions légales relatives à l'indivisibilité et à la solidarité, Dumoulin faisait dériver cette distinction entre la corréalité et la simple solidarité, non pas d'une règle positive et spéciale du droit romain, mais bien de principes rationnels qui peuvent s'appliquer dans toutes les législations. Comme le remarque M. Bugnet (1), Dumoulin veut « une coopé- » ration directe et active de chacun des débiteurs à la même *dette,* » *singulorum fidem in solidum contemplatam et secutam,* pour qu'il y ait solidarité parfaite; ce qui est assez raisonnable. »

Et en effet, Dumoulin nous dit : « Ut ergo constituantur duo » vel plures correi debendi non sufficit ex naturâ rei ut in indivi- » duis vel tacitè ut in tutoribus mandatoribus, vel procuratoribus » id agi ut singuli in solidum teneantur, sed necesse est utriusque » aut singulorum fidem in solidum contemplatam et secutam » esse circà idem, et ex unâ eâdemque causâ (2). » On le voit, les idées de Dumoulin se rapprochent très-sensiblement de la doctrine que nous soutenons sur la distinction de la solidarité parfaite et de la solidarité imparfaite.

L'opinion qui voit une solidarité parfaite dans tous les cas de solidarité légale, tire son argument capital des expressions dont se servent les articles qui établissent cette solidarité. Ils nous disent tous que les débiteurs dont ils s'occupent, seront *solidairement* responsables, *solidairement* tenus. Mais il nous semble que ce mot solidairement n'a pas dans notre langue juridique un sens aussi invariable que celui que lui attribuent les auteurs que nous combattons. Ce mot peut désigner une solidarité imparfaite aussi bien qu'une solidarité parfaite. La preuve, c'est que Pothier dans plusieurs passages emploie le mot *solidairement* comme synonyme du mot : *pour le tout,* parlant d'un héritier qui, par

---

(1) Sur Pothier, *Obligations,* p. 126.
(2) *Traité dividui et individui,* pars 3, nº 151.

l'effet de l'hypothèque qui grevait un immeuble de son lot, a été obligé de payer au delà de sa part contributoire dans la dette, Pothier nous dit : « Quand il se serait fait subroger aux droits du » créancier, il ne pourrait exercer ce recours contre ses cohéri- » tiers, que pour leur portion ; autrement, comme il est tenu » *solidairement* lui-même, il se ferait un cercle d'actions. » Et plus bas : « Quand même l'un des cohéritiers serait, de son chef, » créancier hypothécaire du défunt, il se pourrait agir *solidai-* » *rement* sa part seulement confuse, contre chacun de ses cohé- » ritiers détenteurs d'immeubles (1). » On le voit, Pothier dans ces passages auxquels nous pourrions certainement en joindre beaucoup d'autres (2), emploie le mot *solidairement* comme synonyme du mot *pour le tout*. On ne peut donc pas s'appuyer sur ce mot solidairement, pour dire que dans tous les cas où elle l'emploie, la loi a voulu établir une solidarité parfaite.

Nous croyons donc que parmi les divers cas de solidarité légale, les uns présentent une solidarité parfaite, les autres une solidarité imparfaite. Nous avons exposé les principes qui doivent servir de base à la distinction. Nous avons fait connaître, par là même, les règles applicables à la solidarité légale. Quand il s'agira d'un cas de solidarité parfaite, il faudra appliquer les règles de la solidarité conventionnelle que nous avons longuement développées. Quand il s'agira d'un cas de solidarité imparfaite, il faudra se référer aux règles relatives aux obligations *in solidum*.

----

(1) Pothier sur l'art. 358 de la coutume d'Orléans.
(2) Voy. par exemple, *Traité de l'hypothèque*, n°s 101 et 102.

POSITIONS.

DROIT ROMAIN.

I. La stipulation ne peut donner naissance à une obligation corréale, que si l'on observe les formes tracées dans les Instituts (*pr. de duobus reis,* III, 16).

II. Une obligation corréale pouvait naître d'un *pacte* ajouté à un *mutuum.*

III. La décision finale de la loi 5, § 1, *de donat. inter vir. et ux.,* doit être restreinte au cas où il n'y a pas société entre les deux *rei promittendi* dont parle cette loi, et ainsi ce fragment n'est pas contraire à la loi 20, *de liberatione legata.*

IV. Le bénéfice de cession d'actions fut accordé aux fidéjusseurs (*contrà* Savigny, *des obligations,* t. I, p. 303 et suivantes) et aux *correi promittendi.*

V. Le *correus promittendi* qui avait payé sans se faire céder les actions du créancier n'avait pas, du moins du temps des jurisconsultes classiques, une action utile contre ses codébiteurs.

VI. La corréalité n'existe que quand l'action qui peut être employée par le créancier est une *condictio*; il y a simple obligation *in solidum*, quand il y a lieu simplement à une action de bonne foi ou à une action *in factum*.

VII. La circonstance que les *duo rei promittendi* sont *socii* ne fait point que la *restitutio in integrum* obtenue par l'un ait pour effet de libérer l'autre, même partiellement.

VIII. Une obligation naturelle peut naître du simple pacte.

DROIT CIVIL FRANÇAIS.

I. La prescription peut être suspendue en faveur de l'un des créanciers solidaires sans l'être en faveur de l'autre.

II. Le débiteur solidaire ne peut opposer la compensation de ce que le créancier doit à son codébiteur, même pour la part contributoire de ce dernier.

III. Le créancier qui a fait remise de la solidarité à l'un des débiteurs, ne peut poursuivre les autres que déduction faite de la part du débiteur déchargé.

IV. Les divers cas dans lesquels la loi déclare plusieurs personnes solidairement tenues, solidairement responsables, ne sont pas tous des cas de solidarité parfaite. Il n'y a dans quelques-uns de ces cas qu'une simple obligation *in solidum*.

V. L'art. 2037 ne s'applique pas au débiteur solidaire.

VI. L'art. 2037 s'applique à la caution solidaire.

VII. La caution cesse d'être obligée lorsque la subrogation aux droits du créancier est devenue impossible, soit par le fait positif, soit par la simple négligence de ce dernier.

VIII. La caution qui a payé est subrogée contre le tiers détenteur d'un immeuble hypothéqué à la dette payée par elle.

DROIT CRIMINEL.

I. Une personne coupable de plusieurs crimes ou délits, ayant été condamnée à raison de celui qui emportait la peine la plus forte, l'action publique peut être exercée à raison des crimes ou délits non compris dans le premier jugement, quoique la peine la plus forte ayant été prononcée, il n'y ait lieu de rien ajouter à la pénalité.

II. Un fait susceptible d'être incriminé de diverses manières, ne peut point être l'objet d'autant de poursuites successives qu'il présente d'incriminations distinctes possibles; ainsi celui qui a été acquitté d'une accusation de meurtre ne peut être poursuivi devant le tribunal correctionnel pour homicide par imprudence.

DROIT ADMINISTRATIF.

I. Le Conseil de préfecture ne doit pas autoriser le maire à intenter une action communale quand le Conseil municipal refuse de plaider.

II. Quand il s'agit de défendre à une action intentée contre la commune, le Conseil de préfecture peut autoriser le Maire à ester en justice malgré le refus du conseil municipal; mais, si le maire, après l'autorisation obtenue n'agissait pas, le Préfet ne pourrait pas agir à sa place au nom de la commune, en vertu de l'art. 15 de la loi du 18 juillet 1837.

Vu par le président de la thèse,
VALETTE.

Vu par le doyen,
C. A. PELLAT.

Vu et permis d'imprimer :

Le vice-recteur de l'Académie de Paris,
A. MOURIER.

TABLE DES MATIÈRES.